中國學術思想 研究輯刊

四十編

林慶彰 主編

第 7 冊

王學之質疑及其流弊
——以理論之探究為中心

許珮玟 著

花木蘭文化事業有限公司

國家圖書館出版品預行編目資料

王學之質疑及其流弊──以理論之探究為中心／許珮玟 著 --
初版 -- 新北市：花木蘭文化事業有限公司，2024〔民 113〕
目 4+198 面；19×26 公分
（中國學術思想研究輯刊 四十編；第 7 冊）
ISBN 978-626-344-771-4（精裝）
1.CST：陽明學 2.CST：明代哲學 3.CST：學術研究
030.8   113009255

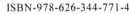

ISBN-978-626-344-771-4

9 786263 447714

中國學術思想研究輯刊
四十編 第七冊   ISBN：978-626-344-771-4

王學之質疑及其流弊
──以理論之探究為中心

作　　者　許珮玟
主　　編　林慶彰
總 編 輯　杜潔祥
副總編輯　楊嘉樂
編輯主任　許郁翎
編　　輯　潘玟靜、蔡正宣　美術編輯　陳逸婷
出　　版　花木蘭文化事業有限公司
發 行 人　高小娟
聯絡地址　235 新北市中和區中安街七二號十三樓
　　　　　電話：02-2923-1455／傳真：02-2923-1452
網　　址　http://www.huamulan.tw 信箱 service@huamulans.com
印　　刷　普羅文化出版廣告事業
封面設計　劉開工作室
初　　版　2024 年 9 月
定　　價　四十編 15 冊（精裝）新台幣 40,000 元

王學之質疑及其流弊
——以理論之探究為中心

許珮玟　著

作者簡介

許珮玟，桃園市人，台灣師大國文系學士、碩士、博士。獲得科技部 103 年度，獎勵人文與社會科學領域博士候選人撰寫博士論文獎學金，研究領域為宋明理學，著有相關論文。

提　要

　　陽明提倡良知教，成為明代學術思想的主流，王學一出，風行天下，造成天下莫不言良知，是以吾人欲掌握明代儒學，必定先求對王門有一清楚的理解。然而，王學雖達到心學理論的高峰，但隨之亦衍生出流弊，並引起當時以及後來學者的批評。

　　流弊可分為「法病」與「人病」兩大部分。思考法病的意義，實大於人病，因為找出法病，便是有在理論源頭止弊的可能。因此找出王學在理論源頭的缺失，對治流弊便有入手處。陽明的理論，有其不夠完滿之處，因此，後人批評王學，在本體上多從「無善無惡」一語出發。雖然就陽明四句教來說，並不構成問題，但從教化的角度來看，確實有壞教的可能。另外，陽明學說，為何會造成王學末流的弊病，這也是王學在理論上，有無法彌縫之處，這恐怕是陽明需要負責的。至於在工夫上，後來的學者多回到以收斂型態的「敬」、「主靜」等工夫。因為致良知的工夫，有發散的危險，甚至是蕩越的差失，只談超悟。更進一步說，可能因其工夫無法貞定心體，以致流弊錯出。故後人在反省王學以及流弊的討論，多執此兩大面向展開。

　　在良知學之外，有儒者以其生命實踐道德，展開不同的教法。如朱子學者代表羅欽順、江門學派的陳白沙與湛甘泉。整菴以理一分殊的思考型態，強調對事物之理的認識。白沙在靜中體悟端倪，期有把柄在手，重視純粹的道德主體。甘泉隨處體認天理，認為格物就在以身至物，較為重視客觀事物。若是從質疑王學以及作為王學參照的角度出發，不論是重視客觀面向，強調存在之理，重視氣的一面，或是求心體之純粹無渣滓，都可提供王學在理論上不同的思考面向。

　　至於明末兩大學派，東林學與蕺山學，則可定位為「對治王學流弊而起之學」，因為彼其所處的時代，正是流弊叢出，收拾不住的年代。故對於流弊的感受特別強烈，也據此展開其說。東林學人，以顧憲成與高攀龍為代表，彼在儒門中，在在強調「性善」的重要性，以小心知本作為工夫教路；另外，其強調氣節風骨，也有掃蕩明末風氣的正面意義。至於蕺山則是將陽明致知，轉向誠意，是歸顯於密，化念還心的思考，以收斂對治陽明作為顯教可能出現的弊端。故不論是東林學人或是蕺山，都對於如何在源頭上止弊，因其切身的體會而提出相應的說明。

　　總的來說，陽明學的教法，雖然導致明末流弊的出現，理論上，或有不盡善處，此是吾人在後設討論上的求全責備，但是不因弊端的出現或是理論的不完滿，而減損陽明學的時代意義與價值。另外，不論是甘泉、整菴站在不同系統的學問脈絡上，對王學提出質疑，或是可能的修正，以及東林顧、高二人與蕺山，真實的面對王學的流弊，直接能夠提出救病之方，在在都顯示出，明代儒者對時代學術的回應，以及在學思、實踐勇於承擔的魄力。

目

次

第一章 緒 論

第一節 研究背景及目的

陽明（AD1472～1529）提倡良知教，王學一出，風行天下，造成天下莫不言良知，此亦一述良知，彼亦一述良知，成為明代中晚期的顯學。這樣的現象，除了陽明學在理論上的成熟外，陽明門徒眾多，學生們大力推廣與講學，王學的傳播方式也是其學說能夠快速拓展的原因之一〔註1〕。所謂陽明後學的界定，指的是王門學者，及其再傳弟子〔註2〕，黃宗羲（AD1610～1695）《明儒學案》中，除〈姚江學案〉記述陽明學說外，與王門相關的有〈浙中王門學案〉、〈江右王門學案〉、〈南中王門學案〉、〈楚中王門學案〉、〈北方王門學案〉、

〔註1〕 呂妙芬在《陽明學士人社群》（臺北：中央研究院近史所，2003年4月）中提出，王學的傳播，在陽明生前已有講會的出現，並且於陽明身後，浙中、江西、南直隸三地區，最為盛行，並且演變為：「此時陽明學派脫離了跟隨一位老師學習、以老師為依歸的學派型式，逐漸轉化為以各地方讀書人相互切磋論學的講會模式。……由於講會活動廣泛地在各地興起，加上沒有統一的組織或固定的內容，各人以所學入教、以所得切磋，於是以同門意識結合的陽明學派便逐漸蛻變成一種泛陽明學的學術運動，這也是瀰漫在後王陽明時期的學術氛圍。」（頁67），其他詳參該書頁60～70。

〔註2〕 學界對於陽明後學的界定，有著廣義與狹義的兩種說法，本文所指涉陽明後學則取其狹義，即是陽明門下及其再傳弟子，對於此界定可見於吳震：〈陽明後學概論〉，《中國文哲研究集刊》，第47期，2002年9月，頁105。

〈粵閩王門學案〉、〈止修學案〉〔註3〕、〈泰州學案〉〔註4〕等，約佔《明儒學案》的二分之一，陽明與其後學，實是龐大的學術社群，是以吾人欲掌握明代儒學，必定先求對王門有清楚的理解。

陽明學在象山（AD1139～1192）之後，達到心學理論的高峰，但是隨之亦衍生出流弊，雖然對此問題，可稱之為人病而非法病〔註5〕，是工夫不足以貞定住良知心體。但若仔細追問，對於王門流弊，是否可單純地指為「人病」，即可一語帶過？若從陽明學的最高處來說，它的理論架構當然完滿自足，但是所有的哲學思考，恐怕都難臻十全十美，因此筆者便試著從理論上去檢討，為何會出現流弊？牟宗三嘗對王學理論的說明為：「其一心之遍潤，充其極，已申展至此境，此亦是一圓滿，但却是純從主觀面申展之圓滿，客觀面究不甚能

〔註3〕在《明儒學案》中，〈止修學案〉不冠王門的名稱，在學案的敘錄中，黃宗羲對李材的說明為：「先生初學於鄒文莊，學致良知之學。……於是拈『止修』兩字，以為得孔、曾之真傳。」李見羅為鄒東廓的學生，是陽明再傳弟子，但未冠王門之名，便有黃宗羲不列李材為王學的原因。從師承上來看，李氏其實為王學一脈。見〔清〕黃宗羲：《明儒學案》（臺北：華世書局，1987年9月），卷31，〈止修學案〉，頁668。

另外，黃宗羲對於編寫〈止修學案〉的取擇，可以從《黃宗羲全集》本的〈止修學案〉看出，其中增補一段序言為：「見羅從學於鄒東廓，固亦王門以下一人也，而到立宗旨，不得不別為一案。今講止修之學者，興起未艾，其以救良知之弊，則亦王門之孝子也。」見〔清〕黃宗羲：《黃宗羲全集》增訂版第7冊《明儒學案》（浙江：浙江古籍，2005年9月），卷31，〈止修學案〉，頁777。

〔註4〕從陽明後學的定義來說，泰州學派創始人王艮為陽明弟子，故泰州學派為王門一脈無疑。但是在學案中不冠王門，或許原因與〈止修學案〉中的「而到立宗旨，不得不別為一案」相同。

〔註5〕牟宗三在《從陸象山到劉蕺山》（臺北：學生書局，2000年5月）中，在說明蕺山學出現的原因時，提到：「劉蕺山之學乃乘王學之流弊而起者。其言王學之弊云：『今天下爭言良知矣。及其弊也，猖狂者參之以情識，而一是皆良；超潔者蕩之以虛玄，而夷良于賊。』此數語，吾前曾屢引過，並謂此是人病，非法病。但何以王學偏有此人病？蓋王學者顯教也。凡心學皆顯教。若無真實工夫以貞定得住，稍有偏差，便流于此人病。」（頁451）認為泰州流弊為情識而肆的原因為：「人亦有感性之雜。所謂『即于人倫日用，隨機流行，而一現全現』，其一現全現者豈真是良知之天理乎？則無情識之雜乎？混情識為良知而不自覺者多矣。」（頁452）龍溪一脈，玄虛而蕩的問題是：「專講那圓而神以為本體，而不知切于人倫日用，通過篤行，以成己成物。」（頁452）以上便是牟宗三論王學流弊人病的部分。

在此要說明「虛玄」一辭，在牟宗三的書中談及此一段，皆作虛玄，但就《明儒學案》以及《劉宗周全集》，都為「玄虛」，故在此一併說明。

挺立，不免使人有虛歉之感。」〔註6〕另外，楊祖漢在牟宗三的反省基礎上，提出王學的弊端，似是因其顯教性格所造成的，因此，這便不能只說是人病〔註7〕，理論上不夠圓滿而有「法病」，這恐怕是肯定的命題。

　　另外，王學在陽明歿後受到的批評，不同於陽明在世之時。陽明本身受到的批評，除了從不同的學術意見出發，如明代朱子學者羅欽順（AD1465～1547）之外，其他則是如桂萼（AD？～1531）等人從政治上的考量出發。但陽明歿後，便多是針對王門流弊而反省〔註8〕。若從整體學術思潮來看，此流弊既已出現，並且在明末受到批評，就必須正視之。因此從消極面來談，筆者希望能夠董理出流弊的脈絡，以及為何王學出現如此的病痛；從積極的角度來說，則是必須理解當時人面對流弊後，如何提出解決之道，及其意義何在。

　　歷來對於王學流弊的論斷，多以劉蕺山（AD1578～1645）的評論做為出發點，其言曰：「今天下爭言良知矣。及其弊也，猖狂者參之以情識，而一是皆良；超潔者蕩之以玄虛，而夷良于賊。」〔註9〕此說中的猖狂者，乃是指泰州一派，而超潔者是針對龍溪（AD1498～1583）一脈而發〔註10〕，蕺山此說，

─────────────

〔註6〕見氏著：《心體與性體》第 1 冊（臺北：正中書局，1999 年 11 月），頁 47～48。

〔註7〕認為王學的顯教形態，可能導致有幾點問題，其一，王學流弊與其理論中，客觀面原則未能充分挺立，以致於有所虛歉相關。其二，以知說心而非以仁說心，以良知說言心體，雖可顯道德是非判斷之義，但容易引至智的作用方面想，也因其之是非之心，看出其顯教性格。其三，是非之心的分別，是實踐的把柄，但德性的實踐，並不能止於分別，必求臻至化境，最後必是無是無非、無善無惡，此便易引發誤會。詳參氏著：〈從王學的流弊看康德道德哲學作為居間型態的意義〉，《鵝湖學誌》，第 33 期，2004 年 12 月，頁 153、155～156。

〔註8〕此說法見張祥浩：《王守仁評傳》（南京：南京大學，1997 年 2 月），頁 482。另外，陽明學說受到的反對聲浪，呂妙芬歸結出兩個原因，第一是來自朝廷中央的壓力，第二是官僚體制內的權力競爭。見呂妙芬：《陽明學士人社群》，頁 52～60。

〔註9〕〔明〕劉蕺山：《劉宗周全集》，第 2 冊，〈證學雜解〉（浙江：浙江古籍出版社，2007 年 4 月），頁 278。

〔註10〕見牟宗三：《從陸象山到劉蕺山》，頁 452。
　　　　另外，在《明儒學案》中，對於龍溪與泰州的學問，也有以下的看法，其言曰：「陽明先生之學，有泰州、龍溪而風行天下，亦因泰州、龍溪漸失其傳。泰州、龍溪時時不滿其師說，益啟瞿曇之秘而歸之師，蓋躋陽明而為禪矣。然龍溪之後，力量無過於龍溪者，又得江右為之救正，故不至十分決裂。泰州之後，其人多能以赤手搏龍蛇，傳至顏山農、何心隱一派，遂復非名教之所能羈絡矣。」（見〔清〕黃宗羲：《明儒學案》，卷 32，〈泰州學案一〉，頁 703）首先正面評價龍溪與泰州對王學流行的推動，但也認為二者對陽明學問的闡發，是失去陽

是站在其學說「歸顯於密」的型態下，反省王學〔註11〕。從蕺山的反思作為起點，本文認為除此之外，還可從以下幾個方向出發：

其一：流弊實可分為人病與法病兩個部分，然而，思考法病的意義，實大於人病。因為找出法病，便是在理論源頭有止弊的可能。蕺山所批評的，顯然是人病，但法病為何？則是需要思考的。王學的系統理論本身，若是找出在理論源頭的缺失，對治流弊便有起始處。

其二：明末以及後來的學者，面對王學流弊的現象，除了可在當時學人的書信或文章中，找到批評的文字外，更出現了批評王學的專書。先不論其批評的論點中節與否，以及在詮釋良知學時出現了間距〔註12〕，但對於當時檢討王門學術的聲浪，誠不可輕忽。

其三：從研究的切入點來說，找出王學在理論上的不夠完滿，進而造成流弊出現的可能。因此，從這樣的研究視角出發，可分兩方面來說明。首先，作為王學質疑參照者的江門學派與朱子學。江門學派以陳白沙（AD1428～1500）與湛甘泉（AD1466～1560）作為代表。白沙的出現，代表了明代心學正式站上思想史的舞台，而甘泉則是與陽明一見定交，共商聖學之事，但最後二人在學術見解上仍走向分歧。另外，朱子學者方面筆者取羅欽順作為代表，如何從朱子學的角度，看待陽明學。因此，不論是江門或是朱學，實皆可作為王學理論的對話者與質疑者。其次，面對流弊而起之學，有晚明的東林學人，以顧憲

明的宗旨，與陽明學有不同。先說明龍溪的部分，黃宗羲認為龍溪一脈學者，對於王學的影響，沒有超過龍溪，並且有江右王門學者，能夠救正龍溪學之弊，是以龍溪學問與陽明雖有不同，但因江右學者之救正工夫，能夠有對治之效，故黃氏仍歸之王學。相較之下，黃氏對於泰州學人的批評，則十分直接，認為泰州一派學者，非名教所能羈絡，甚至可理解為非儒家學說，是外於儒家，因為就黃宗羲的判斷，由泰州學風所導致的流弊，已是超越儒門所能規範的。此處黃宗羲的評論，當然有其取擇的角度，但從另一方面看，則透露了以下的訊息：王門第一代弟子，已有學問路向的不同，彼此間出現差異。因此，黃宗羲的判斷，可以說是希望為王學流弊找到源頭端始。

〔註11〕牟宗三認為，劉蕺山順著王學流弊重新反省，是對王學的重新調整，並且堵住流弊，開此慎獨之學。「歸顯于密」是指將心學之顯教歸于慎獨之密教。詳參：《從陸象山到劉蕺山》，頁451～455。

〔註12〕間距即是時間距離，當代詮釋學者伽達默爾認為，詮釋者與文本是在不同的時間中，詮釋者理解文本時，即是做出不同的詮釋，並且每個詮釋者所擁有的前理解都是不同的，因此在詮釋的時候，會造成不同的結果。並且把間距視為理解的一種積極創造性的可能。詳參〔德〕伽達默爾著，洪漢鼎譯：《真理與方法》（北京：商務，2007年4月），頁400～408。

成（AD1550～1612）、高攀龍（AD1562～1626）作為代表。最後便是宋明理學的殿軍，劉蕺山。可透過以上諸子與王學的對話，提供不同於王門的學術視角與對治工夫，希望能夠從相對廣大的明代中晚期學術視野，對王門流弊進行討論。

　　職是之故，本文希望對王學流弊進行總檢討，以見當時批評王學的專著，是否真能切中王門之弊。在面對流弊時，因應而起並思考王學不足而發的學術型態，如東林學與蕺山學，思考其糾正王學的效果及意義。作為參照質疑的部分，則是先辨析其學問核心之後，再進一步董理與王學在理論上的相異之處，雖然陳白沙、湛甘泉、羅欽順等人，未必見到流弊的出現，但透過他們與王學的不同意見，也可作為王學在理論上的參佐，是否在理論上便有止弊的可能，也因此類學者非王門後學，相對之下，可以提供較客觀與超然的思考面向。

第二節　文獻回顧與評述

　　對王門流弊的討論與反省，並非當代才出現，明代晚期已有學者對王門流弊提出檢討〔註13〕，更甚者，顧炎武將明代滅亡的原因，歸結於王學的空談心性〔註14〕，此論斷雖然仍有商榷之處，但王學在明末出現流弊，並且引起當時

〔註13〕在當時已有學者對王門學說提出強力的批判，以下列舉三條文字，以資佐證。甘泉後學唐伯元對於陽明從祀孔廟一事，即上疏反對，文中說陽明學：「不宜從祀，六經無心學之說，孔門無心學之教，凡言心學者，皆後儒之誤。守仁言良知新學，惑世誣民，立於不禪不霸之間，習為多疑多似之行，招朋聚黨，好為人師，後人效之，不為狗成，則從鬼化矣。」見〔清〕黃宗羲：《明儒學案》，卷42，〈甘泉學案六〉，頁1005。
黃宗羲論顧憲成對王學的態度是：「先生深慮近世學者，樂趨便易，冒認自然，故于不思不勉，當下即是，皆令究其源頭，果是性命上透得來否？勘其關頭，果是境界上打得過否？而于陽明無善無惡一語，辨難不遺餘力。」見〔清〕黃宗羲：《明儒學案》，卷58，〈東林學案一〉，頁1379。
高攀龍認為：「問：『王龍溪辭受不明，必良知之學誤之也。』曰：『良知何嘗誤龍溪，龍溪誤良知耳。』又問：『龍溪之差，恐亦陽明教處未加謹嚴。』曰：『陽明未免有放鬆處。』」見〔清〕黃宗羲：《明儒學案》，卷58，〈東林學案一〉，頁1434。

〔註14〕顧炎武：《日知錄》（上海：上海古籍，2006年），卷7，〈夫子之言性與天道〉：「劉、石亂華，本于清談之流禍，人人知之，孰知今日之清談，有甚于前代者。昔之清談談老莊，今之清談談孔孟，未得其精而已遺其粗，未究其本而先辭其末。不習六藝之文，不考百王之典，不綜當代之務，舉夫子論學、論政之大端一切不問，而曰『一貫』，曰『無言』。以明心見性之空言，代修己治人之實學，

學者的批判，卻是不爭的事實。若是從陽明學內部來看，此時的良知教法已出現滑轉，並有工夫淡薄的偏失。

然而目前對王門流弊的研究，大多只是寬泛的陳述王學流弊的現象，或只是從某一家對王學末流的批評出發，此類研究以東林學人、劉蕺山等作為理論根據者最多。尚未出現從總體檢討王門流弊，與較全面檢討王門內部義理結構的專文論述，本文則嘗試由這個問題入手。

一、總論王學流弊

此類型論著較少，或只是概述之。目前對王學流弊的反省，有嵇文甫〈左派王學的歷史評價〉一文，指出王門左派為龍溪與泰州學派，而王學引起後人批評，也正在此二學脈，此文引述東林學人對王學的批評為主，但未深入討論〔註15〕。唐君毅〈王學之弊及東林學之止至善之道與其節義之教〉一文，對於王學出現流弊的原因，提出「大率天下之學術，既成風氣，則不免于人之偽襲而無不弊，不只王學為然。」〔註16〕的看法，點出王學之弊為人病，而非法病，並且認為學術出現弊端，是任何學問都可能面對的問題，不獨王門。進一步說，王門後學的流弊，可能是由於江右之雙江（AD1487～1563）、念菴（AD1504～1564）的歸寂說，因為其重視靜坐歸寂的工夫，易致自逸於山林，有導致脫略事物之傾向。至於二溪之學，重在當下見性，亦可與氣、欲同流而說，甚至有以之為性之可能。就此研究來看，唐氏先點出因陽明心學特色可能出現弊端的遠因，再看到後學對心學理解的不同，進而造成流弊的近因，再順推至晚明因對治流弊而出現的東林學與蕺山學作為討論重心〔註17〕。唐君毅對王門流弊的討論，可說是從陽明心學的義理架構出發，反省心學義理型態上的問題，再進一步檢討王門後學因其體貼良知教的不同，造成詮釋良知學時可能引發的流弊，但唐君毅對王門流弊的基本立場仍站在是人病而非法病，認為不可將流弊視為其學問宗旨出現問題。唐氏除了說明流弊外，亦針對明代中晚期因應

股肱惰而萬事荒，爪牙亡而四國亂，神州蕩覆，宗社丘墟。」（頁538）、「以一人而易天下，其流風至于百有餘年之久者，古有之矣；王夷甫之清談，王介甫之新說。其在于今，則王伯安之良知是也。孟子曰：『天下之生久，一治一亂。』撥亂世，反之正，豈不在于後賢乎？」（見卷18，〈朱熹晚年定論〉頁1423）

〔註15〕嵇文甫：《左派王學》（臺北：國文天地，1990年4月），頁69～83。
〔註16〕唐君毅：《中國哲學原論》（臺北：學生書局，2004年10月）原教篇，頁444。
〔註17〕唐君毅：《中國哲學原論》原教篇，頁444～447。

流弊而起的學問進行討論，雖然談到的面向較廣，但受限於篇幅較短的關係，對所談及的問題，並未進一步探究。麥仲貴〈由王門諸子言致良知、經東林諸儒之講學、而歸結于劉蕺山言誠意之學之時代意義〉指出晚明學術風氣有五點值得注意：其一，泰州學者講學，往往提出異說，行為怪誕。其二，儒釋不分。其三，三教合一的思想。其四，不重實學，空談良知。其五，漸歸讀書，講求格物窮理之學。前四點屬於對王學流弊的批評，最後則是點出對王學的反省，明末學者因王學的流弊，而有轉向不同學門的傾向，可作為研究上參考的思考路徑〔註18〕。

在學位論文方面，潘玉愛《王心齋與中晚明儒學的轉折——兼論道德自我與社會人倫的衝突與和諧》提到晚明儒學內部對流弊的反省，肇因於後學各家對陽明學說理解的偏重而造成，但篇幅不多，該文多重在後人對泰州學派的批評〔註19〕。

期刊論文有王汎森在〈「心即理」說的動搖與明末清初學風之轉變〉一文中，討論明末清初的學術風氣，由心學轉向清代理學的過程，該文所持的觀點是，由於心學在明末面對的困境，進而造成後人對心學信心的動搖，因此客觀知識與他人提撕的重要性便顯現出來。然而陽明後學為何會遭遇「心即理」說的困境，就在後學之間對「致」的工夫產生歧見，以及後學漸漸重視先儒經典，強調道德與知識的重要性〔註20〕。此文從學術史的角度對王學進行檢討，並解釋從明代到清代的學術轉變，但是文中提到陽明學反對知識，不重視經典的看法，則是可以保留的。陽明認為良知不由見聞而有，但見聞亦良知之用，因此並非反對知識。至於經典，〈尊經閣記〉中，陽明談及其對經典的態度是，認為六經是吾心的印證，而非在於考索字句〔註21〕。因此筆者提出不同於王氏的看法。

〔註18〕 麥仲貴：《王門諸子致良知學之發展》（香港：香港中文大學，1973 年 12 月），頁 193～198。

〔註19〕 潘玉愛：《王心齋與中晚明儒學的轉折——兼論道德自我與社會人倫的衝突與和諧》（輔仁大學哲學研究所博士論文，2005 年），頁 24～27。

〔註20〕 王汎森：〈「心即理」說的動搖與明末清初學風之轉變〉，《中央研究院史語所集刊》，第 65 本第 2 分，1994 年，頁 333～365。

〔註21〕 「故六經者，吾心之記籍也，而六經之實則具於吾心。……而世之學者，不知求經之實於吾心，而徒考索於影響之間，牽制於文義之末，硜硜然以為是六經矣。」見〔明〕王陽明：《王陽明全集》（上海：上海古籍，2006 年 4 月），卷 7，〈稽山書院尊經閣記〉，頁 255。

透過以上的討論可知，反省王學流弊的文章，仍不多見，或僅是屬於概論性質的。因此，王學流弊相關的論題，還有很多努力的空間，實有多加探究的必要。

二、從專家研究出發

（一）湛甘泉

甘泉與陽明雖然一見定交，共商聖學，但是二人在學問上，卻是有所分合。作為王學質疑意義的甘泉，其學問宗旨為「隨處理認天理」，與陽明「致良知」有別，後來的研究也多聚焦於此，並據此展開。

唐君毅〈王學之論爭及王學之二流（上）〉中提出，甘泉嘗馳書與陽明辯格物之義，質疑四句教，二人在工夫下手處亦有別，故二人雖並世同稱大儒，但學問實有參差〔註22〕。張學智〈湛若水的「隨處體認天理」及其學傳〉談及湛王之間的論辯，集中在「關乎內外」、「關于格物」、「勿忘勿助」三點〔註23〕。王文娟〈格物與致知〉點出甘泉對陽明格物的質疑是，太過看重格物的內在性，而忽略了客觀面〔註24〕。

在學位論文以及期刊論文方面，游騰達《湛甘泉的哲學思想發展與完成》，認為良知應為初心、真心，必須以實際工夫救正王學之病〔註25〕。黃淑基〈湛甘泉與王陽明學說思想論辯之初步解析〉分別從良知、格物、內外之說、勿忘勿助與必有事焉等四個主題進行討論〔註26〕。童中平、粟紅英〈「天理」與「良知」的緊張與磨合──湛若水與王陽明哲學思想比較〉，分別從「格物」與「格心」、「天理」與「良知」、「隨處體認天理」與「致良知」三大論題說明之，但該文篇幅較短，在理論性的討論較為簡略〔註27〕。

目前對於甘泉的研究，多仍集中在討論甘泉自身的思想，再涉及與陽明的比較。除了二人學問宗旨不同之外，對「格物」詮釋的差異，也是雙方討論的

〔註22〕唐君毅：《中國哲學原論》原教篇，頁356～362。

〔註23〕張學智：《明代哲學史》（北京：北京大學，2003年6月），頁66～71。

〔註24〕王文娟：《湛甘泉哲學思想研究》（四川：巴蜀書社，2012年12月），頁140。

〔註25〕游騰達：《湛甘泉的哲學思想發展與完成》（國立臺灣師範大學國文研究所博士論文，2011年），頁202～212。

〔註26〕黃淑基：〈湛甘泉與王陽明學說思想論辯之初步解析〉，《鵝湖》，第369期（2006年3月），頁43～52。

〔註27〕童中平、粟紅英：〈「天理」與「良知」的緊張與磨合──湛若水與王陽明哲學思想比較〉，《求索》，2010年第4期，頁22～25。

核心所在。另外，明代心學至陳白沙出而確立，白沙與甘泉一脈傳承，是為江門學脈，但因白沙時代早於陽明，亦未與王學交鋒，故在此順帶一提。

（二）朱子學人

羅欽順作為明代朱子學的代表，曾與王門進行過多次的論難，但都是站在不同學術立場的討論。此外，不論是與陽明同時，或是明代晚期王學流弊已然出現後，亦有其他朱子學者批駁王學，但其詮釋效力不及整菴，故在此將分為羅欽順，以及其它朱子學人兩部分說明之。

先談羅欽順。他與王學的論爭，與陽明多集中在「格物」，與歐陽南野則是針對良知是否為知覺的命題進行討論。侯外廬等編〈羅欽順的思想及其與理學的關係〉中，認為整菴對王學的評論，主要集中在格物致知〔註28〕。張學智〈羅欽順的哲學思想〉亦認為格物是二人討論的核心，並藉此展現明代朱子學者對心學的態度〔註29〕。胡發貴〈「道義之交深，文字之會密」──羅欽順與王陽明〉提及兩人的討論有四點，分別為「格物致知」、「良知」、「〈朱子晚年定論〉」、「象山是否為禪」等論題〔註30〕。蔡家和〈羅整菴與王陽明的論辯──心學與理學的比較〉一文，依著雙方的書信往來，討論格物、〈朱子晚年定論〉等問題〔註31〕。

在學位論文與期刊論文的部分，陳正宜《羅欽順理學思想之研究》中，談到整菴對王學的批評在於格物與良知兩方面〔註32〕。鍾彩鈞〈羅整菴的心性論與工夫論〉提到，整菴與王學在心性論上的差別，是格物與對良知的理解不同〔註33〕。鄧克銘〈明中葉羅欽順格物說之特色及其效果〉，亦從格物出發質疑王學格物的合理性〔註34〕。何佳駿〈羅欽順與王門書信往來探析──以其中所涉格物致知思想為論述焦點〉從格物致知的討論，說明整菴與王

〔註28〕侯外廬：《宋明理學史》（北京：人民出版社，2005 年 10 月），頁 484～489。

〔註29〕張學智：《明代哲學史》，頁 337～341。

〔註30〕胡發貴：《羅欽順評傳》（南京：南京大學出版社，2007 年 2 月），頁 98～165。

〔註31〕蔡家和：《羅整菴哲學思想研究》（新北市：花木蘭出版社，2010 年 3 月）。

〔註32〕陳正宜：《羅欽順理學思想之研究》（中國文化大學中國文學研究所碩士論文，1999 年），頁 253～280。

〔註33〕鍾彩鈞〈羅整菴的心性論與工夫論〉，《鵝湖學誌》，第 17 期（1996 年 12 月），頁 41～73。

〔註34〕鄧克銘〈明中葉羅欽順格物說之特色及其效果〉，《鵝湖學誌》，第 26 期（2001 年 6 月），頁 67～105。

學的差異〔註35〕。鄧克銘〈良知與實體——明中葉羅欽順與歐陽崇一之論爭的意義〉一文，則是從整菴與歐陽南野的書信，討論良知是否為知覺的問題〔註36〕。林月惠〈良知與知覺——析論羅整菴與歐陽南野的論辯〉認為整菴駁斥良知即天理說，而主張良知是知覺而非天理，其立論有：良知即知覺、天理即性（體）、良知非天理三個命題〔註37〕，該文論證精要，極具參考價值。

至於明代中晚期，朱子學人對王學的批判，如：日人岡田武彥在〈批判派與復古派〉中談到，明代朱子學者批評王學的論點是「雜以佛老」，故其立場是以反對陸王、佛老出發，並強調朱子學特色，以馮貞白（AD1523～1601）、陳清瀾（AD1497～1567）、吳蘇原（AD1491～1559）、郝楚望（AD1558～1639）等人為代表，但這些朱子學人對陽明學說的諦義，大抵皆未能有同情的理解〔註38〕。張祥浩〈王學的分化衰落與影響〉中提到清初張楊園（AD1608～1674）、陸稼書（AD1630～1692）、張武承（AD1622～1685）、陸桴亭（AD1611～1672）、顧炎武（AD1613～1682）、張伯行（AD1651～1725）、王夫之（AD1619～1692）等人，只呈現各家文獻對王學的批評，至於理論性的說明則不多〔註39〕。因此可以看出，上述朱子學人對王學的批判，通常認為王學與禪學不分，並且無法相應王學的義理，因此在審視此類批評時，則需要再仔細檢別，王學是否真有如此之弊，或只是學派立場的異見而已。

（三）東林學人——顧憲成、高攀龍

東林學人以顧、高二人作為代表，彼二人對王學流弊的批判，言辭甚為激烈〔註40〕。顧憲成對王學的批評集中在「無善無惡心之體」，而高攀龍則是以「格物致知」作為討論核心，二人不論是在本體或工夫，都對王門進行修正，

〔註35〕 何佳駿：〈羅欽順與王門書信往來探析——以其中所涉格物致知思想為論述焦點〉，《鵝湖》，第 350 期（2004 年 8 月），頁 51～60。

〔註36〕 鄧克銘：〈良知與實體——明中葉羅欽順與歐陽崇一之論爭的意義〉，《鵝湖學誌》，第 37 期（2006 年 12 月），頁 1～34。

〔註37〕 林月惠：〈良知與知覺——析論羅整菴與歐陽南野的論辯〉，《中國文哲研究集刊》，第 34 期，2009 年 3 月，頁 292。

〔註38〕 〔日〕岡田武彥：《王陽明與明末儒學》，頁 283～355。

〔註39〕 張祥浩：《王守仁評傳》，頁 487～506。

〔註40〕 李紀祥認為東林學人當時所面對的世界，已經是十分危亂，因此對社會上的種種現象十分憂應：其一，王學末流提倡無善無惡，逾越倫常，不奉名教。其二，朝中風氣不振，官員多佯私利。其三，維繫天下綱常的朱子學，連續受到挑戰。詳參氏著：《明末清初儒學之發展》（臺北：文津出版社，1992 年 12 月），頁 45～50。

重視實踐工夫。

　　張祥浩〈王學的分化衰落和影響〉點出顧憲成、高攀龍對王學的批評，都集中在無善無惡心之體，篇幅不多，認為陽明是二氏之學〔註41〕。古清美〈顧高二人對宋明儒的評論與取捨〉中，認為顧、高二人批評的重點在陽明、龍溪，陽明之誤在「心即理」、「無善無惡」等說法，龍溪則是「現成良知」、「打破毀譽」與「天泉證道」等論題。而東林學人對治王學的部分，在本體強調「性作為主宰」、「心為至善」的觀點出發，工夫則是要求有確實下手處以救正之〔註42〕。日人岡田武彥在〈東林學與劉蕺山〉中，認為東林學風重名教禮法和風節謹行，有救助王學和佛學末流任情猖狂之弊的功績，是站在新朱子學的立場對王學進行批評。顧憲成對王學的批評有二，一是無善無惡心之體，二是陽明以嚴辭批評朱子（AD1130～1200）。高攀龍則是從格致論出發，強調實踐工夫〔註43〕。岡田武彥判斷東林學為新朱子學，但目前學界對於此一觀點，仍有討論的空間，東林學人尊崇朱子，引用朱子學說，是無庸置疑的，但其學說仍處處都可見王學的影子，因此能否直接認定東林學即為新朱子學，可以重新評估。步近智、張安奇〈思想淵源與學術傾向〉點出泰州學派與李卓吾為異端，並造成明末風氣敗壞，而東林學人以「實學」的角度批評之，包括經世致用之學、強調實踐、啟蒙等三點，此文著眼於歷史發展，而非哲學理論的探討〔註44〕。鮑世斌〈補偏救弊與意體的挺立〉認為顧憲成與高攀龍，站在調和朱學與王學的角度展開其學問理論，二人批評陽明以無善無惡言心體，而朱子學的格物工夫，恰可救正之〔註45〕。

　　學位論文方面，蕭敏如《東林學派與晚明經世思潮》，從學術史的演變觀點出發，討論東林學派的興起、東林學人對王學的批評，以及討論晚明的朱子學復興運動等論題，頗具參考價值〔註46〕。唐伯瑜《晚明顧憲成由王返朱

〔註41〕張祥浩：《王守仁評傳》，頁 482～486。
〔註42〕古清美：《顧涇陽、高景逸思想之比較研究》（臺北：大安出版社，2004 年 7 月），頁 63～108。
〔註43〕〔日〕岡田武彥著，吳光、錢明、屠承先譯：《王陽明與明末儒學》（上海：上海古籍，2000 年 5 月），頁 356～393。
〔註44〕步近智、張安奇：《顧憲成　高攀龍評傳》（南京：南京大學，2011 年 4 月），頁 101～108、117～122。
〔註45〕鮑世斌：《明代王學研究》（四川：巴蜀書社，2004 年 11 月），頁 249～271。
〔註46〕蕭敏如：《東林學派與晚明經世思潮》（國立臺灣大學中文研究所碩士論文，2003 年），頁 28～88。

的思想研究》，認為當時弊端是不重實踐以及儒、釋相混，而顧憲成學問轉為
以性宰心、小心即敬，所持論點與前人所論相近〔註47〕。陳百興《顧憲成之
思想與講學》，談及顧憲成認為無善無惡心之體是流弊出現的原因，對王學流
弊的修正，提出三點：性為心之主、本體是性善、工夫是小心，從歷史分析
出發，資料豐富，但較少涉及哲理討論〔註48〕。羅傳樵《論顧憲成之本體工
夫論及其對朱王之評論》認為顧憲成學說的立意，並非以朱學救正王學，只
是因為朱、王學術風格不同，因此有相互參照之處，此說不同於前人，筆者
亦認為，顧憲成非引朱學救王學的說法，應較切合顧憲成的原意〔註49〕。陳
慈惠《高景逸實學思想研究》認為王學衰頹原因是儒學與釋、道合流，另外，
王學通俗化的傳衍方式，導致狂放風潮，東林學人救弊，從志在世道與尊經
兩方面，論及王學流弊仍是歸因於龍溪與泰州學派，救弊的部分則是從客觀
學術史的角度切入〔註50〕。

在單篇論文方面，姚才剛〈論顧憲成對王學的修正〉從顧憲成對王學的修
正為觀察角度，包含性字作主、性善、小心工夫〔註51〕。陳福濱〈高攀龍心性
論及其成德要道〉認為高氏由對無善無惡的批評轉出復性、由致知轉出格物
〔註52〕。姚才剛〈儒家道德精神的重建——論高攀龍對王學的修正〉亦是從高
攀龍對王學的修正為觀察視角，包含性善、重工夫、嚴辨儒佛〔註53〕。周熾成
〈從高攀龍如何面對王學看他在晚明儒學史上的地位〉提到歷來針對高攀龍
與王學間關係的研究，可分為四派，計有反對論、修正繼承論、調和論、矛盾
論，並透過文獻去爬梳高攀龍對王學的態度，完整的反省近代學者的研究並分

〔註47〕唐伯瑜：《晚明顧憲成由王返朱的思想研究》（臺北市立教育大學中國語文學
　　　　系碩士論文，2007 年），頁 31～55。

〔註48〕陳百興：《顧憲成之思想與講學》（國立中央大學歷史研究所在職專班碩士論
　　　　文，2008 年），頁 90～153。

〔註49〕羅傳樵：《論顧憲成之本體工夫論及其對朱王之評論》（國立臺灣大學哲學研
　　　　究所碩士論文，2012 年），頁 74～100。

〔註50〕陳慈惠：《高景逸實學思想研究》：（國立政治大學中國文學研究所碩士論文，
　　　　2005 年），頁 15～34。

〔註51〕姚才剛：〈論顧憲成對王學的修正〉，《鵝湖》，第 357 期，2005 年 3 月，頁 46
　　　　～51。

〔註52〕陳福濱：〈高攀龍心性論及其成德要道〉，《哲學與文化》，第 363 期，2004 年
　　　　8 月，頁 77～91。

〔註53〕姚才剛：〈儒家道德精神的重建——論高攀龍對王學的修正〉，《河南師範大學
　　　　學報》，2006 年第 6 期，頁 16～18。

類，具有相當的參考價值〔註54〕。

透過以上的說明可知，目前的研究顯示，東林學人對於王門流弊的批評，在本體上反對無善無惡之說，在工夫則是強調格物與漸修，趨向實學，主張經世致用。學界對顧、高二氏反省王學流弊的研究成果，在觀點上接近，但是對於顧、高二人是否屬於新朱子學，或是以調合朱、王學問為立論基礎，筆者則持保留態度。

（四）劉蕺山

從蕺山學出發反省陽明學者，多以「玄虛而蕩」、「情識而肆」兩觀點出發，前輩學者多有執此作為研究基準，首先牟宗三在〈言良知者末流之弊：情識而肆與虛玄而蕩〉一文中，順著蕺山言情識而肆，是說明後學不能夠嚴辨良知與情識，認情識為良知，以致情識皆良。至於玄虛而蕩，就在龍溪只強調以虛靈明覺說良知，忽略良知的天理義〔註55〕。另外在〈劉蕺山的慎獨之學〉，除了反省王門流弊外，更進一步的說明，從反省王門流弊，到蕺山學興起的原因，並且點出其「歸顯於密」、「化念還心」之義理特色〔註56〕。黃敏浩〈慎獨哲學的衡定〉認為蕺山將「意」的歸屬，作為王學的問題所在，以慎獨的工夫堵絕玄虛的流弊，此文仍是延續牟宗三的觀點進行討論〔註57〕。張學智〈對王陽明及王門後學的批評〉一文中談到蕺山對於陽明的批評，集中在四句教、對意的理解錯誤；對後學的批評一樣是以情識而肆、玄虛而蕩出發。因此蕺山晚年極力表彰鄒守益（AD1491～1562）、聶豹、羅洪先〔註58〕。胡元玲〈以慎獨

〔註54〕周熾成：〈從高攀龍如何面對王學看他在晚明儒學史上的地位〉，《孔子研究》
　　　　2008年第1期，頁73～84。
〔註55〕牟宗三：《宋明儒學的問題與發展》（臺北：聯經，2003年7月），頁219～222。
〔註56〕牟宗三：《從陸象山到劉蕺山》，頁451～455。
　　　　另外，許惠敏〈就牟宗三對陽明後學的流弊的看法提出省思〉一文，認為牟宗
　　　　三是從道德的形上學的觀點進行反思，提出了實踐人類學的看法。該文所持
　　　　論點是，在陽明學的理論中，人之不善是良知的過失，已發良知不足恃。另外
　　　　意受良知動力的要求，一方面又受到感性所影響，是有所矛盾的，因此，認為
　　　　王學流弊的出現，可從惡的根源進行探究。見《當代儒學研究》，第9期，2010
　　　　年12月，頁149～179。
〔註57〕黃敏浩：《劉宗周及其慎獨哲學》（臺北：學生書局，2001年2月），頁225～
　　　　240。
〔註58〕張學智：《明代哲學史》，頁446～451。
　　　　另外，其所著《中國儒學史》明代卷（北京：北京大學，2011年6月），頁575
　　　　～581，其中亦論及蕺山對王學的批評，其中觀點同於此處，故在此附帶說明。

之學批判王陽明及其後學〉分別從王門內部、外部對龍溪學問的批判,以及
蕺山對王門的不滿,認為王門內部對龍溪的批判是在工夫上說,而外部則是
無善無惡心之體的討論,至於對王門的批評,仍是集中在玄虛而蕩、情識而
肆為主〔註 59〕。

在學位論文方面,談到蕺山學問,大多從蕺山對王學末流的批評,再提出
蕺山學問與王學的不同,以此立論的,計有莊湞芬《王陽明與劉蕺山工夫論之
比較》從蕺山修正王學出發,並以誠意慎獨作為修正的基準〔註 60〕。曾文瑩
《劉蕺山心性學研究》引用《明儒學案》中〈仇兆鰲序〉,歸結王學流弊的原
因為「致良知教」,並據此說明蕺山當時所面對的困難〔註 61〕。陳玉嘉《劉蕺
山誠意之學研究》談及蕺山對於陽明良知與致良知工夫反省,其評論觀點與牟
宗三相近〔註 62〕。陳佳銘《劉蕺山的誠意慎獨之學與陽明致良知教之比論》從
蕺山對於陽明「四句教」與「意」的批評,並且點出蕺山學的「嚴肅內斂」,
正是對陽明學「灑落自在」而容易造成玄虛與空疏的弊端,提出救治的方法,
立論精要〔註 63〕。王涵青《劉蕺山對王學的反思與批判之研究》一文,則是以
蕺山對王學的批判進行討論,但文中提到王學面對的問題,仍只是以蕺山的批
評出發,未旁涉其他,再談到對陽明的批評,著重在良知與意,至於後學的部
分,只說未能真正理解陽明。因此真正論及流弊的部分不多,雖有論及蕺山學
問應王學末流而起,但是文中沒有強調出蕺山對王學的針對性,而只以蕺山學
的展開為主〔註 64〕。王和群《宋明理學中「意」的概念之研究──以朱子、王
陽明、劉蕺山為研究對象》從玄虛而蕩、情識而肆反省流弊〔註 65〕。

〔註 59〕 胡元玲:《劉宗周慎獨之學闡微》(臺北:學生書局,2009 年 11 月),頁 241~
313。
〔註 60〕 莊湞芬:《王陽明與劉蕺山工夫論之比較》(國立臺灣師範大學國文研究所碩
士論文,1992 年),頁 111~144。
〔註 61〕 曾文瑩:《劉蕺山心性學研究》(國立中央大學中國文學研究所碩士論文,1996
年),頁 33~34。
〔註 62〕 陳玉嘉:《劉蕺山誠意之學研究》(國立中正大學中國文學研究所碩士論文,
1997 年),頁 41~52。
〔註 63〕 陳佳銘:《劉蕺山的誠意慎獨之學與陽明致良知教之比論》(國立中央大學哲
學研究所碩士論文,1999 年),頁 30~55、75~94。
〔註 64〕 王涵青:《劉蕺山對王學的反思與批判之研究》(輔仁大學哲學研究所碩士論
文,2002 年),頁 21~25、38~69。
〔註 65〕 王和群:《宋明理學中「意」的概念之研究──以朱子、王陽明、劉蕺山為研
究對象》(國立中興大學中國文學研究所碩士論文,2005 年),頁 132。

在期刊論文方面，洪波〈論蕺山學派對王學的師承與嬗變〉認為蕺山為救正王學，提出「倡導慎獨」、「折中程朱陸王」、「學風漸趨健實」三個重點，但都只是直接說明結果，未進行論證〔註66〕。楊祖漢〈從王學的流弊看康德道德哲學作為居間型態的意義〉一文則是以康德的道德哲學作為參照系，以此檢討王學之弊端，並且以康德哲學作為心學與理學的居間型態來檢討王學，說明王學在理論架構上，不只是人病而已，法病是確有的，從此角度分析王學的情識而肆與玄虛而蕩。此文雖以康德學作為檢討王學流弊的參照，但仍以蕺山反省王學流弊的思考出發，是以仍歸類於此〔註67〕。

由以上的說明可知，此類研究視角對王學流弊的討論，多以蕺山「玄虛而蕩、情識而肆」評論流弊的問題，並藉此進一步說明蕺山的理論，如何對陽明學進行批判，希望從學問根源上，能直接止住流弊的出現，因此提出「意根最微」、「慎獨工夫」作為王學的修正。

統括以上的所述，目前學界針對王學質疑或是王學流弊問題的討論，大多是從專家研究出發。尚未針對此論題進行全面性的檢討與整理。因此就王學本身在理論上是否有法病，以及因為法病而造成流弊等問題，實有可發揮的空間。

第三節　研究方法與視域

一、研究方法

從目前的論述來看，一般認為應流弊而起之學，是東林學者顧憲成、高攀龍，另外便是劉蕺山，並且較集中在蕺山對王學流弊的論斷上。此研究進路是守著東林學者與蕺山的法度，雖有一明確的依循方向，然而在某個程度上，也受限於他們的觀察視角。至於明代朱子學者對王門討論，背後則有朱學與陸、王學論爭的關懷，故其對王門學說的論斷，或未能如實客觀的理解。故本文奠基於上述前賢的研究，期盼能夠對王學質疑及其流弊的論題，有較為全面的觀察，從整體明代中晚期學術狀況進行討論，而非只是從專家出發，避免流於一

〔註66〕洪波：〈論蕺山學派對王學的師承與嬗變〉，《浙江學刊》，第93期，1995年8月，頁98～102。

〔註67〕楊祖漢：〈從王學的流弊看康德道德哲學作為居間型態的意義〉，《鵝湖學誌》，第33期，2004年12月，頁1～56。

邊之見。然而前人對此論題的研究，多從一家或單一學術流派出發，並未全面審視此問題，有失之片面之虞。是以本文將以文獻研究法作為基礎，透過對文獻的整理與理解，作為第一步的工作。

再者，對於此論題，筆者有幾點想法：首先從宋明儒學的發展脈絡來看，可以肯定的是，陽明學作心學理論高峰是無庸置疑的。心學側重在心的主宰義，以及心作為道德主體，能給出道德法則。明代心學不只有陽明的系統，陳白沙與湛甘泉作為心學的另一型態，其說法在何種意義上可作為陽明學的參考？至於心學在理論上的不夠圓足之處，是否可從性即理的角度，以朱子學作為對話對象，取羅欽順作為明代朱子學的代表，不論是「格物致知」的重新反省，或是在「理氣」問題上的發明，都可作為王學的借鏡。筆者認為可從心學與理學各自的義理勝場，重新進行討論。最後，從道德哲學的概念出發，主觀道德意志與客觀道德法則之間，應如何調和？若從康德道德哲學來說，道德哲學必是道德的主體能自我立法作為純粹道德意義，若不如此，由外在規範而規定吾人的行為，則是落入了他律的道德，然而當自律道德無法檢驗時，客觀道德法則是否存在著救弊的可能？因此本文嘗試透過比較研究，從與陽明不同的哲學思考類型，作為參照系，找出王學在理論源頭可能導致流弊出現之處。

研究王學流弊，必先區別弊端出現的可能源頭，再論及末流的弊端，從目前的文獻來看，對此流弊問題的檢討，不只是在王學內部有檢討的聲浪，也有從王學轉出以思救弊之方。因此，本文擬採用問題脈絡研究法，選取具有代表性的人物，進行探討，並且試圖找出各家思想變化的核心，以及其修正王學的意義。

以上即為本文主要的研究方法，期能在爬梳文本的過程，與前賢對話，能夠同情並相對客觀的理解之，也希望在探究不同的哲學心靈時，找到新的觸發點，作為王學的借鏡，並嘗試提出個人的看法，力圖整理出此議題的脈絡。

二、研究視域

本文奠基在前人的研究基礎上，筆者將從以下幾個向度進行討論：首先，良知學何以在陽明歿後，非但收拾不住，更是流弊四起，站在維護王學的立場，指出流弊為人病非法病。但是可以思考的是，朱子學在南宋以後，站在學術的

高點〔註68〕，何以未出現像王學一樣，在社會上造成如此的弊病？這是王門學者無法以「人病」一語迴避的質疑。因此，良知學的理論，便有重新思考的空間。就陽明良知教本身言，不具負面意義，相對的，陽明良知學，是心學的高峰，但仍需反省是否在理論上，有導致流弊出現的可能。陽明強調心的主宰性，後人是否能夠掌握得宜？陽明學雖然是心學，心即是理，但也強調工夫的重要，認為常人之心若斑駁之鏡，是必須要在事上久磨練，以工夫貞定之，但後人是否能夠真有此工夫？其中都還有討論的空間。承此，心學講到最高處，是心外無物、心外無理，但是不可避免的，對於客觀面的說明有所不足，在理論上從道德出發的「內聖」，無法保證「外王」事功的必然性。雖然不可因為出現流弊，而否定良知學的意義，但對於王學出現流弊的歷史事實，則是不可遮掩的。

　　承前所論，王門後學因其各自對良知教法的體證不同，產生良知異見，王龍溪曾有當時良知學一分為六〔註69〕的說法，可知良知教法在陽明歿後，因後

〔註68〕「仁宗皇慶二（AD1313）年，規定科舉第一場考經，是考以《大學》、《論語》、《孟子》、《中庸》，也就是《四書》，並以朱熹《章句集註》為據。自此以後，程朱之學成為官方的基本教材，影響至明、清。」見高明士：《中國教育史》（臺北：國立臺灣大學出版中心，2004年9月），頁13。

〔註69〕「凡在同門，得於見聞之所及者，雖良知宗說不敢有違，未免各以其性之所近，擬議攙和，紛成異見。有謂良知非覺照，須本於歸寂而始得。如鏡之照物，明體寂然，而妍媸自辨。滯於照，則明反眩矣。有謂良知無見成，由修證而始全，如金之在礦，非火符鍛鍊，則金不可得而成也。有謂良知是從已發立教，非未發無知之本旨。有謂良知本來無欲，直心以動，無不是道，不待復加銷欲之功。有謂學有主宰，有流行，主宰所以立性，流行所以立命，而以良知分體用。有謂學貴循序，求之有本末，得之無內外，而以致知別始終。此皆論學同異之見。」見〔明〕王畿著，吳震編校：《王畿集》（江蘇：鳳凰出版社，2007年3月），卷1，〈撫州擬峴臺會語〉，頁26。

另外當時王門弟子亦自覺在陽明歿後出現良知分歧的問題，但對於良知異見的分別未如龍溪，故本文從龍溪所說出發，在此對其餘諸子的說法，僅列如下：

一、東廓〈答馬生遠世瞻〉：「先師一生精力，提出『致良知』三字，本體工夫一時俱到，而學者往往分門立戶，尋枝落節，遂日遠於宗旨而不自覺，良可慨嘆！」（見〔明〕鄒守益著，董平編校：《鄒守益集》（江蘇：鳳凰出版社，2007年3月），卷11，頁557）另外在〈簡朱鎮山督學〉亦有此言，摘錄如下：「先師生平辛苦提出『致良知』三字，本體工夫，一時俱到。而學者各以資習所重，才藝所便，分門立戶，往往眩其宗旨，疑誤視聽。」（卷12，頁615）

二、念菴〈移置陽明先生石刻記〉：「今先生之言徧天下，天下之人多易其言，而不知其處困之功與責志之教。故深於解悟者，每不屑於持守，而意見所至，

學對良知教法的體會不同，進而造成詮釋良知學的差異。在諸子的良知異見下，後人對王門流弊的批評，則是集中在龍溪與泰州，並且認為主立體達用、歸寂說的聶雙江、羅念菴作為王門正傳，甚至認為聶、羅二人的學問，是對治流弊之方。但從師承關係來看，龍溪與泰州王心齋，是陽明的親炙弟子，而聶、羅二人並未及門。再者，彼二人對良知學的理解，也與陽明說法，有所參差，然而當時何以有這樣的說法與思考，也可納入反省王學流弊的脈絡之一。

作為王學的參照與質疑，擬以江門學者陳白沙、湛甘泉，以及明代朱子學人羅欽順等，對王學的論難出發。先從同為心學的不同型態來說，明代心學可說是從白沙起，至陽明而始大，但陽明何以沒有歸向白沙，反而與白沙學成為明代心學的兩個不同路向的開端？再說到湛甘泉與陽明為學友，其學問宗旨為「隨處體認天理」，並且對格物的論題與陽明有不同的見解，因此，筆者認為可從甘泉對王學商榷之處，從理論上看出可以補強陽明的地方。再者，明代雖以王學為顯學，但朱子學仍是站在官學的高度，陽明學本從與朱子學的對話中轉出〔註70〕，因此也可從明代朱子學大家羅欽順的角度，藉著他與陽明及歐陽南野（AD1496～1554）的討論中，看到朱子學者對心學的批判，其中或有夾雜學派之爭，但也可以從朱子學的角度，尋找王學理論上不足的部分。因此，湛甘泉與羅欽順，不單在學問上與陽明異路，更可從其對王學的批評，看出流

即皆自是而不疑，嘵嘵然方且以門戶相持競譽。」（見〔明〕羅洪先著，徐儒宗編校：《羅洪先集》（江蘇：鳳凰出版社，2007年3月），卷4，頁139）又〈答復古問〉有：「學於先生者，或失則深，或失則易，或惟其言而不知其所以言，求其實，反之吾心，所以不異於夫子者，乃不數數，則又且奈何哉？夫相去不數十年，而傳述之謬，正自不免，乃欲求不異義皇以來聖人之心，吾懼其難也。」（卷16，頁701）

在此需注意，其他諸子並非對學問異同無感，但並未整體論述之，對彼此學問之意見只散見於往來書信或是會語之中，故在此並不列舉。

〔註70〕 在《王陽明全集》，卷33，〈年譜一〉的資料中，可以看到陽明年輕時，幾次出入朱子學的情形，如18歲時：「先生始慕聖學。先生以諸夫人歸，舟至廣信，謁婁一齋，語宋儒格物之學，謂聖人必可學而至，遂深契之。」（頁1223）21歲時：「是年為宋儒格物之學。先生始侍龍山公於京師，遍求考亭遺書讀之。一日思先儒謂『眾物必有表裏精粗，一草一木，皆涵至理。』官署中多竹，即取竹格之；沉思其理不得，遂遇疾。先生自委聖賢有分，乃隨世就辭章之學。」（頁1223）27歲時：「讀晦翁〈上宋光宗疏〉，有言曰：『居敬持志，為讀書之本，循序致精，為讀書之法。』於是悔前日探討雖博，而未嘗循序以致精，宜無所得；又循其序，思得漸漬洽浹，然物理吾心終若判而為二也。」（頁1224）明顯可知，陽明雖幾次出入朱學，但無所得，直至龍場悟道後，始證得聖學所在。

弊可能出現的理論性意義。

　　東林學的出現，可說是直接面對王學流弊而轉出，而有引用朱子學作為救弊的傾向，但東林學人是否為朱子學者，或是採朱陸調合的立場，筆者則持保留態度。另外，東林學人對王學末流的急切批評，在理論建構上，顧憲成與高攀龍皆強調本體是「至善無惡」，並且在工夫上都特別重視「漸修」。不論「小心即敬」，或是「格物以知本」，都再次回到了漸的工夫進程。而不同於前人對王學流弊的救治多從格物、致知上來談，都可以看出東林學人於時弊的回應。再看蕺山的學說，以「誠意慎獨」為主，較之陽明學，可說是「歸顯於密」的型態，學問宗旨從致知轉向誠意，除了學術轉向的意義之外，在面對王學流弊，希望能從根源處止住玄虛而蕩、情識而肆的問題。應流弊而起之學來說，筆者取東林學與蕺山學進行討論，分析二者分別以何工夫對治之，及其關懷所在。

　　最後針對整體王學流弊進行反省，除了檢討陽明義理可能的缺失外，更積極的去找尋修正的方法，並思考其意義與效驗。希望能夠為明代中晚期學術面貌，提供較為全面的審視空間。

第四節　預期完成之工作項目

　　本文預期完成的工作項目，分別說明如下：

　　其一：對王學流弊進行思考與批判。

　　其二：指出陳白沙與湛甘泉的說法，在何種意義上可作為陽明學的參考？

　　其三：從明代朱子學者羅欽順對王學檢討的意義，呈顯王門在理論上可能的缺失。

　　其四：從東林學派的理論傾向看王學流弊的面向。

　　其五：劉蕺山慎獨工夫對王門流弊的對治意義。

　　最後對本論題進行總檢討，不論是在陽明理論上可能出現問題的法病，或是後人因良知異見、躐等工夫所造成的人病，都需要反省，並且透過上述各家思想理論的說明，省思諸家面對王學流弊在理論上修正的意義與效果。

第二章　對王學的反省

　　明代中晚期學術，在陽明的開創下，及其弟子廣設書院講學後，深入到了社會各階層，雖然科舉考試仍用朱注，但是在學術風氣的影響上，仍是以王學為大。流衍既久，不可避免的，王學出現了弊端，不論是人病或法病，都隨著王學的影響漸廣，流弊亦逐漸明顯。無論在當時或後來，都出現質疑王學的聲浪，不只是散見於各家文集中的零星意見，更甚者，出現了專著以批評之，是王學的批判論。其中陳建《學蔀通辨》〔註1〕、馮柯《求是編》〔註2〕、張烈

〔註1〕陳建在該書序言中提到：「天下莫大於學術，學術之患，莫大於蔀障。近世學者，所以儒佛混淆，而朱陸莫辯者，以異說重為之蔀障。而其底裏是非之實不白也。《易》曰：『豐其蔀，日中見斗。』深言掩蔽之害也。夫佛學近似惑人，其為蔀已非一日。有宋象山陸氏者出，假其似以亂吾儒之真，援儒言以掩佛學之實，於是改頭換面、陽儒陰釋之蔀熾矣。幸而朱子生同於時，深察其弊，而終身立排之，其言昭儒也。不意近世一種造為早晚之說，遁謂朱子初年所見未定，誤疑象山，而晚年始悔悟，而與象山合。其說蓋萌於趙東山之〈對江右六君子策〉，而成於程篁墩之《道一編》。至近日王陽明因之，又集為〈朱子晚年定論〉，自此說既成，後人不暇復，一切據信，而不知其顛倒早晚、矯誣朱子以彌縫陸學也，其為蔀益以甚矣。」由此可知，陳建認為當時學術的蔀障有三，其一為儒佛混淆，其二為朱陸異同之辯，其三為陽明所作〈朱子晚年定論〉。然而陳建是站在朱子學的立場，對以上問題進行討論，有其視角與關懷所在。對於陽明學說，也有所批評，但本文取其說，不在於陽明對朱子學說繫年的錯誤，或是陽明對朱子思想的誤解，重點將放在陳氏批評王學的部分。見《學蔀通辨》（臺北：廣文書局，1971年4月），〈自序〉，頁1。

〔註2〕「時陽明王氏致良知之學盛行，凡講學者莫不倚以為說，然亦非真知其是與非也，附和而已。……若陽明之致良知，則是即其心之所起以為善而直從之，將必有嬰孽奪宗，認賊作子者，此世所以多小人而無忌憚也。今以彼一心學，此亦一心學而概同之，過矣。……然則儒釋之辨，不於其用於其體，不於其麤於

《王學質疑》〔註3〕等書，可說是具有代表性〔註4〕，是從朱子學立場批判王

其精，而世恆昧昧焉，此《求是編》不得已而作也。……名此編既非《傳習錄》
而作，乃捨之而名《求是編》何也？……故柯非敢非陽明，惟求其是而已，求
其是則不得不於可疑者而論之，此余於《傳習錄》雖不敢非之，而不得不論之，
不得不論之而終不敢以為非之也，惟求其是而已。」（見〔明〕馮柯：《求是編》
（收錄於《貞白五書》；《叢書集成續編》（臺北：新文豐出版公司，1989 年 7
月），〈自序〉，頁 703～704）陳榮捷在《王陽明傳習錄詳註集評》（臺北：學生
書局，1998 年 2 月），〈傳習錄注評〉中提到，馮柯的《求是編》，作於萬曆癸
酉（AD1572），是第一本針對陽明《傳習錄》的作品，認為該書：「或取全條，
或摘取要語，而批評之。長者達二三千言，專意護朱攻王，等已于孟子之闢楊
墨。然亦有是處。」（見該書頁 16）透過陳氏的說明可知，馮柯的《求是編》
的撰作背景，實是從朱王學術異見出發。另外，從陳榮捷的觀點來看，《求是
編》的形式是《傳習錄》的注本，但林月惠認為，從注評本的立場出發，應是
在義理上有客觀而深入的理解，但馮柯的思想缺乏堅實的理論基礎，也難成系
統，其批評《傳習錄》的論點，建立在對王學思想的誤解與扭曲，應此將《求
是編》定位在朱、王哲學對立與激盪的例子較為恰當。（見氏著：《詮釋與工夫》
（臺北：中國文哲研究所，2008 年 12 月），〈非《傳習錄》：馮柯《求是編》
析評〉，頁 140～142）。

〔註3〕張烈的時代，晚於前兩者，此書作於〔清〕康熙年間。對於王學的批判，力度
也更強，其著作大意為：「良知之不講久矣，曷為為不急之辯，曰：『非敢然也。』
學孔子者，舍朱子莫由，而王盡翻朱子，與之為水火，其說盛行於嘉隆，天下
講學者莫不以詆朱為能。萬曆之世，仙佛雜霸並行，士子不復知有儒矣。閒有
高明特立有志儒術者，稍稍知朱子未可厚非，而意所專主仍在王陸，蓋習氣使
然也。……若陽明則虛浮飄蕩，假借可以禦人，按實中非妥確。望其藩籬者，
皆欲揚眉努目，自標宗旨，亂儒術而壞人心，莫此為甚。此而不知辨明，是終
無以見孔子之道也。夫善惡兩存者，總成其為惡；邪正並立者，總成其為邪；
王霸雜用，祇成其為霸；儒佛合一，祇成其為佛。譬之白置黑內，祇成其為黑
也，白不可復見矣；毒置食中，祇成其為毒也。食不可入口矣。……乃知王學
之全非，蓋與聖門背道而馳也，……彼王氏者好高逞辯，導後學以妄誕浮夸，
而道術為天下裂，如之何其可並存而兩用也。輒不自揣，按《傳習錄》中條舉
大要而詳繹之，用存所疑以待正於君子，數十年之間，此道須有煥然光昭之
日。王學未有不廢者，黜眾說而並一尊，風同俗美，庶幾其可見焉。」張烈是
站在朱子學的立場，對王學進行批判，並認為陽明學說，是仙佛雜霸。然而張
烈對於王學的批評，是否有效？以及是否能夠有同情的理解？都是可以再討
論的。見《王學質疑》，收錄於《叢書集成初編》（臺北：商務印書館，1939 年
12 月），〈自序〉，頁 1～2。

〔註4〕針對「王學批判論」的命題來說，目前學界將詹陵《異端辨正》、陳建《學蔀
通辨》、馮柯《求是編》、羅欽順《困知記》作為主要討論核心。見林月惠：《詮
釋與工夫》，〈非《傳習錄》：馮柯《求是編》析評〉，頁 66。及氏著：《良知學
的轉折》，〈王學分化的歷史圖象〉，頁 91。
然而，筆者對於以上諸書的取擇，在詹陵《異端辨正》與羅欽順《困知記》有
不同的看法。先說詹陵《異端辨正》，其文章中，雖然有批評心學的說法，點

學。另外，方學漸（AD1540～1615）《心學宗》〔註5〕，是站在維護王學，試圖建立心學的譜系傳承，並為王學找出理論源頭偏失的所在。不論是以朱子學立場批判王學，或是王門學者的反思，都有其關懷的偏重，以及評論王學的特殊觀點。而筆者試圖透過前賢的檢視，找出其批評王學及其流弊的論述，並思考其切當與否。

第一節　對心體的批評

後人檢討王學，多從對心的界定說起，不論是從朱子學立場對王門進行批

出象山，但並無直接說明其批評者，就是「王學」。〔日〕荒木見悟在該書序文中提到：「此書前有詹陵嘉靖四年（AD1525）自序，從朱子學立場出發，對禪宗、老莊、仙佛等『異端』學說加以排斥，書中另提到一種，『似是而非之說』，今人以為係指當時盛行之陽明學說，或近是。」（見《異端辨正》，收錄於《和刻本中國古逸書叢刊》第31冊（南京：鳳凰出版社，2012年），頁252）故筆者基於該書並未直接點出王學，因此對此書，採保守的態度，未取擇作為批評王學的參考資料。

再談羅欽順《困知記》，羅氏作為明代朱子學者代表，也與王門因學問性格不同而互相論難。但是就《困知記》的著作大意來看，乃是整菴「有志於道」而後「有所尋繹，輒書而記之，……蓋初非有意於為文也。積久成帙，置之座間，時一披閱，以求其所未至。」（見〔明〕羅欽順：《困知記》（北京：中華書局，2013年5月），〈困知記序〉，頁1）可知整菴作此書之立意，實不同於前述諸書，再加上整菴作為明代朱子學的代表人物，其學說理論，實有可觀之處，故置於後文以專章討論之。

〔註5〕明人方學漸《心學宗》的著作大意是：「吾聞諸舜：『人心惟危，道心惟微。』聞諸孟子：『仁，人心也。』聞諸陸子：『心即理也。』聞諸王陽明：『至善，心之本體。』一聖三賢可謂善言心也已矣。心之危而微，其仁體乎？其理之至善者乎？仲尼謂誠身先明善，蓋明此也，上下古今，聖聖賢賢，因學起見，因見立言，即人人殊，期於此心，純理無欲，不失至善之本體，則其致無兩，而一聖三賢，直指心體尤為真切著明。彼異端者，雖亦曰唯心，然不明乎善而空之，則見以為心者繆矣。安能善身善天下乎？王龍谿作〈天泉證道記〉，以無善無惡心之體為陽明晚年之密傳。陽明大賢也，其於心體之善，見之真、論之確，蓋已素矣，何乃晚年臨別之頃，頓易其素不顯示而密傳。倘亦有所附會而失真歟。此記一出，遂使承學之士，茫然不知心體之謂何，天下稱善我不名善，天下稱惡我不名惡，恣情徇欲，猥云信心，使得異端得入吾室，幾於奪嫡而易宗，則不察人心之本善故也。」相較於陳建站在心學的對立面反省王學，方學漸是以心學的立場，稱舜、孟子、象山與陽明為一聖三賢，為心學編譜系，反對龍溪的無善無惡之說，並且認為龍溪的說法，是導致後來王學出現流弊的原因，並也質疑〈天泉證道〉的真實性。見《心學宗》，收錄於《四庫全書存目叢書》子部儒家類第12冊（臺南：莊嚴文化事業，1995年9月），〈自序〉，頁134。

評，或是王學內部也對於「心」應該如何詮釋之，進行反思，檢討王學論心可能的缺失。

一、心即理說

學者批評王學，多以心即理說作為批判的基準點。張烈認為，心即理說，造成了「三綱五常、禮樂刑政，盡付之遊戲。老莊以為糟粕，釋家以為幻影，皆此見也。無惑乎陽明之教，流至萬曆，舉世化為佛老雜霸而不可救止也。」〔註6〕若心即理說，往負面的方向發展，就會造成蔑視世俗綱常，以先聖先王所作之制度為遊戲，並且視之為老莊口中的「聖人之糟粕」，佛家所說的「夢幻泡影」。也正因如此，當時良知學成為士人不做工夫、不求修己的藉口，流弊叢出，站在維護儒學的立場，當然會對造成此現象的王學，大加批判。

張烈是朱子學者，認為事事物物皆有定理，反對王學的心即理說，並且將流弊歸因於此，其言曰：

> 事事物物，皆有定理，所謂「有物必有則」也。如陽明說，宜云「有心有則」。豈詩人孔子亦義外歟？天下無心外之事，故求諸事，正所以盡此心；無心外之理，故求諸理，正所以盡此心。今直求諸心，而欲事理之無不盡，雖大賢不能也。心能知覺，發於欲為人心，發於理為道心，故貴乎擇之精焉、守之一焉，未聞心之即理也。程子曰：「性即理也」，是矣。「理義之悅我心，猶芻豢之悅我口」，若曰：

─────────

〔註6〕〔清〕張烈：《王學質疑》，卷1，頁3。

相關的說法有：「今擇一最高名目曰：『我惟具中和之德而已，聲為律、身為度而已』，視講求蒐輯者皆玩物喪志，增霸者之藩籬，執此高說，真足以暢縱橫之論，箝諸儒之口，而甚便於荒疏杜撰不學無術之徒，別古制以繩之，則曰：『此蠡迹耳，吾自有良知可信也』，稱先儒以正之，則曰：『此訓詁耳，吾自有良知可證也』。借此以師心自用；借此以畔道離經；借此以破滅禮樂名物。憑陵睥睨莫敢誰何？而後姦私兇狠得以恣肆而不顧。嗚呼！秦政李斯之滅古，劫之以嚴刑；近儒之滅道，劫之以高論。何禍之酷！」（見〔清〕張烈：《王學質疑》，卷4，頁16）、「象山言本心，陽明言良知，其弊使人喪本心、喪良知，何也？天之道非別有一物寄於聲臭之上，時行物生，即所謂無聲無臭，上天之載也。人之心，非別有一物，在窈窈冥冥之中，視聽言動，皆心所在也。善治心者，治視聽言動，即治心也。治倫物政事，即治心也，視聽言動倫物政事之間，講明一分，則心之本明者復一分矣；力行一分，則心之本善者復一分矣。積之久而悟其皆心也，天命流行之妙，一以貫之無餘。」（見〔清〕張烈：《王學質疑》，卷5，頁21）。

「心即理。」是口即芻豢也，目即色也，耳即聲也。〔註7〕

張烈站在事事物物皆有定理的角度出發批評心即理，從其立論來說，首先，就著事物皆有定理的角度看，理在事物，有物必有則，可知事物之理非在吾心之中。張氏便將陽明所說的「天下無心外之事」，以事物皆有理來批評之，反對陽明以「心外無事」說明心對事物參贊意義，而以心必須去認知理而不可遺，心必求理於事物，才是真正體現心外無事。其次，張烈主張心是能知覺的，心發為欲則為人心，心發為理則為道心，心有中節不中節的可能。故對於心之所發，必求仔細辨別，是依理或依欲而發，若不能辨明而貿然說心即理，便是理欲不分，有以欲為理的可能，因此心的認知作用是重要的。

張烈對心即理的批評，先討論第一點，張烈認為，盡心就是窮究事物之理，心若不能盡事物之理，則非盡心。但是這樣理解下的盡心，已非孟子擴充之意。若是從致良知來看，對於事事物物能否各得其理，各正其性命，就是致的工夫徹不徹、熟不熟而已，是工夫生熟的問題。從張烈立場來看，求事物之理於心之外，並非是義外，而是盡心的實義，這便是其否定陽明說法的原因。認為理在事物，而心能認知、涵攝事物之理，並就在心的這種活動下，達到無心外之理。第二點，理與欲的問題，宋明理學中，「天理人欲」，是一組對翻的概念，不為天理，即是人欲，二者絕不可能相混。故張烈基於這樣的立場，反對心即理說。因為心雜有理、欲，若說心即理，便是混淆理與欲，不能區分天理與人欲的差別，因此就張氏看來，王門流弊的出現，心即理說即是起點，在理論上便坐此病。

張烈不論是從對理的體知途徑，或是天理人欲不能相混來看，都是反對心即理的。若說以上兩點是從反對王學立論來說，張氏順著天理人欲不能辨明的結果，進一步點出：「此心何以遽無私欲之蔽？何以能遽純乎天理？欲人去欲，而不許即事即物以辨驗所謂欲者；欲人存理，而不許即事物以研究所謂理者。第曰去人欲而已，愚知其難也。」〔註8〕從儒家學說的宗旨來看，終極目標便是「內聖外王」，就「外王」來說，並非求之在己便能達成，還需要其他充分的客觀面條件配合，並非只是道德而已，是屬於綜合性的問題。但內聖是可求的，就在個人生命的實踐，關鍵就是主體的意志，透過做工夫而可達到，天理人欲，便是聖凡之別。因此，張烈認為，如果我們肯定「存天理、去人欲」的

〔註7〕〔清〕張烈：《王學質疑》，卷1，頁1。
〔註8〕〔清〕張烈：《王學質疑》，卷1，頁1～2。

命題，若不能夠即事即物去檢驗，怎知何者為欲？何者為理？認知事物之理，便能夠在理論上穩立其客觀性。因為心有從理、從欲的兩種可能性，理在心外，故向外求理，便是能夠透過事物之理的客觀性，檢驗吾人行為的偏正，是從理或從欲而發。從另外一面來說，也可以在認知理之後，順理而發，便從根源上解決了人欲出現的可能。因此，不論基於上述的何種原因，張烈是反對心即理說的。

張烈認為破王學之病，便是要破「認欲為理」的情形，其言曰：「孝之理不在父，忠之理不在君。然惟吾生必有父，而後此心知孝；吾生必有君，而後此心知忠。且惟其為父故孝以事之，若他人則不得以孝施矣。⋯⋯王子之言，何多現成而不切實也。且權能稱物，度能量物，而物自有輕重長短之不可誣。使權之輕重與物之輕重不符，度之長短與物之長短不合，勢必參互考驗以正之，不得執權度而抑物以從我也。即心為理而不即物以求理，恐不虛不公自私自用之弊，必不免矣。」〔註9〕此處所言，可分為兩個層次，首先從理必在事物，反駁陽明所說的理在吾心。陽明認為道德行為的準則是吾心所發，並不是先有一孝的理，或是忠之理，才去盡孝盡忠，是見父自然知孝，見兄自然知悌，非由對象決定吾人行為。但是從張烈的角度說，則是認為吾人的生活場域必定面對君、父，也是在有君、父的對象之後，此心知孝知忠，若是無君無父，便無孝悌可言，正如不可能對鄰人有孝、悌之心一樣，故反對陽明所說的，理在心上。其次，事物之理可作為權度，是客觀的標準，故行為中不中節，才有標準可以檢驗，因此就能夠避免自私用智的情形發生，正因尊重事理，而不致有抑物從己的可能，也是對心即理說無法有客觀標準可以檢驗的部分，提出嚴正的批判。

張烈以事理可作為「檢驗」的標準，對治「認欲為理」，至於如何立根基，便是值得進一步思考的問題。因此，張氏強調「即物窮理」作為立法的基礎。從消極的一面說，重視事物之理，是作為檢驗、權衡的標準。從正面積極來看，事物之理更是行為的典範與準則，其言曰：

> 古人所留儀節，吾人懵然不知，龘鄙疏忽者何限！惟考求前言往行，
> 一一觸動我心，方始惻然，而思者自明而誠，學者事也。人固有
> 茫然不知何為天理，而示以天理當為之事，亦欣欣有當於心者。天
> 理無處不存，流行充滿，觸處昭著，由誠心而生儀節者此理，由儀

〔註9〕〔清〕張烈：《王學質疑》，卷1，頁1～2。

> 節而動誠心者亦此理，……故聖人教人，下學即物求理，多聞多見，
> 自能漸達於本心者百不失一。蓋資質不同，雖不悟本心，為人矩度
> 自在也。若先語以求心，未有不驕矜自大者，欲其虛心遜志，從事
> 於學問思辨也難矣。況其聰明足以拒諫，才氣足以有為，方將震懾
> 天下而奔走之，安望其能自反乎〔註10〕？

先從古人所留儀節來說，儀禮三百，威儀三千，是需要透過先聖先賢的言行而
了解，並在這樣的學習過程中，相應先人制作之心，惻然感動，因此對於事物
之理的了解，是重要的，也在了解的過程中，心與理合。但要注意的是，外在
的儀則，實屬名物度數，雖然是客觀的知識，但是此客觀儀節的創造，也是由
先聖對生命有所感而後作。因此，事物之理與吾人之心從發生創制上說，本來
就是不可分的，就在下學即物窮理之中，吾心有所共感，進而有上達的可能。

　　再者，天理實是渺遠而不可觸，但天理卻是在事物上呈現的，故透過事事
物物去體認天理，體證其規則與規律，在此過程中，吾心亦自然悅理義。因此
前賢因體證天理而制作儀節，吾人也透過學習儀節而體認天理，這是相互循環
的過程。故聖人教人，必先求下學後能上達，就在多聞多見中，即物窮理，而
後能夠盡心而體證天理。

　　最後張烈談到，人的質性有所不同，雖然愚者難於直悟本心，但正因有先
學的工夫，自有規矩在，不致放逸，故即使無法對天理相應相感，但至少能夠
保證在儀則規範上，無有走作。相對的，就算是天資亢朗，若是沒有下學作為
基礎，事事都必先說求心於己，以為一切理皆由我而出，則是容易陷入驕矜自
大的病痛，當此之際，欲其虛心下學、反省，相對之下是困難的。更甚者，因
恃其才高聰敏，而拒絕他人勸諫，欲以自己的想法震懾、影響天下。因此，就
張烈的思考來看，姑且不論個人的才質高下，透過「即物窮理」的工夫，不一
定能夠立即體證天理，或體會前賢聖者的創作本心，但至少都能夠保證，因先
強調學的重要性，在出處進退有規範可循，也有規則可作為檢驗的標準。

　　總體來說，張烈認為王學的弊病，端始就在心即理。因此，救治之方，便
是要透過體認事物之理，做即物窮理的工夫。從正面來說，可以透過此工夫，
體證天理而盡心知性知天。相反的，心有從理與從欲的兩種可能性，若是只講
心即理，便會有以欲為理的情形，正因如此，更須有事物之理作為規範，權度
中節與否。或者我們可以這樣說，張烈重視道德的客觀性，認為事物之理，不

〔註10〕〔清〕張烈：《王學質疑》，卷1，頁3。

論是作為檢驗的意義，或是行為的依據，都能夠對治心即理說所造成的弊病，並且看重道德意識的培養，強調下學的重要。以上便是張烈檢討心即理的觀點。

二、以無善無惡說心

方學漸是泰州學人，在黃宗羲《明儒學案》敘錄中，提到方氏在泰州一派中，別出機軸〔註11〕，站在王學的立場，為心學找尋學脈。除此之外，也反省王學流弊的問題。其所反對的是「無善無惡心之體」一句〔註12〕。另外，在該書的序跋中，不論是自序，或是他人的序言〔註13〕，都可以看到相關的論述。

《心學宗》的序言中，對王學的批評如：顧憲成曰：「世之談心，往往以無善無惡為宗。」〔註14〕、史孟麟曰：「蓋文成先生揭宗以良知，其證道則曰：『無善無惡者心之體。』而龍谿先生更以無善無惡概之乎心意知物，於是寓內易理學為心學矣。」〔註15〕認為陽明之後，學者談心皆標無善無惡之旨。龍溪更以四無說改易陽明四句教，將心意知物，通通視為無善無惡，教由是更壞矣。然而，無善無惡之說，造成了「今言心學者遍寓內，其學也，學其無學也；其心也，心其無心也。為善則理即為障，信心則惡即為心。人心同善，彼不謂善；人心同惡，彼不謂惡。」〔註16〕認為無善無惡之說大行天下，造成了幾種

〔註11〕「先生欲辨無善無惡心之體，而自墮於有善有惡心之體矣，是皆求實於虛之過也。先生受學於張甌山、耿楚倥，在泰州一派，別出一機軸矣。」（見〔清〕黃宗羲：《明儒學案》，卷35，〈泰州學案四〉，頁839）在黃宗羲的學術判斷中，泰州是不入王門的，更甚者，是將王門流弊，推到泰州一脈。然而對於方學漸的評述，認為其學別於泰州。因此，也可藉此看出，泰州學人中，亦有對當時王學流弊的情形，進行反省。而非真如黃宗羲所論，泰州一脈學人，全是王門罪人。

〔註12〕顧憲成亦說：「方本菴獨以性善埽除無善無惡，直狂瀾之砥柱也。」見〔明〕顧憲成：《小心齋箚記》（臺北：廣文書局，1975年4月），卷16，頁391。

〔註13〕為《心學宗》作序文的計有：章潢、顧憲成、史孟麟、李右諫。其中除李右諫未入學案外，章潢為江右王門（見〔清〕黃宗羲：《明儒學案》卷24，〈江右王門學案九〉，頁571～577），顧憲成為東林學人（見〔清〕黃宗羲：《明儒學案》，卷58，〈東林學案一〉，頁1375～1398），史孟麟也為東林學人（見〔清〕黃宗羲：《明儒學案》，卷58，〈東林學案一〉，頁1473～1477）。從學術的源流來看，不論是江右王門或是東林黨，都是屬於修正王學，反對心體是無善無惡的說法。因此從各家序文的呈現來說，當時對於無善無惡之說，不論是王學的內部或是外於王學者，皆有反對的聲浪。

〔註14〕〔明〕方學漸：《心學宗》，〈顧憲成序〉，頁129。

〔註15〕〔明〕方學漸：《心學宗》，〈史孟麟序〉，頁130。

〔註16〕〔明〕方學漸：《心學宗》，〈史孟麟序〉，頁130。

情形，首先是只說本體，不做工夫，因為一悟本體便是工夫，無工夫可言。其次，甚至認為，說心就只能是無善無惡，若說心是善，便是落入理障。太過信任心體，忽略了心有被遮蔽的可能，造成認惡為心的情形。最後，至於一般標準的善惡，也被打破，泯滅善惡是非的標準，最後落入了「以任情從欲為透悟，以窮理盡性為矯揉」〔註17〕的困境。故原本以無善無惡說心，是要遮撥落入相對的是非，但最後卻只是得到言無的弊端，銷解了性善的真意〔註18〕。「眾之失心失之於有惡，學人之失心，失之於無善。」〔註19〕常人若是放失本心，是因為落入了惡中，但學者放失本心，就在無善之說上。故流弊的出現，實在言無善無惡，以致「學者好談心體而略躬行，聽之妙入玄虛，察之滿腔利欲。」〔註20〕

在反對無善無惡說之後，要建立的，便是重新提掇「善」的重要，因此方學漸認為：「文成公有言，人有習心，不從良知實用為善去惡之功，只懸空想箇本體，一切事為俱不著實，不過養成一箇虛寂，此箇病痛不是小小。」〔註21〕確實的做為善去惡的工夫，是十分重要的。然而，要能夠為善去惡，便在於對天理的體認，以及良知判斷標準，要能夠穩立，因此方學漸十分重視天理。認為「天理為良，人欲為不良。」〔註22〕直接界定天理、人欲，是良與不良，二者實為冰碳，故只談無善無惡，是理欲不分，落入了混淆善惡的情形。因此，在《心學宗》的序跋中，不論是方學漸本人，或是為其作序的其他諸人，都強烈批判無善無惡之說。由於方學漸十分重視天理，強調心的根據是天理，亦以天理作為準則，進而批評無善無惡之說。以下將分別說明之。

陽明學的宗旨是「致良知」，方學漸雖為泰州王門，但是對陽明學的詮釋，多從陽明重視天理的角度解釋之，其言曰：「未萌之先，誰為防之？方萌之際，誰為克之？惟天理為之主，時時提醒，則人欲自去。《中庸》、《大學》非有二功。所謂格物者，不過於應物時，戒慎恐懼，求當于天理而已矣。」〔註23〕方氏認為，不論是在人欲未萌發之先，或方萌之際，只有天理可以作主，以助吾

〔註17〕〔明〕方學漸：《心學宗》，〈史孟麟序〉，頁130～131。

〔註18〕「故無之旨本以祛矣，而無之弊足以滅真。」見〔明〕方學漸：《心學宗》，〈史孟麟序〉，頁131。

〔註19〕〔明〕方學漸：《心學宗》，〈史孟麟序〉，頁131。

〔註20〕〔明〕方學漸：《心學宗》，〈李右諫序〉，頁132。

〔註21〕〔明〕方學漸：《心學宗》，〈跋〉，頁135。

〔註22〕〔明〕方學漸：《心學宗》，卷4，頁201。

〔註23〕〔明〕方學漸：《心學宗》，卷4，頁202。

人防之、克之。因此天理作主，是吾人能否循理的重要關鍵所在，不只是在理、欲的分判，工夫也是應天理而展開，時時戒懼。

在重視天理的前提下，方學漸便執「性善」以批判「無善無惡」之說，認為後學因此說而導致不重現實工夫的問題，其言曰：「陽明論良知根於性善，學者不此之求，浮慕無善無惡之為高，而衍為虛寂之說。蓋徒有見於不學不慮，而無見於愛親敬長，漓聖賢之旨矣。」〔註24〕認為陽明說良知，其根基是性善，但後學不能善體此義，而只是空談無善無惡，造成不做工夫，只說虛寂本體、不學不慮，擺落生活中的實際工夫，不談愛敬親長，離聖人之宗旨遙遠矣。因此，更進一步的說：「虛靈中有理為事之根，奈何以虛靈為無乎？朱子曰：『明德者，人之所得乎天，而虛靈不昧以具眾理而應萬事者也』，此解最真切，今學者刪之，曰：『明德者，虛靈不昧之德也』，刪去理字，則無體，刪去事字則無用，但云：『虛靈不昧』，則混於釋氏之說，而非《大學》明德之本旨矣。」〔註25〕此處可以分為四個層次，第一層為朱子的說法，朱子是以心的知覺去認知理，知覺理後而顯現理，故說心是具眾理而應萬事。第二層是陽明轉化朱子的思考，認為此說正是心外無理，心外無事的證據〔註26〕。第三層是王門學者，只說個明德是虛靈不昧之德，明德是心之德，因此割裂朱子與陽明所說的理與事。忽略理，則是喪失天理作為心之體的意義；忽略事，則是無事用

〔註24〕〔明〕方學漸：《心學宗》，卷4，頁201。

另外相近的說法有：「先生見性之善，可謂分明矣。不應後來有無善無惡之說，恐是門人好高而附會其說也。」（見〔明〕方學漸：《心學宗》，卷4，頁198）、「此陽明獨見之語，可謂聖門嫡派，自虛寂說出，舉一切格致明善，窮理問學，博文惟精工夫，漫不著力，空談本體而學者流入異端矣。」（見〔明〕方學漸：《心學宗》，卷4，頁199）、「深得上下一理之妙，今之學者好離下而語上，豈能有達乎？」（見〔明〕方學漸：《心學宗》，卷4，頁199）、「此先生著實之教也。知此則知無善無惡非著實之教也，後人舍其著實者，尚其不著實者，倡虛寂之說，病痛豈其小哉？此先生之憂也。」（見〔明〕方學漸：《心學宗》，卷4，頁203）。

〔註25〕〔明〕方學漸：《心學宗》，卷4，頁205～206。

〔註26〕「『虛靈不昧，眾理具而萬事出』。心外無理，心外無事。」見陳榮捷：《王陽明傳習錄詳註集評》，卷上，第32條，頁70。

另外，方學漸並非是以朱子學來理解王學，對於朱子的說法，也有所反對，其言曰：「宋人謂今日格一物，明日格一物，因已知之理而益窮之，以求至其極。語亦相似，但物上加功不免徇外，陽明在良知上加功，則向內尋求。」（見〔明〕方學漸：《心學宗》，卷4，頁202）認為格物並非是在格外物，而是需要從心上做工夫，是向內尋求。因此雖然重視天理，但不因此認為工夫要在格外物上做，是要在良知上求。

而與萬物隔絕。故不可只單提虛靈不昧，必兼有理與事，才能體用合一。第四層，也是方學漸認為最下乘的，只談個虛靈不昧，便已是佛家說法，非儒者面貌。故我們可以這樣理解，一家學說的展開，必定是依宗起教，以教定宗，儒門必與佛家不同，在教相上亦有所別，因此對於王門中，只談虛靈，不論道德、工夫者，便是壞教之途，絕棄儒佛之隔。

　　方學漸雖然贊同心即理說，但是在講良知心體之時，特別強調天理作為心的根源，反對只說無善無惡心之體，認為沒有天理作為心的根據，則標準性何在？另外，當時學者只說個無善無惡的心體，但是實踐的工夫，卻付之闕如，甚至是以無善無惡說掩飾利欲，如：「近者學者好談心體，略於躬行。聽之妙入玄虛，察之滿腔利欲，則又以佛緒餙霸術也。」〔註27〕王學的弊端，便也從此處流衍。方學漸為王門學者，也肯認心即理，但對心的理解則是側重必有天理作為心的依據，「此心主于天理，所謂頭腦工夫也。」〔註28〕因此言良知，必定要能重視天理，才不致有所走作，最後所要達到的，也只是「只論理欲，不論成就之大小遲速。」〔註29〕可以注意的是，方氏隱有將當時言無善無惡之病，歸咎於龍溪〔註30〕，而非陽明，因此強調：「陽明論良知根於性善」〔註31〕，並且認為泰州心齋〔註32〕是真能傳陽明之學者。至於以性善批評無善無惡說，實為東林顧憲成之同調。

　　總括以上來看，不論是清代的張烈，以朱子學立場對王學進行批判，或是方學漸以王門學者對王學進行反思，都認為王學出現流弊，就在對心體的理解有誤。張氏認為心即理的理論缺陷，是以欲為理，在根源上就必然造成流弊。方氏從王門內部對無善無惡說的爭論，是後人不善學之誤〔註33〕，空談心體而不做工夫之弊。先不論二人對於陽明思想的理解是否相應，但是就各自的立場

〔註27〕〔明〕方學漸：《心學宗》，卷4，頁198。

〔註28〕〔明〕方學漸：《心學宗》，卷4，頁205。

〔註29〕〔明〕方學漸：《心學宗》，卷4，頁200。

〔註30〕「王龍谿作〈天泉證道記〉，以無善無惡心之體為陽明晚年之密傳。陽明大賢也，其於心體之善，見之真、論之確，蓋已素矣。何乃晚年臨別之頃，頓易其素不顯示而密傳？倘亦有所附會而失真歟！此記一出，遂使承學之士，茫然不知心體之謂何！」見〔明〕方學漸：《心學宗》，〈自序〉，頁134。

〔註31〕〔明〕方學漸：《心學宗》，卷4，頁201。

〔註32〕方學漸編《心學宗》的譜系時，陽明之後只列心齋，可見其認為泰州為王門正傳，為心學之宗脈。詳參〔明〕方學漸：《心學宗》，卷4，頁206～207。

〔註33〕「先生見性之善，可謂分明矣。不應後來有無善無惡之說，恐是門人好高而附會其說也。」見〔明〕方學漸：《心學宗》，卷4，頁198。

來看，都在相當程度上，點出王學強調心即理，在以天理作為根據義的說明不足。

三、錯認《孟子》

馮柯在批評陽明學說時〔註34〕，質疑陽明「良知」的根據。若是能在源頭上，便點出良知教的立論錯誤，便是能夠直接破除陽明學。然而馮柯對於「良知」的理解與討論，是否準確與有效就是關鍵所在，其言曰：

> 良知之說，出自《孟子》。孟子言人之不學而能者，良能也；不慮而知者，良知也。分明以知、能對說。陽明遺其良能而獨舉良知，已失孟子意矣。又嫌其遺而以所以為良能者，混在良知之內，不幾於侮《孟子》之言乎？況是非之心，乃是四端之一爾，以良知而偏屬之，則所謂惻隱、羞惡、辭讓者，皆非良知矣。惻隱、羞惡、辭讓既非良知，則所謂良知者，亦只明得是非一路，而非此心之體大用矣。……非謂此一端可該得那三端也。然則，陽明之學，名雖因象山以泝孟子，而實非象山、孟子之學也。〔註35〕

上述的批評內容可以分為兩大部份。首先，馮柯質疑陽明將孟子所說的「良知、良能」轉為只講良知，忽漏良能，甚至是以良知概括良能，這便是錯解孟子。其次，認為陽明突出是非之心，擺落惻隱、羞惡、辭讓三者，是忽略孟子論心的整全性，非心之全體大用。基於上述的理由，馮柯認為，陽明雖言其學是象山、孟子的學統，但實則非是。

再者，馮柯更進一步指出，孟子所說之良知為：「良知之良非善也，不過以其不假於思慮而出於天性自然之謂也。」〔註36〕馮柯認為孟子所言之良知，只是自然之本能，其實不具有道德意義，是屬於天生本能，而「愛親、敬長、甘食、悅色，而皆謂之良知，其義一也。」〔註37〕因此認為陽明「獨舉愛親、敬長，而不及甘食、悅色」〔註38〕實是誤解孟子，或是借孟子之言，以成其說。

〔註34〕馮柯作《求是編》時，其實有「儒佛之辨」的寫作立意，不只認為王學非儒門而為釋氏之學，亦非傳象山之學。更要把陽明學從儒門中掃蕩出去，因此，破除王門傳孟子良知教，便是重要的辨別之處。

〔註35〕〔明〕馮柯：《求是編》，卷4，頁773。

〔註36〕〔明〕馮柯：《求是編》，卷2，頁732。

〔註37〕〔明〕馮柯：《求是編》，卷2，頁732。

〔註38〕〔明〕馮柯：《求是編》，卷2，頁732。

　　馮柯對於陽明的批評，除了是對王學的誤解之外，對於孟子學亦不能有相應的理解。先從良知來說，陽明所說的良知，是先驗的，道德本心並非透過後天學習而有。再者，陽明以是非之心收攝其他三者，實是重在知是知非的道德判斷力上，強調良知對於善惡的判斷，而非忽略之〔註39〕。最後，馮柯是從自然本能講孟子之良知，非善解孟子。因此，馮柯對陽明的批評，除了不能善解陽明學外，亦無法相應孟子的思考，就批判王學的論題來說，馮柯批判的效力不高。

四、援外道入儒

　　在上述說法之外，陳建的《學蔀通辨》，認為王學流弊的出現，在於援外道入儒，但該書對王學的批評，多不在理論的建構，而是直指王學為仙、佛之學〔註40〕，其心為佛家之心。對於此說法，筆者認為多流於意氣之爭、門戶之見。就陽明學說來看，其有藉道家、佛家之語不假，但是其最後仍是希聖求賢，並非要成佛成仙，在宗旨上已與佛、道不同。再者，陽明肯定現世，不認為現世是夢幻泡影，而將希望與價值寄托在彼岸，陳建的批評，客觀而論，多未能切中王學的本義。

　　陳建對陽明「心」的批判，便在其判定陽明為引佛入儒的思考下展開，其言曰：

> 王陽明謂門人曰：「所謂汝心，卻是那能視聽言動底，這箇便是性，便是天理。有這箇性，才能生這性之生理，便謂之仁。這性之生理，發在目，便會視；發在耳，便會聽；發在口，便會言；發在四肢，便

〔註39〕「本心能自發地知仁知義，此就是人之良知。推而廣之，不但是知仁知義，知禮知是非（道德上的是非）亦是人之良知。陽明即依此義而把良知提升上來以之代表本心，以之綜括孟子所言的四端之心。」見牟宗三：《從陸象山到劉蕺山》，頁217。

〔註40〕「陽明良知之學，本於佛氏本來面目，而合於仙家之元精元氣元神，據陽明所自言，亦已明矣，不待他人之辯矣。奈何猶強稱為聖學、妄合於儒書，以惑人哉！《程氏遺書》曰：『神住則氣住，是浮屠入定之法。』論學若如是，則大段雜也。朱子《雜學辨》謂：『蘇子由合吾儒於老子，以為未足，又併釋氏而彌縫之，可謂舛矣。』愚謂陽明良知之說，其為雜為舛孰甚，近日士大夫乃有以陽明為真聖學，尊信傳授，而隨聲以詆朱子者，亦獨何哉！」見〔明〕陳建：《學蔀通辨》，卷9，頁149。

此種相近說法，可見該書第9卷，俯拾即是，故不再一一引述，在此特此標誌之。詳參該書頁147～160。

會動。都只是那天理發生，以其主宰一身，故謂之心。」按：陽明
此言，發明佛氏作用之旨甚明，其為告子生之謂性之說尤明。陳北
溪《字義》云：「今世有種杜撰等人，愛高談性命，大抵全用浮屠作
用是性之意，而文以聖人之言，都不成模樣。據此意，其實不過只
是告子生之謂性之說。此等邪說，向來已為孟子掃卻。今又再拈起
來，作至珍至寶說。只認得箇精神魂魄，而不知有箇當然之理；只
看得箇模糊影子，而未嘗有的確定見。枉誤了後生晚進，使相從於
天理人欲混雜之區，為可痛。」嗚呼！讀北溪此言，不能不令人動
杜牧之後人而復哀後人之感也。〔註41〕

陳建反對陽明對性的論述，並認為其論性是借由佛家、告子之說，而混入儒門
聖人面貌，因此批評之。先從佛家「作用是性」說起，認為陽明說性，是從性
的作用，發在耳目口鼻，便見其作用，也在此作用上看出性，因此是佛家論性，
以作用見性〔註42〕，自然非儒門宗風。再說到告子，告子以氣論性，從自然之
性上說，並非道德意義的。但是就其批判來說，不論是判王學為作用見性，或
是生之謂性，其實非真能夠理解王學。陽明是將吾人的身軀、氣的部分，作為
道德呈現的載體，道德便是透過氣質來展現，不同於朱子對軀體、氣質的持負
面看法。故以佛家或告子的理論來比附陽明說心、說性，如「作用見性」，或
是「心能照物」，便都說成是佛家論性〔註43〕，在批評的理論基礎上，都是割
裂分離而不中的。

　　陳建的思考，在理論上是不夠充份的，或多直接批評王學，但是在內容的
論證上，卻付之闕如，故筆者認為，陳建在批評王門的效度不高〔註44〕。

〔註41〕〔明〕陳建：《學蔀通辨》，卷7，頁110～111。
〔註42〕對於以作用見性批評心學，在朱子處已有如此的說法，但這樣的理解，是否準
　　　　確，則是有待商量的。牟宗三認為，朱子對於禪家言「作用是性」的說法，無
　　　　法有相應的理解，「作用是性」並非是實然的或是指謂的陳述，但朱子卻認為
　　　　是實然的陳述，故便以此說批評心學。然而陳建以此說批評陽明，實落入了與
　　　　朱子相同的思考，故筆者藉牟氏說法以表明之。詳參氏著：《心體與性體》第
　　　　2冊（臺北：正中書局，2002年10月），頁117～135。
〔註43〕「王陽明亦以良知為照心。」（見〔明〕陳建：《學蔀通辨》，卷4，頁48）、「王
　　　　陽明謂良知之體，皦如明鏡，亦即此意。」（見〔明〕陳建：《學蔀通辨》，卷
　　　　4，頁51～52）。
〔註44〕張學智認為，陳建以史學家著《學蔀通辨》，雖然有其門戶之見，可稱述的觀
　　　　點不多，但他表現了明代晚期的一種學述傾向，在王學風靡學界的情形下，有
　　　　為朱學爭正統的意義。並認為該書是晚明由王學向朱子學回歸思潮的開端。

第二節　對工夫的討論

批評王門的另一個討論核心，便是工夫論的問題，工夫必定是關聯著本體而展開。因此，批判者認為，心即理說無法準確判斷理欲問題之後，工夫如何可能的質疑，便隨之而來，王門所謂的工夫是否為真工夫？或是以此作為無工夫的藉口，在批評者眼中，這些都是造成流弊的端始。

一、格物致知

在討論格致的論題前，先藉由王汎森對「宗旨」此一理學概念演變的說明，來看宋、明兩代儒者的不同。王氏認為，宗旨成為明代中晚期，陽明學大興之後的重要概念，各家學說，各有其宗旨，如陽明的「致良知」、甘泉的「隨處體認天理」等，是衝破了朱子以降，以《大學》八目，層次分明的工夫步驟〔註45〕，此說點出宋儒與明儒在學問上的不同態度。若從學術的發展來看，明代諸儒都是受到朱子學影響的。依王氏的說法，朱子在工夫進程上，將《大學》八目作為定本，是工夫步驟的展開，但明代以後，反而是各家各標宗旨，與宋儒有所不同。

因此，從學術史的脈絡出發，王學的宗旨，是「致良知」，但陽明談致良知，並不完全依著《大學》八目來說，而是以其生命的自我體證，再加上與朱子學的對話而發出。在這樣的背景之下，陽明談良知，會合《孟子》與《大學》兩個脈絡，故陽明對格致的解釋無法盡合《大學》原本，造成後人的糾纏與批評。

在上述的前理解之下，張烈從朱子學出發，認為格致便是即物窮理，但陽明在四句教的脈絡下，格物是為善去惡，格其不正以歸於正，與朱子學有別。因此張烈便批評曰：「去不正以全其正，仍然誠意是也。以存天理為窮理，使辨別未真，將何者為天理？所存皆私意耳。……徒曰：去不正以歸於正，而不令其即物窮理，究其如何為正？如何為不正？如何為欲？如何為理？則有肆

詳參氏著：《明代哲學史》，頁383～398。

蔡龍九於〈論陳建《學蔀通辨》之貢獻與失誤〉一文中提出陳建批評心學的兩大策略，其一，透過考據，反駁朱陸晚同的說法，認為朱陸早同晚異，二者學說不可調和。其二，以儒佛之辨切入，認為象山之學為禪。見《國立臺灣大學哲學評論》，第36期，2008年10月，頁155。

〔註45〕詳參王汎森：《明末清初思想十論》（上海：復旦大學出版社，2004年12月），〈明末清初思想中之「宗旨」〉，頁108～116。

意妄行，傲然自以為正，自以為理，究為無忌憚而已矣。」〔註46〕首先反對陽明所說的格物，認為格其不正以歸於正，只是誠意，而非格物。因此，若是將窮理解釋為存天理，問題便產生了，不即物窮理，天理從何而得？無法得天理，則何以存之？再進一步說，無法確定所得者為天理，是否又會有理欲不分的危險？所存者，可能只是私欲而已。因此，張氏認為，陽明論格物為「格其不正以歸於正」，是無法解決如何「存天理」的問題，亦錯解朱子學的窮理工夫，最後只能是任私欲妄行，以欲為理，繼之則無忌憚。

再者，不即物窮理，工夫教路如何能夠展開？其言曰：

> 不知所謂用功者，將不辨何者為理，何者為欲，貿貿然以存之去之乎？夫先辨明理欲，而後能存理去欲，此一說也。用功存理去欲，而理欲之見愈真，此亦一說也。所謂行路須問，問後復行，二者不容偏廢也，舉一而廢一，則誠辭矣。歧路必疑，有疑必問，非即物窮理乎？其曰已知之天理不能存，已知之人欲不能去，且愁不能盡知，此病誠有之。但已知者有限，未知者無窮，將獨用功於已知，而未知者任之乎？必至未知之理不以為理，未知之欲不以為欲，肆意妄行、拒諫飾非之弊，自此起矣。且不即物窮理，辨別邪正，何以無私可克，既已無私可克，何又愁不盡也，無乃強詞奪理，禦人以口給歟〔註47〕？

對學者來說，明辨理、欲是重要的，因此，判定天理人欲的工夫，是必要的，故格物工夫的意義就在此。然而，若不能先明辨天理，便無法有判斷的標準，必定造成理欲不分的情形。在這樣的理解前提，張烈便認為，先辨明理欲的差異，再做存理去欲的工夫，便是工夫的第一關。此外，在做工夫的過程中，必定是愈用功，而後理欲之辨愈明。故不論是透過格物而理解天理，或者依天理做存理去欲的工夫，而使理欲之辨愈明，都是相助相成的。

再者，因為吾人所面對的生活場域，千變萬化，並非一成不變。因此在這樣的情形下，透過即物窮理的工夫，便能理解未知之理，也能判斷未知之欲，進而應付變化多端的生活世界。故張氏認為陽明論格物為格不正之物，不只是在天理的理解上會有缺失，也無法體證未知之理，只能僅就所知而存理去欲，更甚者，所存所去，也不一定是天理、人欲。故在張烈的思考中，即物窮理與

〔註46〕〔清〕張烈：《王學質疑》，卷2，頁5～6。
〔註47〕〔清〕張烈：《王學質疑》，卷2，頁6～7。

存理去欲，是不可以兩分的，必定是互相循環為證。若只是說存理去欲，但無天理作為檢驗，其標準何在？或是只能存去已知之理欲，但是對於未知的卻無法有效的做工夫，在理論上便出現缺口，甚至讓未知的欲望，肆意妄行，成為不做工夫的藉口，這便是流弊出現的另一原因。

　　在格致論題上，陽明確有自己的思考與體系，不同於前人對《大學》八目的解釋。而張烈對王學格物的批評，其實也是對其工夫論的不信任，歸究最後的原因，都指向「心即理」。張烈嘗言曰：「夫即物窮理，然後誠於為善，彼見之不真，為之不篤者，不即物窮理之病也。今以為不然，而以去私存理為格物，不知所謂私與理者，何從而辨別之？是無頭學問也，是以有先行後知之說。」〔註48〕因此，張烈認為，陽明的格物，是以「去私存理」取代「格物窮理」，但未能在源頭上，貞定去私存理的標準，以致無法分辨理欲，都是導致流弊出現的原因。

二、知行合一

　　陽明認為知行是合一的，但是在朱子學的思考模式中，是知先行後，必先去認知外在事物之理，而後才有實踐的可能，其知與行，是分屬於時間序列的不同兩端。故王學講知行合一，便是無法先立一個標準，再去實踐。在工夫論上，便無法保證此工夫是循天理的工夫，或只是順人欲而已，因此知行合一說，也是另一個批判的重點。

　　張烈對於知行合一的說法，完全是站在朱子學的角度出發，也合於其對心即理，以及格物工夫的批判，其言曰：「愚按此義皆有兩端，必先審明義理，然後可措之行，先知後行，此正說也。然所明之義理，必躬行閱歷後，愈覺其真。先行後知，亦一說也，必執後一說廢前一說，則偏詖不通，費詞多辨，雖新奇可喜，而於實學遠矣。欲食知食也，以欲為行可乎？以欲為行，則凡事第欲之而已，何必實事？……行之必先知，知之必需格物明矣。……而先生逞其縱橫之筆，一往蓋人，使人不敢置辨，然徐而按之，皆非實理也，千瘡百罅，若此類者，不待一一申辨矣。」〔註49〕首先將知行的命題，分為兩個部分，一為先知後行，一為先行後知。先知後行是正說，先審明義理後實踐，依所明義理而實踐。在躬行閱歷中，於理更明者，便是先行後知，是知行工夫的循環。

〔註48〕〔清〕張烈：《王學質疑》，卷2，頁9。
〔註49〕〔清〕張烈：《王學質疑》，卷3，頁11～12。

先行後知的前提，仍是建構在先知後行之上，因此，知先行後是基準無誤。但張烈反對陽明舉欲食知食的說法〔註50〕，若是欲食而知食，是以欲為行。就陽明的知行合一說，是在道德意義上說，而不是在一般的知識意義上講，故陽明所舉食、行的例子，在類比上有所不當，也因此造成後來的纏擾與討論。再進一步說，張烈認為，若是以欲為行，便是把欲當成行為的主宰，這都是在實踐上，未先知的弊病，在體上無根，於是行為失序，在在都是對知行合一說的批評。

從張烈的立場上看，他並不反對在實踐中，能夠更了解天理，或者我們可以說，這是張烈對格物的理解，然而，他所反對的，是沒有天理作為基礎。在其思考中，先知後行，先行後知，層次是分明的，也有其先後次序的。因此對於象山與陽明喜言合一，便有這樣的批評，其言曰：「象山陽明言理，皆惡分而喜合，不知先生之合，合其分者也。言合則分在其前矣。使其不分，先生亦無可合也。今執其合，譏其分，則天地一物也，日月一明也，男女一身也，君臣一位也，父子一名也可乎？夫是數者，感應未嘗不合，體統未嘗不分，不分由合也。好渾同、惡分析，深斥即物窮理，恐其太分明無以為容私之地也。是必糊塗混雜，為害不可勝言矣，故立言偏詖，取快一時，遂淫邪離遁，生心害政而不可止，學術殺天下，先生其自言歟。」〔註51〕認為象山陽明的學說，都是喜合惡分。其反對的原因有二，首先，從理上說，若是言合，必有分在先而後言其合。其次，在客觀世界中，不論天地、日月、男女、君臣、父子等，都

〔註50〕「所喻知行並進，不宜分別前後，即《中庸》尊德性而道問學之功，交養互發，內外本末，一以貫之之道。然工夫次第，不能無先後之差：如知食乃食；知湯乃飲；知路乃行。未有不見是物，先有是事。此亦毫釐倏忽之間，非謂有等今日知之，而明日乃行也。既云交養互發，內外本末，一以貫之，則知行並進之說，無復可疑矣。又云工夫次第，不能不無先後之差。無乃自相矛盾已乎？知食乃食等說，此尤明白易見。但吾子為近聞障蔽，不自察耳。夫人必有欲食之心，然後知食。欲食之心即是意，即是行之始矣。食味之美惡，必待入口而後知，豈有不待入口，而已先知食味之美惡者邪？必有欲行之心，然後知路。欲行之心即是意，即是行之始矣。路岐之險夷，必待身親履歷而後知，豈有不待身親履歷而已先知路岐之險夷者邪？知湯乃飲，知衣乃服，以此例之，皆無可疑。若如吾子之喻，是乃所謂不見是物，而先有是事者矣。吾子又謂此亦毫釐倏忽之間，非謂截然有等今日知之，而明日乃行也。是亦察之尚有未精。然就如吾子之說，則知行之為合一並進，亦自斷無可疑矣。」見陳榮捷：《王陽明傳習錄詳註集評》，卷中，第132條，頁165～166。

〔註51〕〔清〕張烈：《王學質疑》，卷3，頁12。

是有分而不合的，若是言合，則是混淆不清。另外，張氏正面表揚認為朱子即物窮理的說法，是能夠對清楚分判理欲，私欲無法容於天理之中。而喜言合者，正坐善惡理欲不分之病痛，甚至就在言合之中，私欲有所容之地處。總合張烈的說法，便認為學問喜說合者，是理欲不分，予私欲有包藏之地，如此便是以學術殺天下。因此張氏強調知先行後，是對於王學流弊有深刻的思考。

總的來說，前人指責王門在工夫上的問題，皆肇端於心即理說，因為在源頭上已是理欲不分，有以欲為理的可能，若已在本體上認識不清，工夫再據此不清明之本體展開，則可說是治絲益繁，毫無頭緒可言，是在成聖的路上，愈走愈遠。因此雖然在工夫上，批評其格物說是沒有天理作為依據，或是知行合一的以欲為行，最後都還是歸因到心即理說的主張。

前人對王學的檢討，不論是在本體或是工夫，都是以「心即理」作為起點。先不論諸家對陽明學的理解是否準確，甚或是誤解也罷，但是就指出王門流弊可能的端始來說，是具有其現實糾彈意義的。後人對於陽明的〈朱子晚年定論〉繫年的問題，亦多有討論〔註52〕。總的來說，張烈《王學質疑》對於陽明學的批判，不論是在理論建構或是面向，都是較有系統。《心學宗》則是因方氏身處王門，再加上其立意是為心學建立譜系，批評的力度便不及張氏，但是就無善無惡之說可能造成的弊端，亦是十分警醒，可視為王門晚期對流弊的反省。馮柯的《求是編》，對王學無法有相應的理解，認為「陽明學於佛氏，故得其邪遁之法，以為周遮之說」〔註53〕，直接斷定王學從釋教出，該書不論在立論或是批判王學，多不切合。至於陳建《學蔀通辨》，筆者認為在王學批判的詮釋效度不高，其理論性的說明亦較少，雖然認為王學為引外道入儒，但只是引述王學中與仙、佛相似的語句，並未能有成系統的說明，比附的意味多。但不論如何，王學出現流弊，在當時代已經引起反省，則是不爭的事實。

〔註52〕陳建對於陽明的〈朱子晚年定論〉，大加批評，詳可見〔明〕陳建：《學蔀通辨》，頁3、4、8、11、12、13、14、26、29、30、37、40、186、190、191、198。

另外，陳榮捷對於〈朱子晚年定論〉，以及該文引起朱子學人批評的相關問題，有詳細的說明，詳參氏著：《王陽明傳習錄詳註集評》，附錄，〈從〈朱子晚年定論〉看陽明之于朱子〉，頁437～472。

〔註53〕〔明〕馮柯：《求是編》，卷3，頁738。

第三章　從心學的不同型態省思王學
〔註1〕

　　眾所周知，有明一代，可謂是心學的時代，是時陽明之學轟動天下，人多倡言良知教，是以其他學者，不免掩於陽明學問之下，而沒有得到相應的重視。然而考察整體明代的心學，這樣的現象是可以再掘發的，明代的心學是否只限於陽明心學的型態？

　　在思考心學有不同可能性的前提之下，筆者擬從江門學脈的陳白沙與湛甘泉作為考察核心，發明心學的不同向面。在《明儒學案》中，黃宗羲提到：「向使先生與文成不作，則濂、洛之精蘊，同之者固推見其至隱，異之者亦疏通其流別，未能如今日也。」〔註2〕黃宗羲認為，若是沒有白沙與陽明，是無法發揚濂、洛學問之精華。其他意見相同的學者，或許能發明其學問精微處；持相反意見者，或能辨別其學問不同的脈絡，但都無法達到陳、王二氏的高度。可見白沙與陽明都為後人所重視，然而二氏雖都能發揚濂、洛學問，但如何發明之？其學問是否相同？都是值得思索的。

　　另外，湛甘泉是明代大儒陳白沙弟子，為明代心學代表人物之一，與陽明一見定交，並論定共商聖學事業〔註3〕。甘泉不論是從師問學於白沙，或與陽

─────────────────────

〔註 1〕本章關於陳白沙、湛甘泉的相關說法，筆者曾分別發表為：〈白沙的心學〉，《人文社會學報》，第 15 期，2014 年 7 月，頁 205～221、〈甘泉的心學〉，《東吳中文線上學術論文》，第 29 期，2015 年 3 月。本章的完成，即依據上述二篇進行增補修正。

〔註 2〕〔清〕黃宗羲：《明儒學案》，卷 5，〈白沙學案上〉，頁 78。

〔註 3〕「是年先生門人始進。學者溺於詞章記誦，不復知有身心之學。先生首倡言之，使人先立必為聖人之志。聞者漸覺興起，有願執贄及門者。至是專志授徒講學。

明討論心學，都可藉之見其學問特色，因此欲整體探索明代的心學圖譜，甘泉實為不可或缺的人物之一。並且就目前的文獻記載來看，甘泉與陽明曾有多次論學的記錄，也可見二子在學問上，是有所分合的。

職是之故，筆者在本章想要討論的是，江門學脈與陽明學，分別同屬明代心學的一支，二者的思考點相同者何在？若有不同，又或是站在什麼樣的理解背景之下，對心學作出不同的詮釋？其間的相異之處，是否可以作為陽明心學的質疑參照處？以上即為筆者擬試為梳理的部分，因此，以下將分別說明白沙、甘泉的心學，再與陽明學參酌對照。

第一節　白沙之學宗自然

王門弟子王龍溪曾言：「愚謂我朝理學開端，還是白沙，至先師而大明。」〔註4〕而《明儒學案》中亦提及：「有明之學，至白沙始入精微……至陽明而後大。」〔註5〕由此可知，白沙與陽明在明代學術史上，皆佔有重要的地位，而白沙之功，除了開明代學問之先，能夠精微的體證之外，並且明確的指點出一條工夫入路，「作聖之功，至先生而始明」〔註6〕。

白沙與陽明，可謂一人開心學之端始，一人博大心學之內容，然而二先生之間，是否有學問相傳的關係？關於這個問題，黃宗羲曾提出這樣的看法，其言曰：「兩先生之學最為相近，不知陽明後來從不說起，其何故也？」〔註7〕文中所提及的兩先生，分別為白沙與陽明。就黃氏的判斷來說，認為二先生的學問是最為相近的，但是細考陽明的著作中，卻不見陽明推崇或承繼白沙之學的話頭。這其中就有值得思量玩味之處，對這樣的說法，可以分成二個層次來看。首先，對於白沙與陽明之學相近的說法，是黃宗羲的學術判斷，帶有個人的觀察視角，然而黃氏是從那一個觀點判斷陳、王二氏相近，卻沒有更進一步的說明。其次，在這樣的判斷標準之下，黃宗羲也發現了，陽明從不提及白沙，這其間的原因究竟為何？黃氏只點出這樣的情形，卻未對之進

　　然師友之道久廢，咸目以為立異好名，惟甘泉湛先生若水時為翰林庶吉士，一
　　見定交，共以倡明聖學為事。」見〔明〕王陽明：《王陽明全集》，卷33，〈年
　　譜一〉，頁1226。
〔註4〕〔明〕王龍溪著，吳震編校整理：《王畿集》卷10，〈復顏沖宇〉，頁260。
〔註5〕〔清〕黃宗羲：《明儒學案》，卷5，〈白沙學案上〉，頁78。
〔註6〕〔清〕黃宗羲：《明儒學案》，卷5，〈白沙學案上〉，頁79。
〔註7〕〔清〕黃宗羲：《明儒學案》，卷5，〈白沙學案上〉，頁79。

行說明。職是之故，在考索白沙學問時，以上的問題的提出，便是筆者亟想揭開的疑團。

思考明代心學時，白沙學是不可忽略的重要環節，在學問的衡定上，筆者將以本體與工夫兩方面進行討論，期能董理出白沙心學的面貌，並以陽明的良知學，作為白沙學的參照，進一步的回應黃宗羲所點出二者學問之間的關係分合，此即為筆者關懷所在。

一、心具眾理

白沙認為，人之所以異於禽獸，心便是其關鍵所在，其言曰：「人具七尺之軀，除了此心此理，便無可貴，渾是一包膿血裹一大塊骨頭。」〔註8〕可知白沙認為人生命的價值與可貴，乃是人有心、理，因此，生命的價值與意義，就必從心、理上說，而非從形軀來定位。相反的，若是沒有心、理，人不過是一團血肉而已，故心、理實為人之所以為人的決定性價值所在。

白沙將挺立生命意義的價值，定在心、理，而非軀殼。順此，可思考兩個問題，首先，心與理作為核心價值，心與理之間的關係為何？是有理論的高下之別？或是心等於理？還是心就是理？心與理的關係，是質的等同，抑或是以知的方式同？其次，心、理雖為吾人生命貞定價值方向，但形軀仍是客觀的存在，二者之間要如何定位？都是可以再討論的。

先說心與理，首先要判定白沙學是否為心學，衡定心與理之間的關係，便是關鍵所在。白沙認為：「君子一心，萬理完具。」〔註9〕心是具足萬理，但心如何具足萬理？是心包涵理？還是心本具理？這便具有決定性的差異。白沙曾說：「比歸白沙，杜門不出，專求所以用力之方。既無師友指引，惟日靠書冊尋之，忘寢忘食，如是者亦累年，而卒未得焉。所謂未得，謂吾此心與此理未有湊泊脗合處也。於是舍彼之繁，求吾之約，惟在靜坐，久之，然後見吾此心之體隱然呈露，常若有物。」〔註10〕此是白沙說明自己如何證悟心體。其曾試圖透過書冊想求得學問入手處，但累年不得，最終仍認此心與理為二，後來舍棄向外求取的路向，反求諸己，透過靜坐的工夫，久之而能真實的感受心體的呈現。白沙向之認心與理未有湊泊處，乃是一向外求取的工夫路向。但是就

〔註 8〕〔明〕陳獻章：《陳獻章集》（北京：中華書局，2008 年 7 月），卷 1，〈禽獸說〉，頁 61。

〔註 9〕〔明〕陳獻章：《陳獻章集》，卷 1，〈論前輩言銖視軒冕塵視金玉中〉，頁 55。

〔註10〕〔明〕陳獻章：《陳獻章集》，卷 2，〈復趙提學僉憲〉第 1 書，頁 145。

心學的特色來說，此心乃是我固有之，並非是透過外物來體證吾心，外物書冊只是助緣，而非工夫關鍵處。於是白沙轉以靜坐作為主要工夫，在此雖未直言心與理為一，但可透過其言心體呈露可知，心與理為一〔註11〕。透過白沙的個人生命經驗可知，心是本具理的，並非透過心去認知外在事物，而涵具理，這便是白沙作為心學的重要特徵。

心是道德本心，本具眾理，形軀是屬於氣的層次，因此，心與形軀之間的關係，便也可說是心與氣的關係。白沙認為：「心寓於形而為主，主失其主，反亂於氣，亦疾病之所由起也。今人惟知形體之為害，而不知歸罪其心，多矣。」〔註12〕在此點出心乃是形軀的主宰，若吾人失卻主宰，為氣所亂，則病痛由此生。首先說明心與形之間的關係，是心為主，形為從，二者之間主從地位明確。其次，病痛之所起，就是說明惡的出現，但是吾人生命中的病痛，乃是因為心

〔註11〕　另外，白沙亦有在它處提及「心」作為本體的意義，羅列如下：「仁，人心也，充是心也，足以保四海；不能充之，不足以保妻子。」（見〔明〕陳獻章：《陳獻章集》，卷1，〈古蒙州學記〉，頁28）、「仲尼、顏子之樂，此心也；周子、程子，此心也，吾子亦此心也。得其心，樂不遠矣。」（見〔明〕陳獻章：《陳獻章集》，卷1，〈尋樂齋記〉，頁48）、「夫天地之大，萬物之富，何以為之也？一誠所為也。蓋有此誠，斯有此物；則有此物，必有此誠。則誠在人何所？具於一心耳。心之所有者此誠，而為天地者此誠也。」（〔明〕陳獻章：《陳獻章集》，卷1，〈無後論〉，頁57）、「天道至無心。比其著於兩間者，千怪萬狀，不復有可及。至巧矣，然皆一元之所為。聖道至無意。比其形于功業者，神妙莫測，不復有可加。亦至巧矣，然皆一心之所致。心乎，其此一元之所舍乎！昔周公扶王室者也，桓文亦扶王室也。然周公身致太平，延披後世；桓文戰爭不息，禍藏於身者。桓文用意，周公用心也。是則至拙莫如意，而至巧者莫踰於心矣。……聖人未嘗巧，此心之仁自巧也，而聖人用之。故天下有意於巧者，皆不得厠其間矣。周公一金縢，大發窬時主。以後世事觀，至巧矣。周公豈有意耶？亦任心耳。」（〔明〕陳獻章：《陳獻章集》，卷1，〈仁術論〉，頁58）。

另外，呂妙芬曾對於白沙心與理之間的關係，提出以下的看法，其言曰：「陳獻章的『此理能湊泊』並非一本然即是的境界，心體亦非可以隨時呈露，都是經過長期靜虛修持之結果。此處當然不是指陳獻章之心體沒有先天性，而是如朱子道心一般，是經涵養至最高境界始能體現的。」（見呂妙芬：《胡居仁與陳獻章》（臺北：文津出版社），1996年5月，頁157）此說法站在白沙的心需要透過涵養之後，才能夠體現此理，強調白沙涵養工夫的重要性，認為心與理並非本一，二者仍有間隔。認為心與理非本一，是否可以從另一角度說明？對於白沙的心與理未胍合，乃是心動於氣，為氣所牽引，只要透過靜坐工夫，則可使心不動於氣，回到本來狀態，若以上說明可成立，則白沙心與理之間的關係，可有不同於呂妙芬的說法。

〔註12〕　〔明〕陳獻章：《陳獻章集》，卷3，〈與伍光宇〉，頁237。

失去了主宰的地位，反為氣所干擾，病痛就由此產生〔註13〕。白沙在此點出形體之害，與不知歸罪其心，二種說法都是在探究惡的起源。先說形體之害，將惡歸在形體之害，便認為氣是惡的根源，把軀殼當成惡的，氣便是局限吾人的德性生命，惡是由客觀面的氣所出，則屬於客觀命定，是所謂自然之惡，落在工夫的層面，則是否能夠有去惡為善的可能性？恐怕是不容易說明的。再者，若將惡推到是先天的，便是為惡的出現找到理論根據，並且是先天被決定的，因此惡的出現便屬於命定論。故將惡劃在氣上說，就有以上的理論困境。若說歸罪其心，便是把惡歸到心上說，心有動於氣的可能。就在放失本心，心體隱沒，失去主宰的地位後，惡便出現。仔細考究白沙的說法，惡的出現，應該是從第二說。因為就軀殼而言，只是一團血肉，實與價值無涉，是客觀的存在。將惡歸在心，是心失去主宰的說法，應是較為符合白沙的思考。總合以上的討論，白沙認為心就是理，心主氣從。雖然如此，但因心有失去主宰的可能性，惡便於此一併出現。

　　在心即理的說明之外，白沙嘗以「虛明靜一」描述心，其言曰：「所謂虛明靜一者為之主，徐取古人緊要文字讀之，庶能有所契合，不為影響依附，以陷於徇外自欺之弊。」〔註14〕白沙認為心能作為主宰，若取古人文字讀之，是求心能體證前賢著作的用心，而非是透過前人文字指點心的方向。換句話說，便是心中已有定理，古人文字只是作為省察檢驗，而不是透過前人文字來決定何者為善，何者不為善，也再次說明，心是主宰，並具有為自我行為立法的莊嚴地位。

　　再回過頭來，藉著陽明對心描述為「虛靈明覺」〔註15〕，與白沙的「虛明靜一」對照。二氏對心體的稱述，有相同處也有不同處，從相同處來說，都說到了「虛、明」，「虛」可以說是描述心無所黏著，無所染滯，「明」則可理解為本心的清明，此為二氏所共同肯認的。相對的，筆者認為二氏歧異性較大的

〔註13〕據李明輝的說法，惡實可涵蓋兩個層面，一是「道德之惡」是依道德觀點而說，一是「自然之惡」是自然的缺陷，並無道德的意涵。而宋明儒者所要對治的惡，是「道德之惡」，「自然之惡」只有在間接成為道德實踐的障礙時，才會考慮之。另外，大體為小體所蔽，道德之「惡」的形成，便是由於本心自己放棄其自作主宰的權柄。詳參氏著：〈朱子論惡之根源〉，收錄於《國際朱子學會議論文集》上冊（臺北：中國文哲所籌備處，1993年5月），頁553～556。

〔註14〕〔明〕陳獻章：《陳獻章集》，卷1，〈書自題大塘書屋詩後〉，頁68。

〔註15〕「心者，身之主也，而心之虛靈明覺，即所謂本然之良知也。」見陳榮捷：《王陽明傳習錄詳註集評》，卷中，第137條，頁176。

詮釋，則是白沙以「靜」，陽明以「覺」。從靜的角度來看，是偏向在本體的闡發，強調存在的根據。陽明從覺的方面稱說，則是重在省察、覺知，強調心的活動性。透過二氏對心的體會有所偏重，白沙與陽明的工夫論的差別，也就隨著對心體的不同理解而展開。

明人論學，強調為學宗旨，白沙亦然，其學問宗旨為何？其言曰：「此學以自然為宗者也。……自然之樂，乃真樂也。」〔註16〕首先需明自然之義，在此則藉由白沙弟子湛甘泉對白沙「自然」的理解進行說明，其言曰：「夫自然者，天之理也。理出于天然，故曰自然也。在勿忘勿助之間，胸中流出而沛乎，絲毫人力亦不存。」〔註17〕甘泉認為白沙所言之自然，是天之理，不是後天人力所能加之，是理之本然如此。然而，白沙是否將天理視為外在自然世界的規則〔註18〕？又或是從道德價值意義來看，天理的內容是以道德作為首出，認為自然是吾心與天地流行，合而為一，無所造作，各復歸其命的最高境界。白沙的學問性格，並不是要成就外在自然世界的知識。相對的，是在思考如何求得安頓個人的生命，是儒家典型的成德之教。若認為自然是客觀世界之自然，便違背白沙立教的終極關懷。因此，白沙的自然義，當從道德修養達到最高境界，是天理流行的描述，「自然」必是從生命的道德價值來說明而無可疑〔註19〕。最後，吾人生命達到了自然流行的境界高度時，便能夠「常令此心在無物處，便運用得轉耳。學者以自然為宗，不可不著意理會。」〔註20〕物來

〔註16〕〔明〕陳獻章：《陳獻章集》，卷2，〈與湛民澤〉第9書，頁192～193。

〔註17〕〔明〕陳獻章：《陳獻章集》，附錄3，〈重刻白沙先生全集序〉，頁896。

〔註18〕此說法以大陸學者為代表，如章沛認為白沙的自然有三大特色，分別為：物質轉化、物質運動、物質自身的規律。（詳參氏著：《陳白沙哲學思想研究》（廣東：廣東人民，1983年6月），頁62）黃明同認為：「天地萬物是客觀的存在，其變化發展有著自身的規律，不以人的意志為移轉，宇宙間不存在人格神和造物主。」（見氏著：《陳獻章評傳》（南京：南京大學，2006年6月），頁79）在此將白沙的自然理解為自然世界的規則，但白沙學以自然為宗的意義，是在心體呈現之後，所展現萬物各盡其性的本然如此境界，故白沙有「天命流行，真機活潑。水到渠成，鳶飛魚躍」（〔明〕陳獻章：《陳獻章集》，卷4，〈示湛雨〉，頁278）的說明，章、黃對自然的理解，實有可再商議之處。

〔註19〕呂妙芬對白沙的自然之學，有相應的理解，其言曰：「人事間一切神妙莫測的功業，都是此一心的發致，因此人心若能契悟於天道，則一切人倫日用必然能達於順天道而行的境界。此即是何以陳獻章宣稱自己在心體呈露之後，便能達到日用間隨吾所欲的境地，也就能自信於此即作聖之功。」見氏著：《胡居仁與陳獻章》，頁83。

〔註20〕〔明〕陳獻章：《陳獻章集》，卷2，〈與湛民澤〉第7書，頁192。

即感，圓應無方，只是其本來如此。

二、靜中養出端倪

　　白沙認為：「此心滌之則明，物浣之則暗。」〔註21〕雖然吾人之心就是天理，但生命仍有許多病痛，會障蔽此心的顯露，故工夫是必要的。心會因外物的遮蔽而不明，所以工夫之有無，則是此心能否呈顯的重要關鍵，以下將分別說明白沙的工夫歷程。

（一）靜坐

　　靜坐在宋明儒學的工夫論中，是重要的工夫步驟。白沙以「虛明靜一」稱說心體，因此「靜」不論是在本體或工夫，都是核心的概念。白沙認為：「此一靜字，自濂溪先生主靜發源，後來程門諸公遞相傳授，至於豫章、延平二先生，尤專提此教人，學者亦以此得力。」〔註22〕濂溪（AD1017～1073）首先點出靜的工夫〔註23〕，而後由程門一脈相傳，是聖門的工夫法則，並認為「若不至為禪所誘發，仍多靜方有入處。若平生忙者，此尤為對症藥也。」〔註24〕靜乃是澄清吾心的工夫，對於外務繁雜之人，特為對症下藥，故有「伊川先生每見人靜坐，便嘆其善學。」〔註25〕之語。

　　靜坐工夫的重要性，白沙嘗有以下的說明，其言曰：「此蓋為初學未知立心者言之，非初學不云，且也若以外事為外物累己，而非此之謂，則當絕去，豈直省之云乎？……所謂未得，謂吾此心與此理未有湊泊脗合處也。於是舍彼之繁，求吾之約，惟在靜坐，久之，然後見吾此心之體隱然呈露，常若有物。日用間種種應酬，隨吾所欲，如馬之御銜勒也。」〔註26〕首先白沙認為，靜坐

〔註21〕　〔明〕陳獻章：《陳獻章集》，卷2，〈與周文都〉，頁222。

〔註22〕　〔明〕陳獻章：《陳獻章集》，卷2，〈與羅一峰〉，頁157。

〔註23〕　「惟人也得其秀而最靈。形既生矣，神發知矣，五性感動而善惡分，萬事出矣。聖人定之以中正仁義，而主靜，立人極焉。」見〔宋〕周濂溪：《周敦頤集》（北京：中華書局，2009年2月），卷1，〈太極圖說〉，頁6。

〔註24〕　〔明〕陳獻章：《陳獻章集》，卷2，〈與羅一峰〉，頁157。
　　　　　另外，白沙也說：「人心上容留一物不得，才著一物，則有礙。且如功業要做，固是美事，若心心念念只在功業上，此心便不寬大，便是有累之心。是以聖賢之心，廓然若無，感而後應，不感則不應。又不特聖賢如此，人心本來體段皆一般，只要養之以靜，便自開大。」見〔清〕黃宗羲：《明儒學案》，卷5，〈與謝元吉〉，頁84。

〔註25〕　〔明〕陳獻章：《陳獻章集》，卷2，〈與羅一峰〉，頁157。

〔註26〕　〔明〕陳獻章：《陳獻章集》，卷2，〈復趙提學僉憲〉第1書，頁145。

是最簡約的工夫，並且能夠透過靜坐澄清吾人之心，使心體呈現，這便是工夫入手處，能夠掌握此心，這才是立定腳跟的第一關。其次心與物之間的關係，並非是割裂的對立存在，日用酬酢雖有累己的可能，但不可以此病之，自絕於物。若能夠透過靜坐工夫，使心體呈露，心作為吾人行為的準則，則有個商量處〔註27〕，如此則日用之間種種酬酢，便能夠隨心所欲。因此，靜坐對白沙來說，不只是前賢相傳的工夫而已，更是透過自己生命體會而得的入道真實工夫。

靜坐的工夫，並非要人隔絕日用平常〔註28〕，相反的，白沙認為，常人容易因外物煩擾，頭緒繁雜，心容易受到外在事物所妨礙，因此，靜坐工夫，是在協助吾人如何在日用之中，使心體顯露〔註29〕。進一步的，若工夫漸漸圓熟，則是能夠「學者苟不但求之書而求諸吾心，察於動靜有無之機，致養其在我者。」〔註30〕吾心不論動時靜時，皆能如如呈露。再透過湛甘泉的來信，請示白沙「隨處體認天理」是否得當，白沙以「日用間隨處體認天理，著此一鞭，何患不到古人佳處。」〔註31〕正面稱許之，甘泉為白沙傳人，此說法正可說明白沙教人靜坐，在於體證心體，非是孤立於人世之外。

靜坐乃是白沙工夫的第一步，然而，陽明雖亦言及靜坐工夫，但相較之下，則仍有不同，其言曰：「一友靜坐有見，馳問先生。答曰：『吾昔居滁時，見諸生多務知解，口耳異同，無益於得，姑教之靜坐。一時親見光景，頗收近效。

在此「非初學不云，且也若以外事為外物累己」，原書斷為「非初學不云且也，若以外事為外物累己」疑有誤，故改正之，在此一併說明。

〔註27〕「為學須從靜中坐養出個端倪來，方有商量處。」見〔明〕陳獻章：《陳獻章集》，卷2，〈與賀克恭黃門〉第2書，頁133。

〔註28〕白沙並非要人自絕於山林，其言曰：「大抵吾人所學，正欲事事點檢。」（見〔明〕陳獻章：《陳獻章集》，卷3，〈與李德孚〉第2書，頁240）在此正可以看出，白沙之學，正要能夠經得起在事上的檢驗，而非逃離人世。
另外，亦言曰：「然事必有所不能已，物必有所不能無，來於吾前，得謂與我不相涉耶？」（見〔明〕陳獻章：《陳獻章集》，卷1，〈論前輩言銖視軒冕塵視金玉〉第2書，頁55）對於應接事、物，不可存逃離之心，既來之，則與吾人之生命相涉相關，故可知白沙非不應事。

〔註29〕「近過胡按察，請教以心馭氣之術，試效立見驗，但日用應接事煩，不免妨奪，工夫不精。」（見〔明〕陳獻章：《陳獻章集》，卷3，〈與伍光宇〉第2書，頁238）另外也談到「去煩入靜，當亦有漸乎！」之語，可知靜坐的工夫是一個漸變的歷程。

〔註30〕〔明〕陳獻章：《陳獻章集》，卷1，〈道學傳序〉，頁20。

〔註31〕〔明〕陳獻章：《陳獻章集》，卷2，〈與湛民澤〉第11書，頁193。

久之漸有喜靜厭動，流入枯槁之病。或務為玄解妙覺，動人聽聞。故邇來只說『致良知』。」〔註32〕在此首先說明，陽明居滁州之時，門下弟子多從知解的角度理解心。是故陽明以靜坐之法指點學生，希望能夠透過靜坐，幫助學者體察本心。但靜坐是權宜之法門，因為靜坐久之，遂出現有喜靜厭動的弊病，或是認為工夫只是專求體悟，故後來只專提「致良知」。陽明雖曾以靜坐指點學生，但此並非是陽明工夫的重點所在，並且可由陽明的提點，看出由單求靜坐所可能導致的弊端。

陽明為了避免只講靜坐工夫所導致的問題，更直接點出：「良知明白，隨你去靜處體悟也好，隨你去事上磨練也好。良知本體原是無動無靜的，此便是學問頭腦。我這箇話頭，自滁州到今，亦較過幾番，只是『致良知』三字無病。醫經折肱，方能察人病理。」」〔註33〕是故若能真正體證良知，學問至此實已無分動靜，不必偏執一端，致良知便已涵動時靜時的工夫，或說致良知本不分動靜。因為只講靜坐工夫，仍是容易落入動靜二分，有動時一段工夫，有靜時一段工夫，就理論上，勢必造成兩端不同。

靜坐在陽明學的系統中，應如何理解，才能給予適切的定位？若透過上述的討論來說，靜坐乃是陽明接引初學弟子的工夫，因外事繁雜，故先透過靜坐，隔絕外在事物的干擾，當下體察本心的存在。但此工夫並非究竟，若只停留在靜坐，則容易有喜靜厭動，玩弄光景的問題出現，失去良知參贊吾人生活世界的動力，便會減少良知的能動性。故陽明認為，靜坐只是補小學一段工夫〔註34〕。其意義只在初學之時，協助吾人屏除外在的擾動，若能體得良知真時，則不論動時靜時，都能致吾心之良知，工夫不論動靜，其意義在此。

由此可知，白沙與陽明的工夫，都有透過靜坐工夫使吾心清明的階段，但是就靜坐工夫在二子的學問系統中，卻有顯著的差異。先從白沙來說，白沙的靜坐工夫在使吾心呈露，若非透過靜坐工夫，如何使得吾心清明？因此靜坐工夫可說是白沙工夫論中核心的概念〔註35〕，只有在透過靜坐後，心體清明，才

〔註32〕陳榮捷：《王陽明傳習詳註集評》，卷下，第262條，頁324。

〔註33〕陳榮捷：《王陽明傳習詳註集評》，卷下，第262條，頁324。

〔註34〕「前在寺中所云靜坐事，非欲坐禪入定。蓋因吾輩平日為事物紛拏，未知為己，欲以此補小學收放心一段工夫耳。」見〔明〕王陽明：《王陽明全集》，卷4，〈與辰中諸生〉，頁144。

〔註35〕對於白沙靜坐工夫的位階，持相同看法的，有呂妙芬：「故於陳獻章之靜坐，實在不能只視為欲收斂精神的方便手段。」見氏著：《胡居仁與陳獻章》，頁91。

能夠在平常日用之中，如有把柄在手。相較之下，陽明認為靜坐只是權法，若只談靜坐，則是工夫有動靜之分，故提出了致良知的工夫，貫通動靜，不會因偏靜的一面，而有枯寂的弊病。是以二氏雖皆言靜坐的工夫，但靜坐在其工夫論體系中的地位實有不同。

（二）無欲

靜坐工夫可說是白沙立學第一關，求得吾心之後，日用操存，便有所依準。另外，白沙對於「欲」的問題，亦十分警醒，認為後人之欲學孔子者，以無欲為要〔註36〕，認為「無欲則靜虛而動直，然後聖可學而至矣。」〔註37〕欲可以理解為心有所向，因此要如何使心回到的自由自在的狀態，便是無欲的工夫。爾後才能使內心靜時虛明，動時則正道直行，聖人之學始有可學而達至的起點。故可知無欲亦是白沙工夫論中重要的一個環節，可視此工夫代表了可達至聖人位階的必要條件。

白沙嘗作詩云：「聖學信匪難，要在用心臧。善端日培養，庶免物欲戕。」〔註38〕聖學並非難事，重點是善端要如何培養。善端即可理解為心，但是此善端不免為吾人的物欲所傷害，為外物所遮蔽，是故無欲為吾人去病入聖的重要關鍵。白沙認為，心有可能失其主，原因就在於心有動於氣的可能。在此也可將氣理解為物欲，因此無欲是重要的，透過靜坐的工夫，使心體清明呈露，則心自然能作主，物欲自然去除。

（三）天地氣象

最後白沙點出了其學問的最高境界，認為吾人必須「接人接物，不可揀擇殊甚，賢愚善惡，一切要包他。到得物我兩忘，渾然天地氣象，方始是成就處。」〔註39〕白沙認為吾人在澄心之後，必定要在人世間展開。待人接物，不可太過執著揀擇，要能物來即應，方能達到物我兩忘的境界。弭平物我的分別，最後

〔註36〕〔明〕陳獻章：《陳獻章集》，卷2，〈復趙提學僉憲〉第3書，頁147。
〔註37〕〔明〕陳獻章：《陳獻章集》，卷2，〈復趙提學僉憲〉第3書，頁147。
此語為白沙沿用濂溪之語，其言曰：「一者無欲也，無欲則靜虛、動直。」見〔宋〕周濂溪：《周敦頤集》，卷2，〈通書〉，頁31。
〔註38〕〔明〕陳獻章：《陳獻章集》，卷4，〈和楊龜山此日不再得韻〉，頁279。
〔註39〕〔明〕陳獻章：《陳獻章集》，卷2，〈與賀克恭黃門〉第10書，頁135。
明道嘗言曰：「與其非外而是內，不若內外之兩忘也。兩忘則澄然無事矣。無事則定，定則明，明則尚何應物之為累哉。」見〔宋〕程顥、程頤：《河南程氏文集》，卷2，收錄於《二程集》上（北京：中華書局，2006年9月），頁461。

渾然與物同體，全是天地氣象。若能夠達到此境界，即是此學問的成就處，也是最高境界，並且可與前文白沙所言的自然相應。因為在學問圓融處，人與物的賢愚善惡，都是要包容面對的。就善者而言，自然是成就其善，而不善者，則助其去惡為善，不論賢愚，不必有分別心，能臻至此境方是吾人生命全幅天理的展現。

是故整體考察白沙的工夫論，實以靜坐作為其工夫論的核心。白沙對於心的理解，是需要透過不斷的工夫歷程，使得心體呈露。然而，因為吾人生命，並非是隔絕人世，必定面對著個人的生活場域，時刻與物相親，不可掛空。是故在面對外物時，心或有為氣所牽引的可能，心為物欲所遮蔽，此時心的主宰性便隱退。而吾人與外事相接，最易產生此困難，因此白沙強調靜坐，則是有其生命體驗的關懷。也正因為如此，白沙在靜坐之外，特別強調無欲的重要性，也因為無欲，才能使心回到清明自由的狀態。

然而，儒家學問畢竟不是在成就一自了漢，除了個體的德性外，必然要涉及群體的關懷，能包一切賢愚，是故白沙特別點出了工夫境界，透過靜坐工夫之後，使吾人之心能夠展現全幅天理，吾人之舉措，方能至從容中道，渾是天地氣象。

若從整體明代心學的發展來看，白沙學的意義與價值，可從兩方面來談，第一，將道德價值的判斷，收攝到吾人之心，判斷標準由內而外，吾人作為道德主體。第二，標舉靜坐，指點出收斂心神的工夫路向。是故白沙的心學，在明代前期，實有別於朱子學定為一尊的學問型態，開明代心學的先河。可惜未能造成一代風氣，扭轉朱子學的籠罩。然而明代心學的發揚，學風的改變，實有待於陽明學。白沙學作為心學之先河，亦可謂孤明先發，其地位自應予肯定。

第二節　甘泉之隨處體認天理

黃宗羲於《明儒學案》中提及：「王、湛兩家，各立宗旨，湛氏門人，雖不及王氏之盛。然當時學於湛者，或卒業於王；學於王者，或卒業於湛。亦猶朱陸之門下，遞相出入也。其後源遠流長，王氏之外，名湛氏學者，至今不絕，即未必仍其宗旨，而淵源不可沒也。」〔註40〕陽明與甘泉的學問，各自有其學問宗趣的不同。然而必須注意的是，甘泉門人在人數上雖不及陽明，但當時卻

〔註40〕〔清〕黃宗羲：《明儒學案》，卷37，〈甘泉學案一〉，頁876。

有二子門人相互為學的情形。是故後之學者，其學問雖不必全同於甘泉，但是考索其學術淵源，則實可上溯至甘泉。由此可知，甘泉之時名雖為不及陽明顯揚，但是對於整體明代學風具有影響力，實不言自明。

甘泉的年歲相較於陽明來說，可謂高壽。從甘泉與王門的書信往來可以看出，不只陽明與甘泉訂定共商聖學事業，陽明的弟子，亦以書信與甘泉往來論學。然而，想要更進一步理解的是，甘泉與陽明雖一見定交，然而其學問型態卻迥然有別，二人對於彼此學問的不同意見，關鍵點何在？這些都是爬梳甘泉學問時，需仔細掌握的重要問題，而其間的義理分際的判別，就更是區別二氏學問不同的樞紐。

總上所述，對甘泉學問的理解，實是了解明代心學不可或缺的拼圖。是故本文擬先從甘泉思想的核心，即本體及工夫兩方面進行討論，以便掌握其思想大要。再進一步，從格物的詮釋差異，疏理陽明與甘泉的異同，以期能較準確掌握其整體的脈絡。

一、一本不二

甘泉的思想型態，具有圓融合一的特色，認為對本體的不同指稱，只是側重在不同的面向。是故在討論甘泉對本體的說明時，要掌握這個特點。就整體宋明理學來說，甘泉歷來被認為是心學的代表人物之一，心在其學問體系中，具有核心的地位。因此在其一本的思考之下，心如何作為主宰？則是探討的重點所在。

甘泉認為「只此一心，便可入堯舜之道矣。」〔註41〕由此可知，心為入聖之道的關鍵，又言曰：「夫聖人之學，心學也。如何謂心學？萬事萬物，莫非心也。」〔註42〕除了直接說明聖人之學為心學外，更進一步的將心與萬事萬物關聯起來，萬事萬物如何是心？而其間的義理分際應如何掌握？這些都可以說是甘泉心學體系中的重要問題，故以下將分別從心的根據性、如何作為主宰以及心與萬物之間的連結進行說明。

（一）理一而已

甘泉渾融的學問性格，在展開本體說明時，便已顯露無疑，其言曰：「夫

〔註41〕〔明〕湛甘泉：《甘泉先生文集》，收錄於《儒藏》集部精華編第 253 冊（北京：北京大學出版社，2009 年 8 月），內編卷 16，〈答陳宗淳〉，頁 354。

〔註42〕〔明〕湛甘泉：《甘泉先生文集》，內編卷 3，〈泗洲兩學講章〉，頁 65。

理，一而已矣。以其原於天，則謂之命；以其性命之主宰，則謂之心；以其心之生理，則謂之性；以其循性之所發而由之，則謂之道。道即理也。以其理出於天之所為，則謂之天理。」〔註 43〕甘泉先說明理只是一，但一並不是指單一，而是從理的完整性來說，即是不分。若強要分別說，命、心、性、道，都可說是理的不同面向。先就命來說，一般而言，對「命」的理解，多從氣質或是運命來看，是受賦於天，但在此甘泉著眼於其源自於天，其故為何？追溯命的根源，仍是天，是故雖有命之名，但實仍自理出。「心」則是重在主體性和主宰義來說，是性命之帥，具有能動性。「性」強調存在之理，說明生命的根源。「道」則是循著性，順著理則發出的，能夠由之而實踐的就是道。是故，理的呈現雖有命、心、性、道不同，但同出於天，與天同體。可以看出甘泉對於本體思考的特色，是具有圓融整全的特色。

　　心、性之間的關係，是宋明儒學者關注的焦點，在上述的說明之外，甘泉對於心、性的理解為何？其言曰：「性也者，心之生理也。心性非二也。」〔註 44〕性是心之生理，故性是具有理則義的，因此說心性不二。在其整全的思考體系中，心、性本為理不同面向的呈現而已，當然非二。更進一步來說：「夫心也者，體天地萬物而不遺者也；性也者，天地萬物一體者也。心也者，與人俱生者也；性也者，與心俱生者也。」〔註 45〕在此強調，心是能「體」萬物而不遺，重在心的能動性。相較之下，性是與天地萬物「一體」，說明生命的根據義。並且心是人與生俱有的，而性與心俱生。如此則是將性收攝到心上說，心具性理，心中本有理則，故心之主宰義，必與性同一天理。或者我們可以說，心所能給出的道德法則，便是心中本具之性。在此意義下說的心性非二，可見其整全性，並且避免了心、性有間隔的疑慮，也解決了只談心，而導致客觀面不顯的問題。

〔註43〕　〔明〕湛甘泉：《甘泉先生文集》，內編卷 4，〈志道堂銘序〉，頁 75。
　　　　　另外，於甘泉文集中，亦有多處可見其不分的圓融思考，以下即為相關的部分：「夫理，一而已矣。自其太虛無形者謂之天，自其賦予萬物者謂之命，自其合虛與氣者謂之心，自其具於心者謂之性，自其性之未發而不偏者謂之中。」（見〔明〕湛甘泉：《甘泉先生文集》，〈中者天下之大本〉，內編卷 19，頁 413）、「上下四方之宇，古往今來之宙，同一天地也，同一氣也，同一心也。……初無二心，初無二道，在覺而存之耳矣。」（見內編卷 14，〈白沙書院記〉，頁 317）
〔註44〕　〔明〕湛甘泉：《甘泉先生文集》，內編卷 4，〈心性圖說〉，頁 73～74。
〔註45〕　〔明〕湛甘泉：《甘泉先生文集》，內編卷 19，〈孔門傳授心法論〉，頁 430。

至於氣質情性的部分，在甘泉的思考中，應如何安排？其言曰：「心具生理，故謂之性；性觸物而發，故謂之情；發而中正，故謂之真情，否則偽矣。道也者，中正之理也。其情發於人倫日用不失其中正焉，則道矣。故中正而天下之理得矣。天下之理得，而位育在其中矣。」〔註46〕前文已針對心、性關係討論，在此將重點放在情。甘泉所說的情有：情、真情、偽情。性觸物而發是情，故情之所生，是生命之必然。然而所發之情，有真情、偽情之別，若能發而中正，不偏不倚，則是真情，反之即偽。是故對於情的判斷，正在其情是否合道。若能合道，所發之情為真情，則是人倫日用各得其正，無有偏失，天下之理便在真情中見，進而達到天地位，萬物育的境界。

根據上文可進一步討論幾個問題，首先是真情與性的問題，真情即是情能夠循理發於外，偽情則反之。因此，情若是發而中正，情亦可在此意義下說與性同體。其次天下之理得，應如何理解？理得之得可以解釋為體得，以生命體證之，即吾人所發之情為真情，不偏不倚，故與物相接，都能夠不失中正之理，也在與物相接時，理能夠同時展現，而非隱沒的，故在此意義下說理得。最後談到的位育在其中，所發之情皆能中節得理，則萬物各正其性命，所謂位育也在此意義下達成。

透過以上的說明，可以明顯看出甘泉學說渾融整全的特色，在理一的思考下，展開了不同面向的詮釋，故在思考其學問時，必以此為準。

（二）心為主宰

說甘泉是心學家，究竟是何種意義的心學家？在理一的思考下，心、性、理、道是一，但是甘泉在談到心時，特別提及其主宰義，強調心的主體能動性，以及心作為吾人生命的核心概念，因此心在其學問體系中，具有特殊地位。其言曰：「夫心也者，天地之心也；道也者，天地之理也。天地之理非他，即吾心之中正而純粹精焉者也。」〔註47〕在此談到天地之心，已經是把心從主體義的層面，提高到存有的層面來說。道是天地之理，是萬物所賴以存在之理。因此天地之理，即是吾心之中正、純粹至精至善者，也可以說天地之理即是吾心之價值所在。因此，在此所說的心，已經超越了僅在道德上作為主體義的思考，而進至心作為宇宙價值核心的概念。

〔註46〕〔明〕湛甘泉：《甘泉先生文集》，內編卷17，〈復鄭啟範進士〉，頁370。
〔註47〕〔明〕湛甘泉：《甘泉先生文集》，內編卷14，〈白沙書院記〉，頁318。

另外點出：「心也者，其天人之主，而性道之門也。」〔註48〕心作為天、人的主宰，並且是實踐性理的重要關鍵。更進一步的說：「人者，天地之心也。天地與人同一氣。氣之精靈中正處即心，故天地無心，人即其心。」〔註49〕除了說明心在吾人生命中的意義外，更向外推擴，雖然天地與人同氣，但因人有與理同體的心，人的特殊性便在此展現。是故人可視為天地之心，天地的價值義必依於人心方能體現，強調人心具存有論意義的地位。

甘泉作為心學家的意義，不只是說心能作為吾人生命的主宰，也更進一步的以心作為天地萬物價值的所在。雖然如此，甘泉言心仍是強調性作為心的生理，強調性的法則的意義。從另外的角度來說，這也展現了其心學的特色，不僅強調心的主宰，同時也看重性的理則義。

（三）內外合一

甘泉認為人與天地同為一氣，人為天地之心，在此判斷之下，心與天地萬物為一，並非可自絕於外物，孤高離世。相反的，心除了作為天地的主宰之外，還可以如何去理解心與物之間的分際？以下將分別從體用關係、動靜的論題以及心事之間的界定等論題，來進行討論。

1. 體用一原

體用關係是理學家們貫用的思維模式，甘泉在其脈絡下，對於體用有何看法？則是可以仔細分辨的。甘泉認為：「夫聖人之學，體用一原，本末遠近兼致，知行並進者也。」〔註50〕在此先標舉出聖人之學，乃是體用一原。相反的，若是分體用為二，則是未達聖人之學。故在其體用一原的思考下，本末都是同時呈現，無有先後。

體用的確指為何？體或可理解為心體無誤，而用的指涉為何？其言曰：「夫聖人之學，心學也。故經義，所以明其心也；治事，所以明其心之用，以達諸事也。體用一原也，而可以貳乎哉？」〔註51〕此說明聖人之學即是心學。其言經義與治事，是從經義能夠明心，即吾人能夠透過典籍的學習，使得吾心

〔註48〕〔明〕湛甘泉：《甘泉先生文集》，內編卷19，〈孔門傳授心法論〉，頁430。
〔註49〕〔明〕湛甘泉：《甘泉先生文集》，內編卷19，〈孔門傳授心法論〉，頁430。
〔註50〕〔明〕湛甘泉：《甘泉先生文集》，內編卷10，〈聖學格物通大序〉，頁206。另外，相近的思考如下：「天理者，非他也，吾心中正之本體也，明德、親民之奧也，其體用一原者也。」見內編卷7，〈古大學測序〉，頁154。
〔註51〕〔明〕湛甘泉：《甘泉先生文集》，內編卷14，〈泰州胡安定先生祠堂記〉，頁306。

更加清明。而治事則是與物相接，吾心發用於事物，道德主體在事上發顯。可知經義能明吾心，治事可明心之發用。

依上言可知，甘泉認為治事才能明心之用，是故用必在事上顯，並更進一步說：「心無事而不包，事無一而非道。惟心有所蔽，則道不見，如鑑有所塵，則明弗昭。……蓋心事合一，體用同原。」〔註52〕在此將事收攝到心上來說，甘泉認為天地與人同一氣之變化，而心之純粹精靈，即是天地之心。以此思考出發，則萬事萬物與我皆為一，心不只是在腔子內的活動，必在事上才能顯用。故心與事本來即是一，體用本來即是同源，心能包舉萬事，無事不是道。另外，在此也說明了心被遮蔽的情形，將心比喻為鏡，若是心被遮蔽了，便如鏡上蒙塵，心便不明。故可知吾人能否明察萬事之理，其關鍵正在心，心明則事明，相反的，若不能明事物之理，推其根源則必是心之不明。

以上是從正面表述體用的關係，從另一面來說，甘泉曰：「夫所謂支離者，二之之謂也。非徒逐外而忘內謂之支離，是內而非外者亦謂之支離，過猶不及耳。必體用一原，顯微無間，一以貫之，乃可免此。」〔註53〕若是將內外兩分，離心逐外、重心輕外，不論是追逐外物，忽略心體，或是只求如何體證心體而否定外在事物，都是支離，是故內外體用，無所謂孰輕孰重，二者為一，不論偏重何者，皆為二分。

甘泉對於體用的說明，很明顯的必在事上顯用。從其渾融思想體系來看，人作為天地之心，是天地造化之精靈，自然不能自絕於事，若能貫通為一，則人與天地萬物自然為一體，因此體用不可分，故甘泉有言曰：「太一，一心也；天地，動靜也；四時，四德也；五氣，五常也；萬物，萬事之變也。」〔註54〕將道德價值與天地自然萬物通通關連起來，渾化為一，故其心物合一，體用一源的意義與價值也在此顯。

2. 心事為一

前文已說明體用一源，心物合一，心無事不包。然而，心與事的關係在理一思考之下，其間的義理分際應如何理解？其言曰：「宇宙間只是一事，更有何事？予於《大學測》云：『在心為明德，在事為親民，實非二事。』《中庸》

〔註52〕〔明〕湛甘泉：《甘泉先生文集》，內編卷1，〈進聖學格物通表〉，頁15。
〔註53〕〔明〕湛甘泉：《甘泉先生文集》，內編卷16，〈答陽明〉，頁364。
〔註54〕〔明〕湛甘泉：《甘泉先生文集》，內編卷13，〈擬復初齋記〉，頁273。

成己成物，皆性之德，故知物我皆性，則知缺一不足以盡性。」〔註55〕在此認為，宇宙間只有一事，並沒有內外之別。若是落在心上說，則是明德；落在事上說，則是親民。明德親民並非二事，是故不論成己成物，都是性的內涵，不可分為兩截看。若是心事二分，則不能夠盡吾人之性。在這樣的理解前提，心與事可以說都是盡性的充分必要條件，若是缺少其中之一，即不完整，故心與事為一，只是其突出的面向不同。再回應前文，甘泉以理一作為出發點，理是存在之理，心是從存在意義的體現處說，故心事合一，無事不包，則是心體現性的必要條件。

　　統合前文來看，甘泉言人為天地之心外，也點出了人與天地萬物為一，其言曰：「蓋人與天地萬物一體，宇宙內即與人不是二物，故少不得也。」〔註56〕人與自然萬物同體，若是有所分，便是割裂天理，非原初的一體性。是故站在甘泉思考的最高境界來說，人與天地萬物本來就是一，也必然是一。因此甘泉更進一步說明：「不肖則以為人心與天地萬物為體，心體物而不遺，認得心體廣大，則物不能外矣。」〔註57〕若是能真正體證心者，必定能夠理解此心與天地萬物為一，而吾人之心必定能夠體物而不遺，「若是乎主於內而離物者矣，豈其心之本體也乎？」〔註58〕離物而言心，則必非心。

3. 不分動靜

　　對於動靜的討論，甘泉有何特別之處？其言曰：「夫道無內外，內外一道也；心無動靜，動靜一心也。故知動靜之皆心，則內外一。內外一，又何往而非道？合內外，混動靜，則澄然無事而後能止。……是故與其習靜以養動，不若慎動以養靜；慎動以養靜，不若動靜之皆忘，時動時靜，察見天理而存養之也。」〔註59〕道是不分內外，心也是無分動靜，動靜皆心。然而動靜要如何理

〔註55〕〔明〕湛甘泉：《甘泉先生文集》，外編卷7，〈答邵武教授周道通〉第3書，頁787。另外，甘泉亦有近似的說法，羅列如下：「理達而體用渾，心事合而政學一矣。」（見內編卷5，〈政學說贈劉連山〉，頁105）、「夫合一者，內以治心，外以治事。內以治心，故德崇焉；外以治事，故業廣焉。……合一者，合內外之道之謂也。是故斯理也，能立己而後能立人，能達己而後能達人，其致一也。」（見內編卷12，〈贈都學憲僉田君奉敕之嶺南序〉，頁250）

〔註56〕〔明〕湛甘泉：《甘泉先生文集》，內編卷17，〈答聶文蔚侍御〉第3書，頁381。

〔註57〕〔明〕湛甘泉：《甘泉先生文集》，內編卷16，〈先次與陽明鴻臚〉，頁344。

〔註58〕〔明〕湛甘泉：《甘泉先生文集》，內編卷16，〈先次與陽明鴻臚〉，頁344。

〔註59〕〔明〕湛甘泉：《甘泉先生文集》，內編卷16，〈復王宜學內翰〉，頁362～363。

解？若從時間序列來看，動靜一心即是不從時間的先後，分辨先動後靜或先靜後動，因為本來是一。故在甘泉言體用不分的思考下，反對習靜以養動。因為習靜以養動，則是明顯將動靜分成兩截，是落入了時間序列的討論，而這正是甘泉以動靜皆心的思考所反對的。再者，點出慎動以養靜，動靜為一，以期最後能夠達到動靜皆忘的境界。不論動時靜時，都能夠察見此心並涵養此心，不必強分。因為就心來說，無所謂動時之心或靜時之心，在體用一原，顯微無間，心物為一的架構下，動靜亦當一貫，故分動靜本來就是強而分之，所以不可分。

　　相較之下，甘泉便批評動靜二分的思考，其言曰：「既曰有靜，靜而不馳，斯不亦內矣乎？既曰有動，動而不返，斯不亦外矣乎？」〔註60〕若只是說靜，偏於內而不向外推擴，不過就是陷於內。若只說動，卻只是向外發散，則是落於外。故不論只說動或只說靜，都容易造成兩偏，是故：「視聽言動，皆心也；情性微顯，同源也；內外動靜，一理也。」〔註61〕視聽言動，雖顯於外，但是皆為吾心的警策覺悟。情能顯露於外，但性必在其中矣，名雖有不同，皆是一源。因此內外動靜雖有異名，但都是同出於理，異名只是在其偏重的部分不同。是故動靜只是心的不同體段，非是有一動時的心，又有一靜時的心。

　　最後透過甘泉自己的話，對其本體義作一個完整的說明，其言曰：「君子之學，內外合一，動靜合幾，體用合原，物我合體。……夫天之生物，一本也；夫道，一本者也。知不二本，又何有於內外？故一之，而後可以入道，道無二也。」〔註62〕君子之學，必定是能夠體證道是一本無二，也只有如此，才能夠真正的契入聖學〔註63〕。

〔註60〕〔明〕湛甘泉：《甘泉先生文集》，內編卷5，〈立心篇〉，頁96。對於分內外動靜的思考，亦有：「人之知偏外者之支離矣，而未知偏內者之為支離矣。偏外，故忘本，忘本則跡；偏內，故惡物，惡物則寂。二者皆支離之疾也。」（見內編卷7，〈送楊少默序〉，頁147）

〔註61〕〔明〕湛甘泉：《甘泉先生文集》，內編卷6，〈贈兵曹路君賓陽還南都序〉，頁135。

〔註62〕〔明〕湛甘泉：《甘泉先生文集》，內編卷7，〈送楊少默序〉，頁147。相關的說法有：「體、用二而天下無知道矣；知行動靜二而天下無善學矣；豈惟動靜為然，德業、舉業二而天下支離甚矣。」（見內編卷13，〈重修四會縣儒學記〉，頁287）

〔註63〕游騰達提出甘泉的合一之學，應包含：德業舉業合一、政學一體兩方面，並且認為合內外之道的工夫，是「執事敬」，詳參氏著：《湛甘泉的哲學思想發展與完成》，頁69～79。

二、隨處體認

甘泉的學問宗旨為隨處體認天理，故其工夫正在如何「體認」上，然而應如何體認？其言曰：「吾所謂體認者，非分未發已發，非分動靜。所謂隨處體認天理者，隨未發已發，隨動隨靜。蓋動靜皆吾心之本體，體用一原故也。」〔註64〕承前所論，甘泉對本體的思考，乃是站在理一的前提下，是故不論動靜、內外，都是吾人心之本體。職是之故，隨處體認，乃是站在不論動靜，都是心的不同體段，而外在之事，也都是理的不同展現，正因如此，可以隨處體認之。就甘泉的工夫來說，是否只說隨處體認便了？或是其間有更細密的工夫進程。以下將在隨處體認的學問宗趣，試著進行說明。

（一）主敬收心

甘泉說明其工夫為：「是故主敬以收放心，則天之心斯在，而天之理斯存焉。」〔註65〕主敬的工夫可以收攝放失的本心〔註66〕。何以工夫的第一步是收放心？其原因正在於甘泉之心是與理同體，並能夠體萬物而不遺，心明則物明。是故求放心為其工夫入手處，若心不收，何以體物？因此，學問之道無他，求其放心而已矣。

至於主敬的工夫應如何實踐？其言曰：「居敬動應，隨處存心體認天理。常若有見，私欲不萌，此即兼格致誠正之功。」〔註67〕居處靜時，則是主敬的工夫〔註68〕，動時則以此居敬之心，隨處都能以此敬謹的心應物，體認天理，

〔註64〕〔明〕湛甘泉：《甘泉先生文集》，內編卷17，〈答孟生津〉，頁384。

〔註65〕〔明〕湛甘泉：《甘泉先生文集》，內編卷12，〈送督學林君汝雨之浙江序〉，頁254。

〔註66〕認為甘泉的工夫，「敬」作為體認天理的具體方法，執此說法的有喬清舉，其言曰：「甘泉認為，天理是人心中正之本體，人由於受聞見習染之故，天理受蒙蔽。所謂敬，就是使此被蒙蔽的天理呈露的工夫，故又可以說，敬乃是後天以達到先天的功夫，所謂『敬之敬之，將與理一』是也。」見氏著：《湛若水哲學思想研究》（臺北：文津出版社，1993年3月），頁121。
另外，陳郁夫認為甘泉的主敬工夫，是為了救白沙致虛工夫的偏失，詳參氏著：《江門學記：陳白沙及湛甘泉研究》（臺北：學生書局，1984年3月），頁47～52。

〔註67〕〔明〕湛甘泉：《甘泉先生文集》，內編卷1，〈元年八月初二進講後疏〉，頁5。

〔註68〕在此主敬的工夫，為何言「主」，可如此理解，即是：「蓋心存則有主，有主則物不入，不入則血氣、矜忿、窒礙之病皆不為之害矣。」（見〔明〕湛甘泉：《甘泉先生文集》，內編卷16，〈答太常博士陳惟浚〉第2書，頁355）強調主便有心作為主宰之意，即是有心作為吾人生命的判斷與標準，吾人就不為外物所牽引，生命不為外物所害，故主之意義在此。若只是言「持」，其主動性便不如此明顯。

而使私欲不萌發〔註 69〕。若能做到如此，居敬動應的工夫，則能兼及格致誠正。前文亦提及，心是不分動靜的，只是體段不同。因此，居敬動應指的是日常生活樣態的不同，是故有此差異。再者，此工夫如何能兼《大學》的工夫？格致誠正是一個細密的工夫系列，但在此甘泉認為，只要能夠做到居敬動應，心有所主，則格致誠正便能收攝在敬的工夫之中，沒有歷時性的差別，一體即是。

是故，甘泉的體認工夫，最主要是以敬貫之。然而，敬的內涵為何？其言曰：「獨其中『執事敬』一語，乃僕年來所尤得力者。此乃合內外之道，所謂一本者也，所謂一了百了者也。」〔註 70〕敬即是遇事敬謹，並認為只要能夠恭敬處之，便是合內外之道，不分動靜，並且能以執事敬的工夫，化繁為簡，工夫只此一路。

另外，甘泉更點出：「勿忘勿助，元只是說一個敬字。先儒未嘗發出，所以不墮於忘，則墮於助。忘、助皆非心之本體也。……聖人之所以為聖，亦不過自然如此。學者之學聖人，舍是何學乎？」〔註 71〕是故勿忘勿助，即是敬。便是指出無過與不及，若是落於一偏，則非心的本體。此工夫不是刻意，而是自然如此，並非後天人力介入其間，若是捨棄了勿忘勿助的工夫，則聖人工夫由何開始？是故敬為甘泉工夫的第一要義〔註 72〕。

〔註69〕對此私欲不萌發，有相關的說法，其言曰：「蓋客氣與義理相為消長，義理長一分，則客氣消一分。積之久則純是義理，而客氣自無。非謂一旦主敬而客氣便消，病根可拔也。」（見〔明〕湛甘泉：《甘泉先生文集》，內編卷 16，〈答鄧瞻鄧眕〉，頁 351）在此即是明確的指出，並非一做主敬的工夫，便當下全體即天理，必需有一個工夫的歷程在，應當要時時警省，必真積力久則至純是義理。

〔註70〕〔明〕湛甘泉：《甘泉先生文集》，內編卷 17，〈答陳海涯〉，頁 369。另外，相近說法有：「吾人切要，只於執事敬用功，自獨處以至讀書酬應無非此意，一以貫之，內外上下，莫非此理，更有何事？」（見內編卷 16，〈答徐曰仁工曹〉，頁 346）、「孔門之學，惟有執事敬最是切要，徹上徹下，一了百了。致知涵養，此其地也。所謂致知涵養者，察見天理而存之也，非二事也。」（見內編卷，16〈答鄧瞻鄧眕兄弟〉，頁 358）

〔註71〕〔明〕湛甘泉：《甘泉先生文集》，內編卷 17，〈答聶文蔚侍御〉第 5 書，頁 382。

〔註72〕本文以「敬」做為甘泉的主要工夫，並且就甘泉的敘述來說，勿忘勿助也就是敬的工夫。認為「執事敬」，乃是合內外之道的工夫。相對的，黃敏浩在甘泉思想的特點，點出「勿忘勿助」作為工夫特色，並且認為敬是勿忘勿助的內容，持論角度與本文不同，在此說明之，其言曰：「可見『勿忘勿助』在甘泉思想裏有舉足輕重的份量。它是存天理的本質工夫。若與『格物』相比，則格

　　再進一步的談靜與敬的關係，對此甘泉言曰：「人所以不能誠敬靜定者，率由不思耳矣。能思則心主一，故曰敬；敬則不妄，故曰誠；誠則不妄動，故曰靜。靜者，定也，非對動而言者也。對動而言則偏也。」〔註73〕若心主一曰敬，何謂主一？主一則是心之官能思，心不放失便是敬的工夫，因此能擺落孟子所說物交物則引之的狀況。若能敬而不虛妄，則是誠，即是真實無妄。靜則是誠而不妄動，不會為外物所引而能定，是故靜不是落在現象中與動相對，是超越動靜相而往上提，在體上說敬與靜，透過敬的工夫而達到靜定。

　　透過以上的說明可知，甘泉的體認天理，必先在敬上用功，若是不能夠主敬，則無法使心主一，回到心體本然狀態，心不清明，則無法體認事物。故敬為其工夫入手處可知。

（二）一貫自然

　　在做到了主敬收心的工夫之後，最後必期能達到一貫的境界，對此甘泉有以下的說明，其言曰：「一貫者，非他也，心事合一之謂也。故一則無事矣，一則易簡而天下之理盡矣。……夫所謂純而不雜，即天理也。孟子所謂必有事焉者，即此也。存心不忽，即敬以體認夫天理者也，……夫一者，天理也；敬者，勿忘勿助以體認乎天理，令有諸己焉者也。……夫然後前聖一貫之旨，心事合一之學。」〔註74〕在此言及一貫，是從學問的圓融處來說。先說明何謂「一」，就是能夠心事合一，心事不分，若能如此，則能窮盡天下之理，掌握

　　　物至『恰好處』，即是『勿忘勿助之間，與物同體之理見矣』。『與物同體之理』，也就是天理。甘泉又說：『勿忘勿助，敬之謂也。故曰：『敬者，德之聚也。』此即精一功夫。……然能主敬，則事事無不在矣。』『勿忘勿助』亦即『敬』，可見甘泉所謂的『敬』並不是一般的涵養工夫，而是使『事事無不在』者，亦即使每一件事之存在能成為真實的存在，即使每一事之天理能當下呈現也。」見黃敏浩：《湛甘泉的生平及其思想》（國立臺灣大學中國文學研究所碩士論文，1988年），頁92～93。

　　　陳郁夫認為甘泉學問心法，就在勿忘勿助之間，即是持心不可太緊或太鬆，太緊便如宋人握苗助長，太鬆則閒思雜慮竄入，詳參氏著：《江門學記：陳白沙及湛甘泉研究》，頁57～64。

　　　游騰達在其論文中提到，甘泉將「勿忘勿助」與「敬」的工夫相聯結，似是前無古人的創見，並認為「必有事焉」就是「隨處體認天理」的主張，而「勿忘勿助」即是達此目標的具體方法。詳參氏著《湛甘泉的哲學思想發展與完成》，頁169～177。

〔註73〕〔明〕湛甘泉：《甘泉先生文集》，內編卷17，〈復李景辰〉，頁367。
〔註74〕〔明〕湛甘泉：《甘泉先生文集》，內編卷2，〈進聖學疏〉，頁28～29。

之便能以簡馭繁。因此，吾心能夠體物不遺，就是達到一貫之境。另外，從工夫意義的角度來說，以「主敬」、「勿助勿忘」的工夫體認天理，才是能夠貫通前聖一貫之學，此一貫是甘泉工夫最後要達到的最高境界。依此，甘泉所說的隨處體認，可以從兩方面來看：首先談工夫進程，在主敬的踐履中，是居敬動應，與物合一，必定就在生活中隨處體認之。其次就工夫境界說，最後講到最高處，就是達到一貫無分別，心事合一，隨處隨事皆是天理。因此，不論從進程的工夫看，或是從最高境界說，都實有其深意。

　　將甘泉的思考整體貫串起來說，其工夫並非只在心上，而必定要落在事上說〔註75〕。若只是單就心上做工夫，則是割裂生命，而此非完整的工夫。是故工夫必定是一貫，自心至事，合一無分，勿忘勿助，務必達到天理吾心自然流行處，才是最高的境界〔註76〕。

三、《大學》格物義的再詮釋

　　從甘泉的年譜中可以看到，在正德十三年戊寅（AD1518），陽明答甘泉書信中，談及《大學》舊本及格物諸說。甘泉於是年開始整理《大學》、《中庸》，直至正德十五年庚辰（AD1520）完成《大學測》、《中庸測》，但此二書目前僅存序言，至於書的存佚仍待查〔註77〕。因此可知，甘泉對於《大學》的重視實不在話下。

　　甘泉在〈古大學測序〉提出了不同於前人的格物說，其言曰：「自天下而之

〔註75〕心事合一是甘泉思想中重要的部分，喬清舉亦對心事合一提出看法，其言曰：「心在應事接物時的主導作用，用甘泉的話來說，就是『心事合一』，或者有是心即有是事。心事合一中的心，是本體意義上的心，而不是經驗的心。」（見氏著：《湛若水哲學思想研究》，頁50）此說法重在心事合一時，心的主宰義，並且此心並非一認知的心，去認知外物，仍是本體義。

〔註76〕黃敏浩對隨處體認天理，有精要的看法，摘錄如下，其言曰：「蓋體認天理是隨時隨處，永不止息地體認，即此便是道體的流行。然而，『體認』還帶有人為的意味，是以此工夫必要做到無絲毫人力的『自然』的境界，才是極致。故曰：『予體認天理，必以勿忘勿助、自然為至。』此時並非不再需要體認，只是做到無體認的體認之地步，此才是真正的道體流行，也就是『自然』之最高境界。」見氏著：《湛甘泉的生平及其思想》，頁127。
　　　　游騰達認為甘泉晚年學問境界是歸宗自然，並且是在勿助勿忘的體道工夫後，才回到自然的本體，相較於陳白沙的「色色信他本來」的自然境界，更加的著實，並且有其工夫義。詳參氏著：《湛甘泉的哲學思想發展與完成》，頁198～201。

〔註77〕見黎業明：《湛若水年譜》（上海：上海古籍，2009年7月），頁63～72。

格物，自格物而之天下平，始終反說，要歸乎此者也。格物也者，即止至善也，言屢而意致矣，故止至善則無事矣。」〔註78〕可以看出，甘泉重視格物，並且以格物作為八目核心，直接點出：「故《大學》之書，全功在乎格物。」〔註79〕

　　然而甘泉所理解的格物為何？其言曰：「蓋物不外乎意心身之於家國天下，而格則在於誠正修之與齊治平，亦惟體用同原之理。」〔註80〕將意、心、身、家、國、天下都收攝到物上來說，而格的工夫便包括「誠、正、修、齊、治、平」，是體用為一，雖有異名，但其實皆同。更進一步的說：「格物者，至其理也。至其理者，非聲音笑貌之為也；學問思辨篤行，所以至之也，是謂以身至之也。古人所謂窮理者，如是也。近而心身，遠而天下；暫而一日，久則一世。只是格物一事而已。格物云者，體認天理而存之也。」〔註81〕認為格物就是至理，何謂至理？就是以吾人的生命，真實的去實踐，其內容便是「學、問、思、辨、篤行」，並且認為古人說的窮理，就在格物，從心身到天下，不論時間的久暫，都只是格物一件事而已。因此可知，甘泉的格物義，就在吾人生命所面對的任何事，不分內外，都要親自實踐，可見甘泉格物義的特別之處〔註82〕。

〔註78〕〔明〕湛甘泉：《甘泉先生文集》，內編卷7，〈古大學測序〉，頁154。
〔註79〕〔明〕湛甘泉：《甘泉先生文集》，內編卷1，〈進聖學格物通表〉，頁16。又言：「《中庸》之教，其要在謹獨；《大學》之教，其要在格物。」（見內編卷17，〈答陳宗享〉，頁371）、「『物有本末，事有終始，知所先後，則進道』者，欲人知上文止至善及下格物，乃為本始先務之急，以承上止至善之說，起下格物之說也。其下兩節，自『古之欲明明德於天下』，逆推本直至格物，又自物格順馴效至天下平。可見推來推去，皆在格物上致力，為聖學一大頭腦，見首節止至善之為獨到之地也。」（見內編卷3，〈泗州兩學講章〉，頁66）、「吾於《大學》，說其要在止至善；止至善之要，又在格物。而『古之欲明明德於天下至天下平』二節，專反復推歸格物上。」（見內編卷16，〈燈下與少默公贊〉，頁354）
〔註80〕〔明〕湛甘泉：《甘泉先生文集》，內編卷1，〈謝恩進書疏〉，頁14。
〔註81〕〔明〕湛甘泉：《甘泉先生文集》，內編卷17，〈答陳宗享〉，頁371。
〔註82〕喬清舉對於甘泉的身至，有不同的看法，其言曰：「心事合一的命題，過分地強調了心亦即動機的作用，如他說國之未治天下未平，只是身未修等，就忽視了從修身到平天下的中間過程，這是片面的。其實治國平天下，乃是一個複雜的過程，僅僅靠修身無論如何也達不到其目的。認識不到這個中間過程，只是強調正心修身的作用，也是中國傳統哲學的缺陷所在。」（見氏著：《湛若水哲學思想研究》，頁53）在此認為甘泉將大學工夫收到修身上來說，是簡化的工夫過程，若以齊、治、平來說，是外王工夫，當然在實踐上有客觀條件的限制，但是並不認為將此工夫收到身上說，就是甘泉忽視其間的不同。就甘泉的工夫來說，隨處皆可體認天理，在齊、治、平上都可以體認天理，但重點都在要能夠以身去實踐之。於是，本文認為甘泉所說的身至義在此，而非不了解其間的分際，故在此提出不同的看法。

另外，其格物的工夫性格強，因此，談及格物時，多言及知行，其言曰：「夫以涵養寡欲言格物，則格物有知行之實，非但聞見之粗矣。然則何以至其理也？知止，知也；定靜安慮，行也；知行並進，格物之功，盡於此也。」〔註83〕對此說明格物與知行之關係，並且定義知是知止，即是止於至善〔註84〕，行是定靜安慮的工夫，故格物就在定靜安慮的實踐中，達到至善之境界。另外，藉此也可以說明甘泉的格物，並非是去認知聞見之理，不是知識意義的認知，而是切實在生命的實踐。

然而，格物的工夫與甘泉學問宗旨「隨處體認天理」之間，應如何安排？其言曰：「格，即造詣之義；格物者，即造道也。知行並造，博學審問慎思明辨篤行，皆所以造道也。讀書親師友酬應，隨時隨處，皆求體認天理而涵養之，無非造道之功。」〔註85〕在此認為格物就是達到大道的方法，至於談及知行等實踐，都是工夫。在此思考下，隨處隨時，應物接物，就在工夫的過程中體認天理，知行並造於道，都是吾人達道的工夫。

甘泉對格物的討論，是在其理一的學問性格上來說，因此對於《大學》的理解，也帶有濃厚的個人色彩，將全體收至格物，並以此為造道之功，實有其用心與刻意〔註86〕。

〔註83〕〔明〕湛甘泉：《甘泉先生文集》，內編卷10，〈聖學格物通大序〉，頁204。另外，黃敏浩認為，甘泉的知行義，重在「知行並進」，其言曰：「『並進』表示知與行是平行的，不是一個東西，但知在進行時，行即與之同步。所謂『知者行之始，行者知之成，其說即進』，知帶動行，行亦帶動知，則知與行實是一辯證的循環，但要進入此循環，畢竟以知為始點。這大概就是甘泉『知行並進』的實義。」（見氏著：《湛甘泉的生平及其思想》，頁100～101）對知行的思考，筆者是與《大學》的工夫結合來看，並且認為將知行與止定靜安慮合一，是特別的看法，故以此作為甘泉言知行的特色，在此說明之。

〔註84〕「元來明德、新民全在止至善上用功，知止能得，即是知行合一，乃止至善之功。……格物者，即至其理也，意、心、身於家國天下，隨處體認天理也。」見〔明〕湛甘泉：《甘泉先生文集》，內編卷17，〈上白沙先生啟略〉，頁387。

〔註85〕〔明〕湛甘泉：《甘泉先生文集》，內編卷17，〈答陽明〉，頁368。

〔註86〕甘泉曾進《聖學格物通》一書，共一百卷，從其題名可以看出對於格物的重視，加之此書為進奉皇帝，故可知該書寫作時的敬謹，以及代表性，從目錄中可以看出包涵有：誠意、審幾、立志、謀慮、感應、微戒、敬天、敬祖考、畏民、正心、正威儀、慎言動、進德業、謹妃匹、正嫡庶、事親長、養太子、嚴內外、恤孤幼、御臣妾、事君使臣、立教興化、事長慈幼、使眾臨民、正朝廷、正百官、正萬民、公好惡、學校、舉措、課功、任相、任將、六官、脩虞衡、抑浮末、飭百工、屯田、馬政、漕運、勸課、禁奪時、省國費、慎賞賜、蠲租、薄斂、恤窮、賑濟等。（見〔明〕湛甘泉：《聖學格物通》，收錄於〔清〕紀昀

　　透過以上的說明，可知道甘泉最大的學問特色，即是理一圓融的體系。甘泉對於性的重視，以及認為心、物都是性理的展現，在在都可見其思考的特出之處。也因為如此，甘泉對於《大學》的工夫，側重在「格物」，並且認為以吾人之生命於參贊生活場域，才是格物的真精神。是故，不論從本體的思考，或是對《大學》理解的偏重，都可看出甘泉心學重客觀性的一面，而其隨處體認天理，也就是以吾人之心體物不遺，主客合一，以期最後達到自然的境界，生命即天理流行的生命。

第三節　江門對王門心學的商榷

　　陳白沙與湛甘泉為明代心學的另一脈，與王門不同。湛甘泉與陽明及其弟子，往來頻繁。然而，陳、湛二氏所處的時代，王學尚未出現流弊。雖同為心學，彼此學問參差的意義何在？是否可以透過陳、湛二氏對心學的不同詮釋，作為王學體系的參照。因此，以下將著重在兩方面進行討論，第一部分說明白沙學與陽明學是否有相承的關係，第二部分重在甘泉與王門的論辯，以及甘泉學問宗旨的歸向，取擇核心論題討論之。

一、心學的不同進路

　　白沙心學可從其本體與相應的工夫見其特色，而吾人要思考的，則是如何回應黃宗羲對白沙與陽明的論斷〔註87〕，前輩學者亦嘗對此進行說明，在此則

等總纂：《景印文淵閣四庫全書》第 716 冊（臺北：臺灣商務，1983～1986 年），〈目錄〉）透過甘泉所談及的問題可知，他雖然將《大學》的工夫收到格物上來說，但並非只知有修己的工夫，而是在物格即是身至，格物即是造道的思考之下，以身實踐之，這就是格物最大的意義。據甘泉年譜所載，此書於 62 歲（AD1527）已完成，63 歲（AD1528）進書。

另外，甘泉曾對自己對格物的理解，其立論有五，其言曰：「若僕之鄙說，似有可采者五。訓格物為至，其理雖始自得，然稽之程子之書，為先得同然，一也。考之章首止至善，即此也。上文知止能得，為知行並進至理工夫，二也。考之古本，下文以修身申格致，為於學者極有力，三也。《大學》曰：『致知在格物』，程子則曰：『致知在所養，養知在寡欲』以涵養寡欲訓格物，正合古本以修身申格物之旨為無疑，四也。以格物兼知行，其於自古聖訓學問思辨篤行也，精一也，博約也，學古、好古、信古也，修德講學也，默識、學不厭也，尊德性、問學也，始終條理也，知言養氣也，千聖千賢之教為不謬，五也。」見〔明〕湛甘泉：《甘泉先生文集》，內編卷 17，〈答陽明王都憲論格物〉，頁 378。

〔註87〕白沙與陽明在本體與工夫的不同，前文已有說明，在此不贅述。

擬從本體與工夫兩方面的思考，試圖對此成說析論之。

（一）陽明為白沙傳人

此說法以姜允明為代表，認為陽明與甘泉同為傳白沙衣缽者，其證據有六〔註88〕，以下將分別說明之：

其一：陽明提及白沙之名三次。

筆者認為此條證據，可以說明陽明並非不言及白沙，但是據此則認定陽明傳白沙衣缽，則略顯薄弱。

其二：湛母稱白沙為聖人，陽明同意，並與甘泉一見定交。

對於湛母稱白沙為聖人，陽明同意，但也未見陽明直接稱白沙為聖人。與甘泉一見定交，共商聖學，但是分別從二人學問性格來看，有相當的不同，然此亦非直接的證據。

其三：武宗正德三年（AD1508），陽明在龍場學白沙端居默坐，悟格物致知之旨，始知聖人之道，並指陳聖學傳心之要，是近白沙之說，相對的，甘泉為學以「隨處體認天理」，則近程朱之學。

在此談及陽明龍場悟道，陽明是否學白沙端居默坐？則是有商量處，明代以朱子學作為官學，雖在陽明之前有白沙學，但白沙學並未如陽明學一般，風行天下。是以在陽明以前，可以說立於官學之朱子學，仍居於主導地位。在此學術氛圍影響之下，陽明也不能自外，其早年曾經遍格考亭之書而不得〔註89〕，可知陽明仍是受到朱子學影響。至於陽明對朱子學的接受為何？暫且不論，但說陽明龍場悟道是受到白沙學的影響，似乎仍有一間之隔。

另外，黃宗羲的提出的問題，前人亦試著提出解釋，如顧憲成：「陽明目空千古，直是不數白沙，故生平無一語及之。」（見〔清〕黃宗羲：《明儒學案》，卷58，〈東林學案一〉，頁1391）熊十力：「余嘗怪陽明生平無一言及白沙，昔人有謂陽明才高，直是目空千古，故於白沙先生不復道及。果如此說，陽明必終身未脫狂氣也。陽明之賢決不至是。湛甘泉在白沙門下，名位最著，陽明與甘泉為至交，而論學則亦與之弗契，足見陽明與白沙必有異處。而終不道及者，正是敬恭老輩，非敢慢也。」（見陳應耀編：《白沙先生紀念集》（香港：陳氏耕讀堂，1952年），〈熊十力答應耀書〉，頁25。

〔註88〕詳參姜允明：《陳白沙其人其學》，頁12～15。

〔註89〕「一日讀晦翁〈上宋光宗疏〉，有曰：『居敬持志，為讀書之本，循序致精，為讀書之法。』乃悔前日探討雖博，而未嘗循序以致精，宜無所得；又循其序，思得漸漬洽浹，然物理吾心終判而為二也。」見〔明〕王陽明：《王陽明全集》，卷33，〈年譜一〉，頁1224。

　　另外，對於甘泉與陽明，孰近於白沙，則是有很大的討論空間。承前文所論，陽明與白沙雖然都屬於心學，但不論是在本體或工夫上，仍然可看出兩者有相當的差異，至於甘泉為學宗旨「隨處體認天理」，白沙亦肯認之〔註90〕，若認為隨處體認天理的說法，是湛學近程朱的證據，則是否有以程朱學與心學二分的思考框架，來討論甘泉學問，若如此則是概念先行，有再商榷之處。

　　其四：陽明曾看過白沙詩集。

　　詩可以說是白沙學之心法〔註91〕。甘泉認為白沙詩教之意義為：「言乎其以詩為教者也。何言乎教也？教也者，著作之謂也。白沙先生無著作也，著作之意寓於詩也。」〔註92〕故可知白沙無著作，其學之要，可說是以詩呈現。故姜允明認為陽明看過白沙詩集，即是繼承其學說，受其影響。若如此說，則凡讀前人書者必受其影響，思想一致，恐怕理非如此。

　　其五：陽明曾言學貴自得，此說與白沙無異。

　　對於學貴自得之語，雖然陽明曾言：「學貴乎自得。」〔註93〕但是此語無法決定學問方向。自孟子以來，提出仁義內在，不假外求，此學是反身而誠，樂莫大焉。明道亦有：「吾學雖有所受，天理二字卻是自家體貼出來。」〔註94〕故此學問傳統即是能夠自我體證〔註95〕，能夠如此才是生命的真切實感，否則只是耳聞目見，徒為撥弄光影而已。因此不可因白沙與陽明都談及自得，則據此論斷二子學說一脈相承。若要如此，則此說法可以上溯至孟子，為孟子學一脈，並不具有形成白沙學的特殊教相的決定性。

　　其六：陽明從甘泉所得者全是白沙學的宗旨，並且白沙曾提及良知良能。

〔註90〕「日用間隨處體認天理，著此一鞭，何患不到古人佳處也。」見〔明〕陳獻章：《陳獻章集》，卷2，〈與湛民澤〉第11書，頁193。

〔註91〕「族祖白沙先生以道鳴天下，不著書，獨好為詩。詩即先生之心法，即先生之所以為教也。」此語為白沙後人陳炎宗於乾隆三十六年（AD1771）重刻白沙詩教之語。見〔明〕陳獻章：《陳獻章集》，附錄1，〈重刻詩教解序〉，頁700。

〔註92〕〔明〕陳獻章：《陳獻章集》，附錄1，〈白沙子詩教解原序〉，頁699。

〔註93〕〔明〕王陽明：《王陽明全集》，卷5，〈與楊仕鳴〉，頁186。

〔註94〕〔宋〕程顥、程頤：《河南程氏外書》，卷12，收錄於《二程集》上，頁424。

〔註95〕黃宗羲於《明儒學案》中引劉蕺山之言，認為：「先生學宗自然，而要歸自得。自得故資深逢源，與鳶魚同一活潑，而還以握造化之樞機，可謂獨開門戶，超然不凡。至問所謂得，則曰：『靜中養出端倪。』」（見〔清〕黃宗羲：《明儒學案》，〈師說〉，頁4）蕺山認為白沙學問大要乃是自得，自得可說求之於內，不假外鑠之意，可從其靜中養出端倪來說。欲自得其心，實應通過靜坐的工夫，此即為蕺山對白沙的理解。

　　陽明與甘泉一見定交，甘泉為白沙傳人，其學問自有承繼白沙處。然而就白沙提及良知良能處，其言曰：「大意只令他靜坐尋見端緒，卻說上良知良能一節，使之自信，以去駁雜支離之病。」〔註96〕白沙雖提及良知良能，但此言為孟子開端，白沙所言之良知良能，恐怕即順著孟子所言的良知良能而論及之，而與陽明作為學問宗旨的良知教，仍尚有距離。

　　是故統合上述的討論來看，姜氏書中提出作為白沙與陽明之間有明確傳承的論據，並非十分穩固似仍非能充分證成〔註97〕。加之本文對白沙與陽明本體與工夫之間討論，亦可知二子學問性格有所不同。是故若認為從陽明承繼白沙學問，或更進一步說陽明《傳習錄》為《白沙學傳習錄》〔註98〕，二人學問或有部分相似處，然若遽斷陽明學為白沙學，疑恐未必。

（二）各自得其學

　　對於白沙與陽明之間的關係，筆者觀點是站在白沙與陽明的學問雖同屬於心學，但是實有各自的關懷所在。同此看法者，以呂妙芬〔註99〕、苟小泉〔註100〕

〔註96〕〔明〕陳獻章：《陳獻章集》，補遺，〈與林緝熙書〉第10書，頁972。於姜書中，其將此書之頁數誤植為927，在此一併更正。

〔註97〕在姜氏此文之後，更進一步說明為何陽明不提及白沙，其理由有四，其一，白沙亦只提象山一次，但二子學問以心傳心，陽明與白沙亦如是；其二，朝堂以朱子學為正宗，陽明已自身難保，故不論及白沙；其三，胡居仁攻擊陳白沙流於禪學；其四，當時朱子學者以近似人身攻擊方式批評白沙，故陽明顧忌公開討論受惠白沙之事。以上所述，是站在陽明確實傳白沙之學的立場之下進行說明，但就本文的討論，白沙與陽明之學，確實有本質上的差別，故此論述的前提，是否能夠穩立？都需再行商榷。職是之故，本文雖提出姜氏的說法，但不對此說法進行討論，詳可參詳參姜允明：《陳白沙其人其學》，頁16～20。另外，姜允明有專文討論陽明不提及白沙之故，可見姜允明：《王陽明與陳白沙》，筆者在此列出，但不對其進行討論，其原因如前所述。

〔註98〕見姜允明：《王陽明與陳白沙》，頁71。在此篇文章中，姜氏論證何以陽明不提白沙，但就本文的討論可知，陽明不提及白沙，實有其故。

〔註99〕呂妙芬認為：「若以整體思想而言，則陳獻章實在是反應了從朱子到王陽明中間的學問風貌。朱子是通過格物和居敬的工夫，才能達心與理一之境。陳獻章則把重心推到人之『心』上用功，但卻是通過至虛至靜至無的工夫，才能達致心與理一之境。而王陽明之學卻從起初就在此心與理一的基礎上建構，故學問重在以此心去應事。因此我們可以說白沙之學在心體的創發上，已相當近於王陽明；在涵養論的『由下而上』型態上，卻又似朱子。此處或可視由理學到心學發展中的一重要環節。」見氏著：《胡居仁與陳憲章》，頁158。

〔註100〕苟小泉在《陳白沙哲學研究》（北京：中華書局，2009年5月）中提到：「白沙與陽明關係的發展，是在一條既相同又不同的路徑上展開。二人的相同之處在于，均以程朱的『格物致知』之路為外，均以『心』為開啟聖途的通道

為代表。以下將就此論點，進行討論：

其一，時代背景：白沙與陽明所處的年代，朱子學定為官學，白沙雖提出不同於朱子的說法，但即遭到批評〔註101〕。再加上白沙學並未對明代學風造成全面性的影響，故陽明與白沙面對的，是同樣的學術風氣，並未因為白沙學先出，而對明代學風造成決定性的改變。是故陽明的學術對話者，仍是朱子學，此義可在陽明文章中，隨處可見，並作〈朱子晚年定論〉欲說明朱子晚年反對其自己早年的說法〔註102〕，想要說明自己的學問未與朱子不同，更直言：「平生於朱子之說，如神明蓍龜，一旦與之背馳，心誠有所未忍。」〔註103〕是故從整體風氣的影響來看，二子的對話者皆為朱子，很難有證據說陽明直接受到白沙影響，從白沙轉出。

其二，對心體的理解：白沙對心體的描述為虛明靜一，偏重心體的根據性，強調心作為吾人的本體。相較之下，陽明對於心的稱述，則為虛靈明覺，說明心的主體能動性。再談及陽明的四句教「知善知惡是良知」，此處的知，重在說明良知的道德判斷。是故從二子對於心體的稱述來看，白沙與陽明相同的地方，都肯認心作為道德主體，是吾人行為的根據。不同的是，白沙對心的理解，側重在心的根據義，但陽明更偏重在心對吾人行為的指導與判斷。因此，二子在本體上的思考，雖同為心即理，以心作為吾人生命的定盤針，但其學問性格仍有不同。

和樞紐……但重大的差異終于出現了，這種差異集中表現在王、湛對『格物』的理解上，……湛將『格物』等同于『隨處體認天理』，陽明批評其『是求之以在外』這標誌著陽明學與白沙學的分歧開始。」（頁204～205）本文在此所要討論的，是在陽明與白沙的分歧處，苟小泉以陽明與白沙最大的不同處在格物，但卻以湛甘泉與陽明的論難作為證據，如此討論的方式，恐怕難以成立。甘泉雖為白沙高弟，其學問是否可以完全等同白沙？實有可再思考之處。故苟小泉的看法雖與本文相同，認為白沙與陽明有相同有相異，但在異處的討論，仍是不同。

〔註101〕當時胡居仁批評白沙最力，其中的原由，可參姜允明：《陳白沙其人其學》，頁17。

〔註102〕「獨於朱子之說，有相牴牾，恆疚於心。竊疑朱子之賢，而豈其於此尚有未察？及官留都，復取朱子之書而檢求之。然後知其晚歲固已大悟舊說之非，痛悔極艾。至以為自誑誑人之罪，不可勝贖，……且嘅夫世之學者，徒守朱子中年未定之說，而不復知求其晚歲既悟之論。競相呶呶，以亂正學。不自知其已入於異端。」見陳榮捷：《王陽明傳習詳註集評》，〈朱子晚年定論〉，頁422。

〔註103〕陳榮捷：《王陽明傳習詳註集評》，卷中，第176條，頁253。

其三，工夫進程：工夫與本體必是相應的，二子對於本體理解的側重不同，工夫也隨之取向不一。白沙對心體的理解，重在如何使此心呈顯，若能夠讓心不為氣所拘，則從心所欲不逾矩，從容中道，其中的關鍵便是靜坐，使吾心清明，才能夠與物合一而不失。相對的，陽明對心體的理解為心就是理，良知具有道德判斷的能力，其相應的工夫為致良知。致良知的工夫，有兩路向：一為致心上之知，一為致良知於事事物物。致心上之知，其工夫意義與白沙靜坐較為相近，陽明亦認為，常人之心若斑駁之鏡，需痛加刮磨，但陽明如何致心上之知，並非只是透過靜坐而得，靜坐工夫只是助緣而已，必定就在致良知於事事物物的過程中，同時致心上之知，並非有一段工夫致心上之知，又有另一段工夫致良知於事事物物。因此二氏的工夫側重也實有不同。

陽明是否傳承白沙之學的問題，可以再從兩個方面來審視。首先就相同處來看，白沙與陽明在面對明代學術時，同樣處於朱子學作為官學的背景，在提出異於朱子學的看法時，更要面對當時朱子學者的挑戰與質疑。但因白沙之學未對明代造成學術風氣的轉變，是故到了陽明之時，其困境仍在。故筆者認為，二氏的學問相同處，在於各以自身的真實體驗，來面對朱子學，並在修證的過程中，因其性之所近，而找到各自學問的方向。在此前提之下，二氏皆強調以吾人之心作為生命的定盤針，筆者認為二者學問相同，則是在此意義下之同。其次從不同處來說，二子對於心體的理解有所偏重，工夫教路亦隨之不同，職是之故，本文認為白沙與陽明雖同屬心學，但分屬不同型態。

透過以上的討論，本文試圖回應黃宗羲在《明儒學案》中說，陽明不提白沙的問題。其中重要的原因，乃是陽明自覺與白沙之學有所不同，不論是在對心的理解上，或是工夫進程及偏重，都有差別，甚至白沙作為工夫核心的「靜坐」，在陽明處也只是助緣。陽明的學問，雖同屬心學，而實不同於白沙，也不必透過白沙而展開。筆者認為，陽明不提白沙，並非目空千古，亦非維護白沙。

然而，白沙對於陽明學的參照意義何在？在本體方面理解的參差，並非有決定性的差異，然而筆者認為可以從靜坐工夫的意義來看。靜坐在陽明學的工夫中是助緣性質，非是核心的工夫，但在白沙處，卻是工夫的關鍵。就陽明本身來說，並不提白沙，但是陽明後學中，以江右聶雙江與羅念菴為代表。二氏工夫重在主靜歸寂，強調內反的工夫，並可在其文集中，多次言及白沙〔註104〕，

───────────────

〔註104〕雙江對白沙，可謂推崇不已，以下摘錄原文：「周程以後，白沙得其精，陽明

認為先透過靜坐，收攝保聚，強調先立體而後達用，因此多近白沙。若是從此觀察角度出發，雖然白沙直接與陽明學問對話的部分不多，但是陽明後學在理解良知學時，或有取徑白沙，作為對陽明學的再詮釋。再從黃宗羲的學術判斷來看，認為王學雖因龍溪、泰州而風行天下，但並非是良知學正傳，江右才是陽明正傳，並有救王門流弊之功，聶、羅二人又特重白沙之學，或許可以從這樣的學問脈絡之下，反思為何黃宗羲論定陽明學與白沙學最為相近〔註 105〕，黃氏的判斷，是否在面對王學流弊後，有維護王學的用心？故將王學正傳定在江右，而非易引發流弊的龍溪與泰州，則是值得玩味之處。

二、體物而不遺

　　從甘泉的生命歷程來看，他雖然與陽明一見定交，但是二子對心體的理

得其大。」（見〔明〕聶豹著，吳可為編校：《聶豹集》，收於《陽明後學文獻叢書》（江蘇：鳳凰出版社，2007 年 3 月），卷 4，〈留別殿學少湖徐公序〉，頁 98）「往白沙先生〈答趙提學書〉中一段，已先得我心之同然，附去細味之。」（見卷 9，〈答劉履旋給舍〉，頁 313）「嘗記得白沙先生詩云：『虛無裏面昭昭應，影響前頭步步疑。學到鳶飛魚躍處，絕無人力有天機。』此當玩味，不然又是向癡人說夢也。」（見卷 10，〈答戴伯常〉，頁 348）

念菴提及的有：「白沙先生有見於是也，其言曰『學以自然為宗』，言希天也。陽明先生曰『致良知』，良知者，自然之知，無二言也。」（見〔明〕羅洪先著，徐儒宗編校：《羅洪先集》，卷 2，〈天命說〉，頁 46）；「某自幼讀先生之書，考其所學，以虛為基本，以靜為門戶，以四方上下、往古來今，穿紐湊合為匡郭，以日用常行分殊為功用，以勿忘勿助之間為體認之則，以未嘗致力而應用不遺為實得。蓋雖未嘗及門，然每思江門之濱，白沙之城，不覺夢寐之南也。」（見卷 23，〈告衡山白沙先生祠文〉，頁 911）

以上為雙江與念菴文集中，提到白沙的重要章句，另外，與他人論及白沙時，多以白沙的詩句，指點他人，因此可知二子對白沙的重視與熟悉。

林月惠認為雙江對白沙嚮慕不已，對其「靜中養出端倪」之說，是有真切體驗的。而念菴對白沙的仰慕，不下於對陽明。聶、羅二氏對白沙的「致虛」之說，都是二人所共有的前理解經驗。分別詳參氏著：《良知學的轉折——聶雙江與羅念菴思想之研究》（臺北：臺大出版中心，2005 年 9 月），第 3 章〈聶雙江「歸寂」說析論〉，頁 196～199、第 4 章〈羅念菴思想的中心課題與其思想的發展〉，頁 312～318。

另外，拙著：《王門後學工夫論研究》（新北市：花木蘭出版社，2015 年 3 月）中，亦談及聶、羅二人對白沙學問的景仰與接受，可參看頁 132～139。

〔註 105〕「有明之學，至白沙始入精微。其喫緊工夫，全在涵養。喜怒未發而非空，萬感交集而不動，至陽明而後大。兩先生之學，最為相近，不知陽明後來從不說起，其故何也？」見〔清〕黃宗羲：《明儒學案》，卷 5，〈白沙學案上〉，頁 78。

解，有相當程度的不同，因此相應的工夫亦有參差。另外，二子學問的差異，也展現在二人對《大學》的理解不同。甘泉與陽明學問相異之處，可從兩個論題進行說明：其一，從對本體詮釋的角度出發，說明在不同心學體系中，如何衡定心物關係；其二，側重在格物致知的討論，甘泉對格物的解釋，有其顯著的學問特色。希望透過以上兩論題的分疏，找出甘泉對陽明學的參照意義，並思考其理論的合宜性。

（一）心物關係

甘泉學問宗旨為「隨處體認天理」，人與天地萬物一體，認為：「心無所不包也。包與貫實非二也，故心也者，包乎天地萬物之外，而貫乎天地萬物之中者也。中外非二也，天地無內外，心亦無內外，極言之耳矣。故謂內為本心，而外天地萬物以為心者，小之為心也甚矣。」〔註106〕認為心是能夠包天地萬物之外與貫通天地萬物之中者。貫便是以心作為天地萬物的根據，而包便是能以心籠罩天地萬物，故心與萬物的關係，不只是作為根據義，在其人與萬物為一體的渾融思考，將天地萬物收攝到心上說。

甘泉以心能包天地萬物之外的思考，認為陽明的良知說，雖然點出心作為實踐根據，但仍是分心與物為二，其言曰：「蓋陽明與吾看心不同。吾之所謂心者，體萬物而不遺者也，故無內外，陽明之所謂心者，指腔子裏而為言者也，故以吾之說為外。」〔註107〕在此甘泉直接點出與陽明對心的不同理解，就在對心的範限不同。因此「物」在心內或心外的界定，便是討論的核心。甘泉認為，心是能夠體萬物而不遺，心與物為一，是故心與物無內外之分，強為分別說，也只能說心是能夠涵攝萬物的，並且說到最高處，是沒有心與物之別，世界萬物都在吾心之內。由甘泉對陽明的評論來看，他認為陽明對心的理解，是割裂心與物，將內外二分。只單指內在於吾人之心，論心不論物，偏看心內在性的一面，故進一步點出：「不肖則以為人心與天地萬物為體，心體物而不遺，認得心體廣大，則物不能外矣。」〔註108〕甘泉就此點批評之，認為陽明只單

〔註106〕〔明〕湛甘泉：《甘泉先生文集》，內編卷4，〈心性圖說〉，頁73～74。

〔註107〕〔明〕湛甘泉：《甘泉先生文集》，內編卷17，〈答楊少默〉，頁377～378。

〔註108〕〔明〕湛甘泉：《甘泉先生文集》，內編卷16，〈先次與陽明鴻臚〉，頁344。另外，尚有其他相近的說法，其言曰：「大抵心與天下不可分內外。稍云求之本心，又云由內便有外物之弊，心體物而不遺，何往非心？此理一也。若真見得，亦不分高卑遠近也。高卑遠近，一體也。」見內編卷16，〈答太常博士陳惟濬〉第4條，頁356。

看心，則物與心二分。但是在這樣的詮釋角度下，必需要分辨的是，甘泉對陽明否能夠有同情的理解？

　　站在陽明的立場，心與物的問題，應該如何回應？可分為兩方面說，首先從致良知於事事物物上說，其次是陽明亦說人心與物同體。先從致良知說起，陽明學說中的良知，即吾人之心無疑。至於要如何回應甘泉的質疑，可以從如何致良知，就是致良知於事事物物說明，其言曰：「夫學問思辨篤行之功，雖其困勉至於人一己百，而擴充之極，至於盡性知天，亦不過致吾心之良知而已。」〔註109〕在此明確點出，擴充之極，即是致吾心之良知而已，陽明此處所說的致良知之致，即是推擴之義，牟宗三對陽明「致」的工夫，說明為：「陽明言『致』字，直接地是『向前推致』底意思，等於孟子所謂擴充。『致良知』是把良知之天理或良知所覺之是非善惡不讓它為私欲所間隔而充分地把它呈現出來以使之見於行事，即成道德行為。」〔註110〕就陽明的致良知工夫來看，是擴充吾人之良知於事事物物上，在此可以將致良知理解為，把良知的道德判斷，知是知非，不為私欲所間隔，充分的呈現於吾人的生命，並且成就道德行為，此即是致良知。然而在這樣的判斷之下，良知並非與物隔絕，必須推擴良知於事事物物上，才可以說是致良知工夫的完成，若能夠時時如此，則吾人的全部生命，便全體皆是良知天理之流行。

　　再說到人心與物同體，陽明嘗言曰：「你只在感應之幾上看。豈但禽獸草木，雖天地也與我同體的，鬼神也與我同體的。」〔註111〕陽明所言的人心與物同體，從人、良知與物，是一個感應的關係。天下無心外之物，物的價值，就在於人的賦予。故陽明對於心物的理解，是以存在依於心，是從價值存有論意義上說的〔註112〕，因此，陽明並非是偏內而非外，只是物存在的價值意義，都是要依於心而立。

　　基於以上的說明，甘泉對陽明認心為內的說法，是站在心與萬物為一，心

〔註109〕陳榮捷：《王陽明傳習錄詳註集評》，卷中，第136條，頁174。

〔註110〕牟宗三：《從陸象山到劉蕺山》，頁229。

〔註111〕陳榮捷：《王陽明傳習錄詳註集評》，卷下，第336條，頁380。
　　　　陽明對於心外無物的說明，山中觀花樹一段，亦是例證，詳參陳榮捷：《王陽明傳習錄詳註集評》，卷下，第275條，頁332。

〔註112〕「這也是『存在依於心』，但不是有限心認知的層次，而乃是相當於柏克萊的最後依於神心之層次。『依於神心』是存有論的，縱貫的；『依於有限心』是認識的，橫列的。這是兩個不同的層次，其度向亦不同。」見牟宗三：《從陸象山到劉蕺山》，頁228。

作為萬物存在根據義上說。因此，甘泉的思考，心的形上根據意味重，也因此認為陽明偏談心，不談物，是自外於物。從陽明的角度說，良知講到最後，涉及形上的層次，作為萬物存有的根據，是主客合一的〔註113〕。陽明並非沒有甘泉的思考，但陽明偏重的，仍然是在成德之教，看重在道德實踐的一面，因此對於甘泉的說法，陽明亦認為是求之於外。因為天地萬物的價值既然是心所賦予的，良知便為核心。但在甘泉的理解中，特別重視心的理則義，心與天地萬物既然是一，便也可透過體認天地萬物而求得其理。

因此，甘泉與陽明對於心物關係的分判，便形成各自的思考，而呈現了相當的差異。

（二）格物之辨

甘泉認為《大學》之要是格物，再加上有別於前人對格物的解釋，認為格物是以身至物，強調實踐義。故與陽明以致知為主，進而展開對《大學》的不同詮釋。因此，格物是另一個甘泉與陽明討論的焦點。

甘泉嘗直言曰：「陽明格物論未得其詳。」〔註114〕這是對陽明格物說的直接批判。甘泉曾對陽明的格物之說，提出有四不敢信者：其一，認為陽明以格物為正念，是與誠意在文義上重複〔註115〕。其二，陽明的格物說法，無法上承知止能得，下及修身〔註116〕。其三，以正念訓格物，至於念頭是否正，則

〔註113〕陽明對於良知，有這樣的說明，其言曰：「良知是造化的精靈，這些精靈，生天生地，成鬼成帝，皆從此出，真是與物無對。人若復得他完完全全，無少虧欠，自不覺手舞足蹈，不知天地閒更有何樂可代。」（見陳榮捷：《王陽明傳習錄詳註集評》，卷下，第261條，頁323）陽明將良知說成是能夠生天生地，強調良知的絕對性。人、物、天，都是以良知作為本體，是把良知作為第一原理，屬於道德的形上學。但是要能夠以良知生天生地，必定要有良知的主觀性與客觀性作為依據，若不如此，則是單提良知的宇宙論，其內容是定不住的，是虛說的。要能夠說到良知的本體宇宙論，必定是吾人的修養，達到主客合一的最高境界，但此境界談何容易！

〔註114〕〔明〕湛甘泉：《甘泉先生文集》，內編卷16，〈答太常博士陳惟濬〉第4條，頁356。

〔註115〕「自古聖賢之學，皆以天理為頭腦，以知行為工夫，兄之訓格為正，訓物為念頭之發，則下文誠意之意，即念頭之發也，正心之正即格也，於文義不亦重複矣乎？其不可一也。」見〔明〕湛甘泉：《甘泉先生文集》，內編卷17，〈答陽明王都憲論格物〉，頁378。

〔註116〕「又於上文知止能得為無承，於古本下節以修身說格致為無取，其不可二也。」見〔明〕湛甘泉：《甘泉先生文集》，內編卷17，〈答陽明王都憲論格物〉，頁378。

是沒有根據的〔註117〕。其四，認為只是將學問停在正念上，把格物取消，便無實際工夫可言〔註118〕。以上的說法，涉及到核心工夫意義的是第三、四兩部分，因此筆者將討論重點置於此。先就第三部分來說，甘泉認為意念是無法以外在客觀條件檢驗之，若是將格物訓為正念，則念頭如何為正？則是一大哉問，並且是否有落入玩弄光景的危險？這些都是甘泉的疑慮。在這樣的顧慮之下，格物工夫的價值不顯。至於第四部分，是連著甘泉對陽明分心、物為二的批評，認為工夫只在心上做，則會有造成掛空吾人的生命的危殆，必需在生活的實踐中，隨處體認天理，以身造道〔註119〕。

　　然而，陽明學是否有甘泉所批評的問題？陽明對格物的詮釋為何？其言曰：「故致知必在於格物。物者，事也，凡意之所發必有其事，意所在之事謂之物。格者，正也，正其不正以歸於正之謂也。正其不正者，去惡之謂也。歸

〔註117〕「兄之格物訓云：『正念頭也。』則念頭之正否，亦未可據。如釋、老之虛無，則曰：『應無所住而生其心』，無諸相無根塵，亦自以為正矣。楊墨之時皆以為聖矣，豈自以為不正而安之，以其無學問之功，而不知其所謂正者乃邪，而不自知也。其所自謂聖，乃流於禽獸也。夷、惠、伊尹，孟子亦以為聖矣，而流於隘與不恭而異於孔子者，以其無講學之功，無始終條理之實，無智巧之妙也。則吾兄之訓徒正念頭，其不可三也。」見〔明〕湛甘泉：《甘泉先生文集》，內編卷17，〈答陽明王都憲論格物〉，頁378。

〔註118〕「論學之最始者，則〈說命〉曰：『學於古訓，乃有獲。』《周書》則曰：『學古入官。』舜命禹則曰：『惟精惟一。』顏子述孔子之教則曰：『博文約禮。』孔子告哀公則曰：『學、問、思、辨、篤行。』其歸於知行並進，同條共貫者也。若如兄之說，徒正念頭，則孔子止曰『德之不修』可矣，而又曰：『學之不講』，何耶？止曰：『默而識之』可矣，而又曰：『學而不厭』何耶？又曰：『信而好古敏求者』何耶？子思止曰：『尊德性』可矣，而又曰：『道問學』者何耶？所講、所學、所好、所求者何耶？其不可四也。」見〔明〕湛甘泉：《甘泉先生文集》，內編卷17，〈答陽明王都憲論格物〉，頁379。

另外，也有其他書信與陽明討論相關的問題，其言曰：「讀書親師友酬應，隨時隨處，皆求體認天理而涵養之，無非造道之功。意、身、心一齊俱造，皆一段工夫也，無二事。下文誠、正、修功夫，皆於格物上用了，其家國天下，皆此擴充，不是二段。此即所謂止至善。」見〔明〕湛甘泉：《甘泉先生文集》，內編卷17，〈答陽明〉，頁368。

〔註119〕王文娟對於甘泉在格物上，批評陽明的說法，看法與筆者相同，皆認為批評的核心應在後兩點，其言曰：「這種強烈的內向性立場以及忽視道問學的進路的做法，勢必威脅到自身的客觀性與正當性，而這正是甘泉所憂慮的。在此，甘泉并沒有刻意地看低『正念頭』、『誠意』的重要性，只是認為將此作為『格物』的唯一內容的理由不充分，相反，道問學則是一種防止意向的盲目性的有效方式。」見氏著：《湛甘泉哲學思想研究》，頁140。

於正者，為善之謂也。夫是之謂格。」〔註120〕在此陽明將物定為事，而事就是意之所對之物，故此物並非指客觀的自然物，而是與吾人生命相關連，是行為物的意思。意念與物相接，若是依理則是善，違理則是惡。因此，與物相接的意，有善惡之別。在此談善惡，不是在本體處，而是落在事上說。格是正的意思，故格物是端正行為，是在良知的是非之心判斷下，格其不正者。另外，陽明言致知格物，不是歷時性的工夫，而是同時的，並非單只在心上做工夫，因此可知，格物在陽明工夫論中，可說是工夫的完成。

透過以上的說明，便可以嘗試回應甘泉的批評，陽明學問宗旨為致良知，良知作為吾人生命的判準，能夠知是知非，因此格物的前提即是良知的道德判斷力。另外，陽明的致良知，是能夠致良知於事事物物，向外推擴，就在物上能夠格其不正以歸於正，因此並非不及物，只是在心上做工夫而已。另外，陽明嘗以種植之喻，說明甘泉隨處體認天理之不可行，其言曰：「譬之種植，致良知者，是培其根本之生意而達之枝葉者也；體認天理者，是茂其枝葉之生意而求以復之根本者也。然培其根本之生意，固自有以達之枝葉矣；欲茂其枝葉之生意，亦安能舍根本而別有生意可以茂之枝葉之間者乎？」〔註121〕認為致良知與體認天理，正如種植的兩種不同路向。致良知的工夫，是先在培根之固，而後求枝葉繁茂，是先本後末，只要本心養足，枝葉自然茂盛。就陽明看來，甘泉所謂體認天理，卻是捨本逐末的工夫，若心體不明，只講體認天理，甚至想以所體認之天理而明心體，這在陽明看來，是不可能的。因此陽明認為，致良知與體認天理，雖「本亦無大相遠，但微有直截迂曲之差耳。」〔註122〕

最後統括陽明與甘泉對格物的詮釋，可以說二人學問體系側重不同，甘泉在其天地萬物一體觀之下，當然認為陽明的格物說，是偏內而非外，太過強調格物的內在性。但是就陽明的良知教來說，格物乃是為善去惡的重要工夫關鍵，並且致良知有向外推擴之義，自是體用一源，無有偏內枯寂的問題。因此，二氏對格物的理解不同，實源於兩者的學問思考性格不同。

三、作為王學參照的意義

白沙與甘泉，實代表了心學的不同思考。白沙可以說是開明代心學之先，突破朱子學定為一尊的現象，甘泉更是指點出心學的另一種可能路徑。然而，

〔註120〕〔明〕王陽明：《王陽明全集》，卷26，〈大學問〉，頁972。
〔註121〕〔明〕王陽明：《王陽明全集》，卷6，〈與毛古庵憲副〉，頁219。
〔註122〕〔明〕王陽明：《王陽明全集》，卷6，〈與毛古庵憲副〉，頁219。

白沙早於陽明，甘泉與陽明同時，都未見到萬曆以後，王學出現流弊的情形，但作為心學的不同脈絡，對於王學有何參照意義？以下嘗試說明之。

先從白沙說起，白沙學宗自然，工夫強調靜坐，在靜中養出端倪，先求心之清明，不動於氣，而後不分動靜，以此心作為行為的判準。從正面的意義來看，白沙的工夫，是在求純粹的道德心，與經驗無涉。正因為擺落經驗，心才能夠回到其本然狀態，因為不在經驗世界上說，所以心回到本來面貌，是自然的。對於白沙的工夫，是否會落入陽明所批評的空鍋鑿釁，暫且不論。但是就作為王學的參照來說，可以考慮的是，王學落入後人的批評，也是對於心的體認不清，有以欲為心的可能，因此，如何能夠保證心體的純粹性，在致良知於事事物物之時，此致的是良知，而非人欲，便是王學門學者，要在工夫上更加謹慎之處。

再談甘泉，其學問宗趣為「隨處體認天理」，可知其雖為心學的一支，但仍強調天理的重要性，再加上認為《大學》旨在格物，以身至物。先談甘泉對物的體認，物可以指的是客觀事物，與行為物。從行為物上說，其體認的天理，是偏重在道德意義的，是屬於倫理學。從客觀事物上說，心能夠包天地萬物之外，是從心作為宇宙萬物的根據上來看，是本體宇宙論的論法。而甘泉的心學，當然是二者兼具，但明顯的，甘泉側重第二種說法的意味較陽明濃厚。

從格物的解釋來看，朱子認為，格物是窮究事物之理〔註123〕，陽明是格事物之不正者，甘泉的格物說，隱然有二者居間形態的意味在。就朱子的說法，是以心去認取外物，透過對外在事物之理的認識，使吾人之行為從理而發。而陽明的良知教，致知與格物是同時的，在致良知的當下，便是格物工夫的完成。相較之下，甘泉雖然認為，心是理，心能夠作為吾人生命的主宰，但同時心與天地萬物為一，因此人自不能夠外於天地萬物，故隨處隨物，都是吾人體證天理之處。或換另一個角度說，心、天理的展現，就在隨處之事物上，能體認天理。故相較於陽明談心，只是一心之朗現，一心之遍展〔註124〕，甘泉的說法，

〔註123〕「格、至也。物、猶事也。窮至事物之理，欲其極處，無不到也。」〔宋〕朱熹：《四書章句集註》（臺北：鵝湖出版社，2003 年 9 月），〈大學章句〉，頁 4。
〔註124〕「象山與陽明既只是一心之朗現，一心之申展，一心之遍潤，故對于客觀地自『於穆不已』之體言道體性體者無甚性趣，對于自客觀面根據『於穆不已』之體而有本體宇宙論的展室者尤無多大興趣。此方面之功力學力皆差。雖其一心之遍潤，充其極，已中至此境，此亦是一圓滿，卻是純從主觀面申展而圓滿，客觀面究不甚能挺立，不免使人有虛歉之感。」見牟宗三：《心體與性體》第 1 冊，頁 47～48。

顯然有更加重視客觀萬物的一面。在此思考下，筆者說甘泉實處於朱子與陽明格物說的居間型態。

然而，若就作為王學的參照來說，甘泉格物，雖被陽明認為，有義外的嫌疑〔註125〕，但其實甘泉正視客觀事物，也可作為王學的借鑑。因為甘泉的思考，雖最後仍是在成就道德，但因其重視客觀事物，客觀知識必定也涵攝其中。陽明雖有知識莫不為良知之用的說法，但在對於知識客觀性的內容而言，沒有積極性的說明。知識領域與道德領域互不相涉，但陽明的說法，仍是無法以良知學窮盡天下所有學問領域。再說到見聞之知，實可分為兩者，一為透過後天經驗學習的，是針對自然客觀知識而說，另一為經過社會教導而內化的道德意識〔註126〕，屬於道德層面。筆者認為甘泉正視格物，從省視王學不足的意義出發，不論是在求得客觀知識或是深化道德意識，都可作為陽明學在格物面的參佐。

客觀知識的層面先不談，但是道德意識中，事物之理的認取，卻是可能在甘泉的思考體系中被保存的，或許可避免王門末流出現只空口談良知，任情任欲、不做工夫的情形，而甘泉重視隨處體認，便可作為王學的借鑑〔註127〕。

總的來說，白沙與甘泉雖未見到王門流弊的問題，但從理論上來看，亦有值得作為對治之方的參考價值。此處之討論，雖說是筆者的後設研究，但仍期盼透過這樣的比較對照，為王學流弊找到其問題的參照點。

〔註125〕「正德乙亥，九川初見先生於龍江。先生與甘泉先生論『格物』之說。甘泉持舊說。先生曰；『是求之於外了。』甘泉曰：『若以格物理為外，是自小其心也。』」見陳榮捷：《王陽明傳習錄詳註集評》，卷中，第201條，頁281。

〔註126〕此分法為林月惠於2014年10月7日於臺大國發所，東亞陽明學課堂所提出，在此特別標誌之。

〔註127〕王文娟認為，甘泉與陽明的差別，體現在對天理與良知的不同肯認上，是從本體上的差異進行說明，與筆者從格物出發的角度不同，其理由茲引述如下，其言曰：「甘泉指出『天理』的重要性有接近宋學的傾向，天理側重于超越的客觀性上，良知則側重內的主體性。王陽明良知說的提出，在對主體性的發揚方面做出了重要貢獻，是心學發展中的一大進步。但湛甘泉的天理之學同樣建立在對主體的挺立上，同時他在工夫論層面所開拓出來的廣闊面向和意義也是極為重要的，超出以往的面向。」見氏著：《湛甘泉哲學思想研究》，頁282。

第四章　朱子學者對王學的批判

　　從現代的學術回溯，對於陽明學作為明代學術的代表，大體已形成共識。但是就明代論明代，在陽明學未出現時，仍是以朱子學為盛〔註1〕。再者，當時的官學仍是朱子學，後來並未因良知教的影響，改立陽明學為官學，取代朱子學的地位。相反的，陽明學甚至在陽明歿後，為政敵所打壓，認為陽明學是「異學」〔註2〕。由此可知，朱子學雖因為王學大盛而式微，但並未消失，在當時因其站在官學的高度，仍被認為是學術正宗。

　　筆者取擇羅欽順作為明代朱子學對陽明學的批判〔註3〕。羅欽順雖為朱子

〔註 1〕明初著名的程朱學者如：

　　曹端：「先生以力行為主，守之甚確，一事不容假借。然非徒事於外者，蓋立基於敬，體驗於無欲，其言事事都在心上做工夫，是入孔門底大路。」見〔清〕黃宗羲：《明儒學案》，卷44，〈諸儒學案上二〉，頁1064。

　　薛瑄：「河東之學，恂恂無華，恪守宋人矩矱，故數傳之後，其議論設施，不論而可知其出於河東也。」見〔清〕黃宗羲：《明儒學案》，卷7，〈河東學案上〉，頁109。

　　吳與弼：「康齋倡道小陂，一稟宋人成說。言心，則以知覺而與理為二；言工夫，則靜時存養，動時省察。故必敬義夾持，明誠兩進，而後為學問之全功。」見〔清〕黃宗羲：《明儒學案》，卷1，〈崇仁學案一〉，頁14。

　　胡居仁：「先生一生得力於敬，故其持守可觀。」見〔清〕黃宗羲：《明儒學案》，卷2，〈崇仁學案二〉，頁29。

〔註 2〕對於陽明歿後，王學受到的壓制與貶抑，可參看呂妙芬：《陽明學士人社群》，頁52～60。

〔註 3〕筆者取羅欽順作為朱子學者對王學的參照對象，原因是前述明初諸家學者，所處時代為明代初期，因此未見陽明學，更遑論王學流弊。相較之下，羅氏與王門學者有書信往來，相互論難，針對同樣的論題提出彼此異見，更能看出在學問上的差異。另外，羅氏雖為朱子學者，但其對朱子學的接受，是屬於批判性

學者〔註4〕，但已轉化朱子的部份理論，屬於批判性的繼承〔註5〕。在當時整體學術籠罩在王學的氛圍下，整菴學問站在王學對立面，作為質疑的意義，就很值得重視。與王學的異見，是否能夠切中王學不足之處？這些都是值得仔細探究的問題。以下將分幾個方面進行，討論心與性的關係、道心人心說〔註6〕，並涉及理氣論〔註7〕，再進一步思考整菴的工夫如何展開，最後則是與王門學者之

的繼承，因此能夠在學理的討論上更加豐富。並且目前學界將《困知記》作為王學批判論的作品之一。故筆者基於上述理由，在明代朱子學者中，取羅氏作為朱子學的代表人物。

〔註4〕 羅欽順早年認為佛家之學是「至奇至妙，天下之理莫或加焉。」（見〔清〕黃宗羲：《明儒學案》，卷47，〈諸儒學案中一〉，頁1108），後讀聖賢之書，覺佛氏之說，「乃此心虛靈之妙，而非性之理也。」（見卷47，〈諸儒學案中一〉，頁1108），因此由佛轉儒，並且透過自我體證，年垂六十，始確立學問之宗本。從其一生的經歷可知，其學問歷程是有所轉折的，在揚棄佛家學說之後，轉向儒家，學崇朱子。
「夫朱子百世之師，豈容立異？顧其言論間有未歸一處，必須審求其是，乃為善學朱子，而有益於持循踐履之實耳。」見〔明〕羅欽順：《困知記》，附錄，〈答林正郎貞孚〉，頁186。

〔註5〕 「然義理真是無窮。吾輩之尊信朱子者，固當審求其是，補其微罅，救其小偏，一其未一，務期於完全純粹，而毫髮無遺恨焉，乃為尊信之實，正不必委曲遷就於其間。」見〔明〕羅欽順：《困知記》，附錄，〈答陳侍御國祥〉，頁171。

〔註6〕 「考先生所最得力處，乃在以道心為性，指未發而言；人心為情，指已發而言。」見〔清〕黃宗羲：《明儒學案》，〈師說〉，頁9。

〔註7〕 「蓋先生之論理氣最為精確，謂通天地，亙古今，無非一氣而已。」見〔清〕黃宗羲：《明儒學案》，卷47，〈諸儒學案中一〉，頁1109。
另外，歷來學者中，有一派主張整菴為氣本論者，此說法受到馬列主義影響下，將宋明理學家分為理本、心本、氣本，此說法有其歷史背景，在此前理解之下，主張氣本論者，多將整菴列為氣本論者。其認為整菴為氣本論者，最主要的論據為：「理果何物也哉？蓋通天地，亙古今，無非一氣而已。氣本一也，而一動一靜，一往一來，一闔一闢，一升一降，循環無已。積微而著，由著復微，為四時之溫涼寒暑，為萬物之生長收藏，為斯民之日用彝倫，為人事之成敗得失。千條萬緒，紛紜膠轕，而卒不可亂，有莫知其所以然而然，是即所謂理也。初非別有一物。依於氣而立，附於氣以行也。」（見〔明〕羅欽順：《困知記》，卷上，頁6）據整菴此說，而將之歸為氣本論者，如侯外廬《宋明理學史》：「明確提出唯物論的理氣觀，而和朱熹理氣觀相對峙，這是明代中葉才有的。羅欽順、王廷相就是這方面的思想代表。」（頁476）、陳來《宋明理學》（上海：華東師範大學出版社，2004年3月）：「他的思想一方面繼承了明初以來理學理氣論發展的趨向，最後從理學的理氣論發展為一種氣本論的形態。」（頁230）、胡發貴《羅欽順評傳》：「古代思想史中的理氣思想，發展到欽順這裡呈現出前所未有的新形態，這也標志了古代樸素唯物主義發展到了一個重要階段。」（頁194）、劉又銘《理在氣中：羅欽順、王廷相、顧炎武、戴震氣本論

間的論難，以及作為王學的參照，嘗試找出整菴學說所具有的意義與價值。

第一節　理氣為一

羅欽順作為明代朱子學大家，其思想有承繼朱子學特色之處，也有對朱子的學說進行修正。在本體論方面，除了心性論的探討外，其中用力最深的，即是人心道心與理一分殊兩大論題。在工夫方面，賦予「敬」新的詮釋，以下將分別說明之。

一、心思得理

性即理是宋明理學家所共同重視的概念。然而，對於心是否即理？「心」該如何歸屬，便引起討論與爭議。羅欽順作為朱子學者，對於心性的理解為何？則是判定其學問性格的重要關鍵。因此，了解羅欽順如何理解心性的關係，就可看出他與心學的分野。其言曰：「此理在人則謂之性，在天則謂之命。

研究》（臺北：五南圖書出版公司，2000 年 11 月）：「處在朱子理氣論的傳統之下，羅欽順直接就著理、氣關係的討論來說明他以氣為本的觀念。」（頁 23）、胡森永《從理本論到氣本論》（臺灣大學中文研究所博士論文，1991 年）：「羅整菴提出氣是萬事萬物本原的基本觀念，倒轉了理的優位，使理附屬於氣。」（頁 77）、陳正宜《羅欽順理學思想之研究》：「第一，欽順論理氣關係時，主張『就氣認理』以氣為本。」（頁 116）。林嘉怡《明代中期『以氣論性』說的崛起》（國立政治大學中國文學系碩士論文，1997 年）：「羅欽順的理氣觀確是以『氣』為本的。」（頁 29）、許錦雯《羅欽順、王廷相、吳廷翰自然氣本論研究》（國立政治大學中國文學系碩士論文，2004 年）：「以王陽明為首的心本論以及由羅欽順、王廷相、吳廷翰發其端的氣本論幾乎同時崛起了。」（頁 4）、曾振宇〈理氣一物：羅欽順對程朱學者接著講〉：「在羅欽順的思想體系中，存在著一個比位格還高的哲學本體範疇——氣。」（見《山東大學學報》，2011 年第 2 期，頁 36）

筆者認為，整菴雖然重視氣，是指就著氣的存在認取理，而理非是氣之理，是氣的條理規則，氣非理，亦非最高的存在的根據，故不可輕易以氣本論者稱之。對整菴理、氣之間關係的說明，林月惠有精要的說明，其言曰：「羅整菴雖強調『就氣認理』，卻也承認理、氣不同，堅守不可『認氣為理』的宋明理學共法。如前所述，羅整菴是以宇宙生成的觀點（天道之造化、萬物之生）來思考理氣關係，故他一言及『太極』與『性』，必是理氣渾然為一體，兼理氣而言。但是，上天之載，無聲無臭，太極與性理皆無形象可見，因而必須『即器見道』。……如果將『理只是氣之理』理解為『理』是『氣』之屬性，則『理』必下委於『氣』，歸於『氣一元論』，失去其超越性與主宰性。」見氏著：《異曲同調——朱子學與朝鮮性理學》（臺北：臺大出版中心，2010 年 5 月），頁 170～171。

心也者，人之神明，而理之存主處也。豈可謂心即理，而以窮理為窮此心哉！」
〔註8〕此處的說法，則從天命之謂性來思考。天所賦予人者是性，而性即是理
在人處的展現，在天則是命。故不論是性或是命，都是理的不同面向，只是其
所在者不同。然而心是在人處所說的，是人之神明，而神明可理解為人之靈明，
即是理所存在處〔註9〕。心中有理，但心並非純粹是理，因此不可直言心即理，
心與理並非是等價的，也不可認為窮理是在心上說。「理之所在謂之心，心之
所有謂之性，不可混而為一。」〔註10〕

　　透過以上的說明，可知心與性為二，其間的關聯性應如何理解？可以用心
性不離而有別來說明之〔註11〕，其言曰：「蓋心性至為難明，是以多誤。謂之兩
物又非兩物，謂之一物又非一物。除卻心即無性，除卻性即無心，惟就一物中
分剖得兩物出來，方可謂之知性。學未至於知性，天下之言未易知也。」〔註12〕
認為心性非一非二，若直接說性等於理，則可以說理是存在心之中，因此，如
果不論心，則性、理亦無所託，如果除卻性，則心的意義何在？故羅欽順就在
此意義下，說心與性的非一非二，也認為若不如此理解「心、性」關係，則並
非真正的善學者。

　　順著這樣的思考，對於心、性、理應如何連接？其言曰：「能思者心，所思
而得者性之理也。」〔註13〕心是能思，具有活動義，是天生自然的能力〔註14〕，
因此心在這樣的思考架構下，具有動力，能夠思得性之理。換句話說，性之理，
也必需透過思的作用才能夠呈顯出來。但是心不等於性、理，心是能思能動，
性、理則是所思的對象，但此對象又是存在於心之中。心能思的意義就在其為
主體能動的。相較之下，理在人為性，性雖具有主體意義，但與心相較，是側
重在客觀面的呈現，是潛在的存有。若沒有心之思的能力，心中所存之理，則
無法被認知，性就只能是隱藏不顯的。因此筆者認為，羅欽順說的心性關係，

〔註8〕〔明〕羅欽順：《困知記》，附錄，〈答允恕弟〉，頁149。
〔註9〕「蓋心之所以靈者，以有性焉，不謂性即靈也。」見〔明〕羅欽順：《困知記》，
　　　　附錄，〈復張甬少宰〉，頁174。
〔註10〕〔明〕羅欽順：《困知記》，卷上，頁1。
〔註11〕「二者初不相離，而實不容相混。精之又精，乃見其真。其或認心以為性，真
　　　　所謂『差毫釐而謬千里』者矣。」見〔明〕羅欽順：《困知記》，卷上，頁1。
〔註12〕〔明〕羅欽順：《困知記》，卷下，頁51。
〔註13〕〔明〕羅欽順：《困知記》，卷下，頁45。
〔註14〕「有心必有意，心之官則思，是皆出於天命之自然，非人之所為也。」見〔明〕
　　　　羅欽順：《困知記》，續卷下，頁106。

便在此意義下說非一非二。

　　由以上可以看出羅欽順以朱子中和新說〔註15〕後的思考模式來理解，心是認知的，能思能動的，而性之理是被認取體證的，二者缺一不可。因為心不認知理，則理雖存在於吾心，但是卻隱而未顯，只有透過了心的作用，理才能呈現，也才有成聖的開始與可能。然而，若是只有心的活動，在理論上仍是有所缺失。因為就心的活動來說，沒有理作為依據，則是無有規範，只是任氣的活動〔註16〕，因此就著羅欽順對心、性關係的思考來看，在其體系中是圓足的。

（一）道心人心

　　羅欽順將能思能動規定在心，因此心實具有重要地位。而羅氏以「道心人心」〔註17〕來展開心「能思」的意義，其言曰：「道心，性也；人心，情也。心一也，而兩言之者，動靜之分，體用之別也。凡靜以制動則吉，動而迷復則凶。」〔註18〕在此把心分為道心與人心，但此分別的大前提，不是說吾人有兩個心，心乃是一，只是心有動靜，體用之別。心可分為體用、動靜，形上形下兩層。因此可以說，心之體，即是道心，是吾人之性；而心之用即是人心，是屬於情。道心相對於人心，具有價值意義上的優位性，也正因如此，道心具有規範人心的作用。若能如此，則是循順天理，反之則非。換句話說，人心之情可說是道心的體現，故此處所說的人心，是勝義的，不具負面義的意涵。

　　若心有如此的分別，則可以說，心之用是情，是能動能思的，所以人心的

〔註15〕朱子中和新說後，對於心、性問題的思考，〈仁說〉是其重要的文獻，牟宗三於《心體與性體》第3冊（臺北：正中書局，1999年8月）中，就著朱子所說的心，有詳盡的說明，詳參該書頁234～252。

〔註16〕「理之所在謂之心，故非存心則無以窮理。心之所有謂之性，故非知性則無以盡心。」見〔明〕羅欽順：《困知記》，卷上，頁28。

〔註17〕「人心道心之辨，僕於此用工最深，竊頗自信。」見〔明〕羅欽順：《困知記》，附錄，〈答林陳侍御國祥〉，頁169。
　　　　林月惠認為，整菴的道心人心說，可以從四方面說，第一，整菴的道心人心之辨，是以朱子中和新說為義理間架。第二，其道心人心之辨，既是性情之辨，也是心性之辨，都是異質異層的區分。第三，由道心人心之辨，心性之辨，整菴彰顯道心與性之客觀性，強調未發之中有體認工夫。第四，整菴所謂的道心、人心，也指涉天理、人欲；道心、人心有賓主之分，天理人欲可以並立。其說層次井然，其中詳細論證的部分，詳參氏著：《異曲同調──朱子學與朝鮮性理學》，頁191～237。

〔註18〕〔明〕羅欽順：《困知記》，卷上，頁2。
　　　　另有相近的說法，如：「道心，性也，性為體。人心，情也，情為用。體常靜，用常動，此自然之理，非有意於分別也。」見附錄，〈答林正郎貞孚〉，頁181。

發用（情），便能夠去認知心之體（道心、性）。承前所言，性與心並非二，若透過道心人心的歸屬來看，實只是一心而有別。因此整菴認為張載所言的心，是合性與知覺之說〔註19〕，是能得其心之同然。也正因對心的理解有人心道心之分，認為心是具有性與知覺的部分，故不可言心即理，言心即理則是有認知覺為理、認情為性〔註20〕的可能。整菴也在這樣的心性思考下，與陽明學派展開討論，其中的糾纏便也由此衍生。

（二）理一分殊

理一分殊的論題，朱子曾以月印萬川喻之，在羅欽順的思想中，也是重要的命題。這樣的思考模式，是整菴主要說明理，以及解決理氣問題〔註21〕。

整菴嘗言曰：「竊以性命之妙，無出理一分殊四字，……蓋人物之生，受氣之初，其理惟一；成形之後，其分則殊。其分之殊，莫非自然之理；其理之一，常在分殊之中，此所以為性命之妙也。語其一，故人皆可以為堯舜；語其殊，故上智與下愚不移。」〔註22〕就理來說是一，但人物受氣成形之後，在氣

〔註19〕「張子曰：『合性與知覺，有心之名。』蓋兼人心道心而言也。」見〔明〕羅欽順：《困知記》，三續，頁132。

〔註20〕從整菴的思考來說，其嚴分道心人心，是為了避免性情相混的可能，然而劉又銘在《理在氣中：羅欽順、王廷相、顧炎武；戴震氣本論研究》一文中，認為整菴從道心人心的思考，在人心的一面，是從本質上肯定了欲與喜怒哀樂。更進一步的說，此觀點已經是「理在欲中」、「性在情中」的思考。參見該書頁34～38。對於此論斷，筆者持保留態度，因為就人心的部分，對整菴來說，是屬於中性義，只是在用時是否中節來說。與其說整菴是從本質上肯定欲與喜怒哀樂，倒不如理解為其思考欲與喜怒哀樂是屬於中性義的。
陳來在《宋明理學》認為：「欲望是人性固有的要求，既然是天然而有的，就不僅是人欲，而且是天欲。因此，把欲完全看成『惡』是錯誤的。欲望的產生不僅有必然性，也有合理性。不違背道德準則的欲望是善的，只有聽任情欲放蕩而無所規範才成為惡。羅欽順對程朱理學理欲之辨的流弊的批評是中肯的，他既肯定了克制感性欲望的必要性也肯定了正當欲望的必然性與合理性。」（頁238）陳來此說較之劉又銘，更切合整菴對人欲的思考。另外，侯外廬的說法，也與陳來相近，詳參氏著：《宋明理學史》，頁483。

〔註21〕楊祖漢認為整菴的理一分殊，最主要是要解決天命之性與氣質之性的區分。詳參氏著：〈羅整菴、李栗谷理氣論的涵義〉，《中央大學人文學報》，第31期，2007年7月，頁224～225。
另外，林月惠《異曲同調——朱子學與朝鮮性理學》一文中，從整菴將朱子「理、氣二元」的傾向，修正為「理氣為一物」的思考，以「理須就氣上認取，然認氣為理便不是」的義理框架，說明整菴的理氣論，該文論證詳實，極具參考性，詳參該書頁159～178。

〔註22〕〔明〕羅欽順：《困知記》，卷上，頁9。

上見事物之理，氣與理是相即不分，而理也必就著氣而展現〔註23〕。因此，若從理上來說，人人皆同，途之人與堯舜沒有差別，可是一旦受氣之後，則是明顯有上智與下愚的差別。以上所言，可明確知道理氣之別。雖言理氣相異，但在整菴的思考中，更提出了：「僕從來認理氣為一物，故欲以『理一分殊』一言蔽之。」〔註24〕因此，雖明其異，更需要注意理氣兼論、理氣兼備的思想特色。

整菴對理氣的思考，是理氣不雜而不離。可以再思考的是，理氣在人身上的呈現為性命的不同，而人與物之間，又應如何理解？其言曰：「天地人物，止是一理。然語天道則曰陰陽，語地道則曰剛柔，語人道則曰仁義，何也？蓋其分既殊，其為道也自不容於無別。然則鳥獸草木之為物，亦云庶矣，欲名其道，夫豈可以一言盡乎？大抵性以命同，道以形異。必明乎異同之際，斯可以盡天地人物之理。」〔註25〕在此可知，羅欽順認為，天地人物只是一理，受氣

〔註23〕「氣與性一物，但有形而上下之分爾。養性即養氣，養氣即養性，顧所從言之不同，然更無別法。」（見〔明〕羅欽順：《困知記》，卷上，頁13）、「理須就氣上認取，然認氣為理便不是。……『只就氣認理』與『認氣為理』，兩言明有分別，若於此看不透，多說亦無用。」（見卷下，頁42）

以氣本論為前提對整菴進行詮釋者，其立論多以理一分殊作為基準點，如：劉又銘《理在氣中：羅欽順、王廷相、顧炎武；戴震氣本論研究》中提到：「可見不管『理一』還是『分殊』，兩者都『只是說道體』，因此連分殊也都有『其用』可說了。……而所謂的『用』也只是指『氣』的作用中符應於這個理的那個部分罷了。畢竟在他來說，『氣』才是最後的真正的終極實體。」（頁29）氣本論者，將理一與分殊都理解為氣之理，而分殊處的用，也只是氣的作用，與本文將理一與分殊分別歸為理與氣有所不同。陳來《宋明理學》中嘗言道：「『理一』是指人物具有共同本性，『分殊』是人物各自具有的不同特性。羅欽順認為，萬物受氣初生之際，他們的理都是相同的，這表現了『理一』；而萬物各自具有了自己特定形體之後，它們的性就有了差別，這表現了『分殊』。」（頁234）在此是把理一當成共性，而分殊之理則是形構之理，故二者都是理，只是不同的展現。

侯外廬在《宋明理學史》對理一分殊的說法，與上述二者不同，其言曰：「羅欽順卻從自然規律方面解釋『理一分殊』，認為人和物都來源于陰陽二氣，此謂之『理一』；世界上人和物各各不同，謂之『分殊』。」（頁481）此處都是從氣上說理一與分殊。

鍾彩鈞〈羅整菴的理氣論〉在理一分殊處的說法為：「理一分殊分別指理與氣。」見《中國文哲研究集刊》，第6期，1995年3月，頁201。

〔註24〕〔明〕羅欽順：《困知記》，附錄，〈與林次崖僉憲〉，頁196。

另外，「孟子性也，有命焉。命也，有性焉一章，語意極為完備，正所謂理一而分殊也。」見卷下，頁37。

〔註25〕〔明〕羅欽順：《困知記》，續卷上，頁96。

之後是分殊之理。因此明天地萬物之理，即是明吾人之理，「整菴要表達的似是理之一須在分殊中見，離開理之分殊，便不能知理之一之意。」〔註26〕或可以從另一個角度來看，天地萬物與吾人之生命，都可以收攝在理一分殊的架構下展開。不能否認的，整菴也是在成就道德的價值世界，但是在這樣的思路底下，客觀自然知識的一面，便同時得以成就之。

就羅欽順的本體思考來說，可以總結為：「人心道心，只是一箇心。道心以體言，人心以用言，體用原不相離，如何分得？性命，理也，非氣無緣各正。太和，氣也，非理安能保合？亦自不容分也。」〔註27〕此說可謂恰恰展現了羅欽順本體思考的特色。

二、操持格物

羅欽順的工夫，可以說是朱子學的延續。從其對說明道心人心可知，並不是有兩個心，然而要如何使人心的展現也合於理，則應是其工夫論的重點。在此大前提下，其工夫以敬為要〔註28〕，故以下將說明其工夫論的特色，再順著上節言理一分殊的脈絡，對格物進行討論。

（一）操即敬也

朱子的工夫，可以用敬貫動靜來說，而整菴更重視操持的工夫，其言曰：「但常常提掇此心無令放失，即此是操，操即敬也。孔子嘗言：『敬以直內。』蓋此心常操而存，則私曲更無所容，不期其直而自直矣。」〔註29〕操持的工夫為何？即是常常警醒，使此心不放失，私意也不存於心，若能做到如此，即是敬謹。故無須刻意求心全然是理，而心便可在此意義下說，心等於理。更認為：「況朱子嘗因論敬，直窮到底，亦以為『要之，只消一箇操字。到緊要處，全不消許多文字言語』是誠先得我心之所同然。」〔註30〕整菴認為其所說敬的工

〔註26〕楊祖漢：〈羅整菴、李栗谷理氣論的涵義〉，《中央大學人文學報》，第 31 期，2007 年 7 月，頁 219。

〔註27〕〔明〕羅欽順：《困知記》，附錄，〈答林次崖〉第 2 書，頁 205。

〔註28〕「心與理初未嘗不一也，有以間之則二矣。然則何修何為，能復其本體之一耶？曰敬。」見〔明〕羅欽順：《困知記》，續卷下，頁 112。

朱子學最主要的工夫傳統，即是「敬」，如：「敬即是此心自做主宰處。」見〔清〕黃宗羲：《宋元學案》（臺北：華世書局，1987 年 2 月），卷 48，〈晦翁學案上〉，頁 1546。

〔註29〕〔明〕羅欽順：《困知記》，卷上，頁 15。

〔註30〕〔明〕羅欽順：《困知記》，附錄，〈答陳靜齋都憲〉第 2 書，頁 168。

夫，實與朱子一脈相承。

其次，羅欽順為何將朱子敬的工夫，以操持代換？或許可以透過以下的文字嘗試解釋之，其言曰：「夫敬之一字，誠千聖傳心之要典。生雖不敏，亦嘗與有焉，何敢弗敬？然考之夫子之訓，但言『敬以直內』未嘗言『主敬』、『持敬』也。」〔註31〕整菴並非否定敬的工夫，而是說敬，就只要說「敬以直內」，而非「主敬」、「持敬」。認為孔子並沒有說主敬、持敬，此二說是後人衍生出來，因此，其言曰：「至程子始有此言，然其曰『操之之道，敬以直內而已』固夫子本意也。詳味『而已』二字，只敬以直內便是操之之道，敬外無操，操外無敬，謂『必敬而後能操』，恐非程子意也。若曰『必敬而後能存』，則其義自明，而於鄙說亦無可疑者矣。」〔註32〕操、敬的工夫，並非是有時間先後順序上的差異。而是敬外無操、操外無敬，此二工夫是等價的，只是不同指稱，非有實質上的差別，因此反對先有一段敬的工夫，再作一段操的工夫，必定是先做操、持的工夫後能存心。

然而，整菴為何特別將操持與敬的工夫捻出，而反對主敬、持敬的工夫？其最主要的原因為：「主敬、持敬，為初學之士言之可也，非所以論細密工夫也。何也？謂之主敬，非心其孰主之？謂之持敬，非心其孰持之？夫敬實宰乎心，而心反繫於敬，欲其周流無滯，良亦難矣。一有滯焉，安得直乎？此生所以有『欲密反疏』之疑也。初學之士，其心把捉不定，往往為物所化，以此為訓，蓋所以防之耳。若論細密工夫，無如操字之約而盡，更不須道主敬、持敬，敬已在其中矣，此致一之妙也。」〔註33〕在此整菴先界定主敬、持敬的工夫，若是說主敬、持敬，必先有能夠「主」敬或「持」敬的主體。然而，性是潛藏的，心才是能動的，若是說主、持，則便是以心持之。就羅欽順的思考來說，心有人心道心之別，道心是性是體，人心是用是情，也只有能動的心有主之、持之的可能。但是人心是用、是情，並非能夠作為主宰的，甚至有異化的可能，是須要以工夫對治之的，在此反而成為工夫的主宰，就整菴來說，這是反客為主。從反面來說，未有敬的工夫之前，道心人心混而未定，怎能有主、持敬的工夫？其中必有滑轉。因此，言工夫，必定言敬即可，或是言操持，不必再另外說主敬、持敬，否則便會落入工夫主次顛倒的情形。

〔註31〕〔明〕羅欽順：《困知記》，附錄，〈答陳靜齋都憲〉第 2 書，頁 167。

〔註32〕〔明〕羅欽順：《困知記》，附錄，〈答陳靜齋都憲〉第 2 書，頁 167。

〔註33〕〔明〕羅欽順：《困知記》，附錄，〈答陳靜齋都憲〉第 2 書，頁 167～168。

　　至於前賢所言主敬、持敬的工夫，只宜指點初學之人。因為此時吾人對心的掌握不易，容易為外物所牽纏，故此時言主敬，是一方便法門，強調心容易為物所牽引，故此時防範的意味重。再而言，就工夫的完整性與細密度，實不應再另言有主敬、持敬，言操持的工夫，便將敬的工夫包涵於其中，也是最簡易直截的工夫。

　　因此，整菴在敬的工夫上，轉以操持之工夫，實是對應其反省心的可能異化，以及工夫主次位階顛倒的問題。除了有文獻上的根據外，也避免因文字相近而有所纏繞，實見其思考之細密。

（二）格物窮理

　　格物應該如何理解，可以說是很多儒者論辯的重點之一，而格物的格字，則是隨著各家的不同理解，進而產生歧義。羅欽順的格物工夫也具有其思考特色，在此先衡定格字之義，其言曰：「格字，古註或訓為至，如『格于上下』之類；或訓為正，如『格其非心』之類。……愚案，『通徹無間』，亦至字之義，然比之至字，其意味尤為明白而深長。試以訓『格於上下』，曰『通徹上下而無間』，其孰曰不然？格物之格，正是『通徹無間』之意。蓋工夫至到，則通徹無間，物即我，我即物，渾然一致，雖合字亦不必用矣。」〔註34〕羅欽順以「至」作為格字的意義基準，並認為「通徹無間」更能貼合格物的本義。因為當格物工夫到處，則必定求能夠物我為一，我即物，物即我。即使說物我合一仍有二分的嫌疑，因此，以通徹無間詮釋之，我與物，更不用合字。整菴的說法，可從以下兩點說明，其一，其言物我渾然一致的意義何在？或是在什麼意義下，可以說物我一致？筆者認為，就整菴理一分殊的思考來說，理是一而已，雖然氣有別，但仍須透過分殊之理見理一之理。因此，格物工夫熟後，則對物之理的掌握更加精確，也能夠體會物與我為一，「欲令學者物我兼照，內外俱融。」〔註35〕此其故也。其二，正因為理本來是一，只是落在氣上的氣質之性的不同，故真體會後，在理上說，我與物之存在之理本一，亦不言合，基於以上兩點，筆者認為整菴訓格為通徹無間的意義就從此處說。

　　在理一的前提下，認為：「是故察之於身，宜莫先於性情；即有見焉，推之於物而不通，非至理也。察之於物，固無分於鳥獸草木；即有見焉，反之於心而不合，非至理也。必灼然有見乎一致之妙，了無彼此之殊，而其分之殊者自

〔註34〕〔明〕羅欽順：《困知記》，卷上，頁5。
〔註35〕〔明〕羅欽順：《困知記》，卷上，頁4。

森然其不可亂，斯為格致之極功。」〔註36〕首先由我到物的路徑來看，先察吾人之性情之理，若有所見，必定以此推至於物，能通徹於物之理，則此理才是真理，反之則非。相同的，從物到我，若是察於外物之理，不能同於我心之理，則此理亦非真理，故必進至物與我之理為一，才可說是格致之終極工夫〔註37〕。

　　在充份說明格的意涵後，整菴對物的理解為何？其言曰：「格物之義，程朱之訓明且盡矣，當為萬物無疑。」〔註38〕就儒學的義理內容來說，從道德實踐的角度出發，物的理解可以是行為物，但顯然的，整菴所說的物，不是從此角度出發。另一者是客觀存在的事物，是自然物，不論是前文提到的鳥獸草木，或是此處所說的萬物，整菴所說的物，便是從此處說。然而，羅氏仍屬儒學家，最後要成就的仍然是道德而非客觀知識。故雖其所格之物為萬物，但其所窮究之理，並不是自然的物理，而是萬物背後的存在之理，理一的意義，也必在存在之理上講。故筆者認為，整菴雖界定物為萬物，但所窮之理是存在之理，所要成就的是道德世界，而非知識世界，可是也因為整菴的思考模式，客觀知識的一面也同時展開。

　　然而，何以格物的物，要在萬物上說？此亦與其理一分殊的理論相關，因此格萬物，即是格萬物之理，亦可說是窮萬物之理。因此羅欽順曾以觀山做為比喻，其言曰：「窮理譬則觀山，山體自定，觀者移步，其形便不同。故自四方觀之，便是四般面目，自四隅觀之，又各是一般面目。面目雖種種各別，其實只是此一山。山之本體，則理一之譬也，種種面目，則分殊之譬也。在人所觀之處，便是日用間應接之實地。」〔註39〕在此將山比喻為理，理只是一而已，但會因吾人觀賞的角度不同，而有所別，差異處則是分殊。從吾人生命的角度來看，所格之物，便在於尋常日用。也可以說，因為理一，所以格物日久，即能夠貫通為一之理。此觀山之喻，便可明確看出羅欽順格物窮理的意義。

　　考索整菴整體工夫的意義，可以發現，就操持的工夫來說，是與其道心人心的思考相對，而格物的工夫，則是與理一分殊的思考切合。然而操持的工夫與格物應該如何相合？操持工夫的意義便在於使人心能夠認知理，並且在理

〔註36〕〔明〕羅欽順：《困知記》，卷上，頁4。
〔註37〕劉又銘《理在氣中：羅欽順、王廷相、顧炎武；戴震氣本論研究》中認為：「整菴將向外的『察之於物』看的跟向內的『察之於身』一樣地重要。……由此也可以見到，他已經比朱子更多也更實質更根本地看重外在世界了。」（頁46～47）
〔註38〕〔明〕羅欽順：《困知記》，附錄，〈答允恕弟〉，頁149。
〔註39〕〔明〕羅欽順：《困知記》，續卷上，頁89。

的規範下，使吾人之行為無不中節。格物的意義就在理解物與我之理，最後也必定要回到物我渾然為一，亦可說是渾融為一的境界，但是此境界仍要在理上說。因此二工夫的關係，可以這樣的理解，就在格物的過程，吾人對理的掌握愈精確，人心就愈能在此理的規範下，更從容中節，最後達到吾人行為皆是理的展現，故操持與格物，便是不可分別的兩工夫。

　　整菴作為明代朱子學代表，雖然在性即理說仍守著朱子的規範，但是以道心人心不二作為心的詮釋，則不只是把心當成認知心，心是兼有體用的。更在其理一分殊的思考下談格物，以「通徹無間」訓格，似乎能夠解決朱子「一旦」豁然貫通的不確定性，就在格物的當下能貫通之。因此整菴的思考，除了是對朱子學修正的接受外，也有其與時俱進之處。

第二節　對心學的批駁

　　羅欽順所處的時代，雖然未看到晚明王學的流弊，但也因為其學問一直站在王學的對立面，故對於心學的可能出現的問題，可說是十分警惕。在《困知記》中，評價明代整體學風為：「近世道學之倡，陳白沙不為無力，而學術之誤，亦恐自白沙始。」〔註40〕直接說出學術之誤，自白沙始，而白沙多被認定是開明代心學之先河，故整菴此論斷，可說是從源頭上，便不信任心學，並非是針對王學而發。另外，對於心學譜系中：象山〔註41〕、慈湖〔註42〕（AD1141

〔註40〕〔明〕羅欽順：《困知記》，卷下，頁50。
〔註41〕「若如陸象山之說，只一箇『求放心』便了，然則聖門之學與釋氏又何異乎！」（見〔明〕羅欽順：《困知記》，續卷上，頁91）、「以余觀之，佛氏有見於心，無見於性，象山亦然。其所謂至道，皆不出乎靈覺之妙，初不見其有少異也，豈直彷彿云乎！據象山所見，自不合攻禪，緣當時多以禪學目之，不容不自解爾。釋氏之自私自利，固與吾儒不同。然此只是就形跡上斷，他病根所在，不曾說得。蓋以靈覺為至道，乃其病根，所以異於吾儒者，實在於此。而此二字正是象山受用處，如何自肯拈出？」（見附錄，〈答允恕弟〉，頁148～149）。由上述可知，羅欽順對象山的批評，認為象山之學，只講求放心，與佛學言明心見性，並無不同，並且認為「自陸象山有『六經皆我註腳』之言，流及近世，士之好高欲速者，將聖賢經書都作沒緊要看了。」（見〔明〕羅欽順：《困知記》，續卷上，頁94）此言的弊病，是不重視聖賢經典，一切以求之於心，不必讀書，「一言而貽後學無窮之禍，象山其罪首哉！」（見續卷上，頁94）可知羅欽順對象山的強烈批評。
〔註42〕「慈湖頓悟之機，實自陸象山發之。其自言『忽省此心之清明，忽省此心之無始末，忽省此心之無所不通』，即釋迦所謂『自覺聖智境界』也。書中千言萬語，徹頭徹尾，無非此簡見解，而意氣之橫逸，辭說之猖狂，比之象山尤甚。」

～1226）、白沙〔註43〕、甘泉〔註44〕等人的學問，亦多有所反思，甚至是直接批評。然而王門的學問，更是他所面對的心學諸子中，在學問上的直接對手。考索《困知記》及其書信往來，則是集中與陽明、歐陽南野的討論。以下將針對羅欽順對王學的反省，進行說明，雙方的討論，集中在幾個論題上，首先，心是否即理？順此，若認為良知即理，是否有以知覺為性的可能？另外，格物的確義為何？都是雙方進行論難的核心。

一、心是否即理

羅欽順與陽明對於性即理的部分，並沒有產生異見，但是對於心是否即理，則是出現了差別。因為就整菴的思考體系來說，心雖是一，但有道心人心的不同面向，因此心不可以直接等於理，若要強言之，也只可言道心即理，因為人心是情，當然無法給出道德法則，只能依著道心而動，故當然不能泛泛說心就是理。

在心有道心人心、體用的兩層次分別來看，必會認為陽明心即理、良知即理的思考，是不切的，其言曰：

> 嘗見《傳習錄》有云：「於事事物物上求至善，卻是義外。至善是心之本體。」又云：「至善，即是此心純乎天理之極便是，更於事物上怎生求？」以此知陽明不曾尋見理字。……斯理也，在天在人，在事在物，蓋無往而不亭亭當當也，此其所以為至善也。果然尋得著、見得真，就萬殊中悟一致之妙，方知人與天地萬物原來一體，不是牽合。惟從事於克己，則大公之體以立，而順應之用以行，此聖門之實學也。若但求之於心，而於事物上通不理會，厭煩而喜徑，欲

　　（見〔明〕羅欽順：《困知記》，續卷下，頁102）、「慈湖之志於道，不為不篤，然終蔽於所見，直以虛靈知覺為道心，夫安得不謬乎！」（見續卷下，頁103）在《困知記》，續卷下，第1條至第11條，都是在反省慈湖，其中特別反對的，仍是認為慈湖對心的理解與佛家相等同。

〔註43〕「《白沙詩教》開卷第一章，乃其病革時所作以示元明者也。所舉經書曾不過一二語，而遂及於禪家之杖喝。何邪？殆熟處難忘也。」（見〔明〕羅欽順：《困知記》，卷下，頁54）可知亦是認為白沙學問為禪學。

〔註44〕「嘗得湛元明所著書數種，觀其詞氣格力，甚類揚子雲，蓋欲成一家言爾。然元明自處甚高，自負甚大，子雲豈其所屑為哉！」（見〔明〕羅欽順：《困知記》，卷下，頁52，原書「揚」子雲作「楊」子雲，在此改之）、「《格物通》近方見之，不意其侮聖言一至於此！」（見附錄，〈答林正郎貞孚〉，頁190）在此可知，對於甘泉的批評言辭犀利。

速而助長，則其回光反照之所得，自以為千載不傳之秘者，圓覺固
其第一義矣。儒書中僅有良知一語，大意略相似，陽明於是遂假之
以為重，而謂「良知即天理」。《孟子》何嘗指良知為天理耶？是誣
《孟子》也〔註45〕！

在此可以分幾個層次來進行說明。

其一：羅欽順在理一分殊的思考模式下，認為吾人之理與事物所存之理
並無不同，故求理於事事物物，並非義外，相反的，必求事物之理，而後才
能達到物我渾然為一的境界，在此前提之下，認為陽明並非真正體認何謂理。
但是從陽明的角度來說，認為：「天下無性外之理，無性外之物。學之不明，
皆由世之儒者認理為外，認物為外，而不知義外之說，孟子蓋嘗闢之，乃至
襲陷其內而不覺，豈非亦有似是而難明者歟？不可以不察也！」〔註46〕陽明
所說的無性外之理、性外之物，可以直接理解為無心外之理，無心外之物。
從陽明的良知學來說，道德法則是由心、由良知所給出的，因此心就是理。
求理當然是求之於內，理非外於吾心，因此認為求理於外乃是義外。吾人行
為非由外在事理所規範，求理於外，所成就的乃是知識系統，而非道德〔註
47〕。若良知教所要成就的是道德世界，便不可能求理於外。因為良知教中，
事物之理是與道德價值無涉。就此點來看，便是整菴與陽明學問系統相最大
差異處。

其二：整菴認為，吾人需要透過操持的工夫而後才能存心，因為心有人心
道心之別，若只單言心是至善，則是混心的體與用、性與情，成了一大渾淪，
便也會出現以情為性的狀況。但就陽明的思考來看，「至善者，心之本體。」
〔註48〕在心即理的思考下，心的本然狀態，當然是至善的，心之至善不待修整
而得，因此與整菴所理解的不同。

其三：就整菴看來，陽明談致良知，是心外無理，未談及事物之理，在工
夫上有脫略事物的嫌疑，不須窮事物之理，這是要人只求速效，忽略求外物之

〔註45〕〔明〕羅欽順：《困知記》，附錄，〈與林次崖僉憲〉，頁197～198。
〔註46〕陳榮捷：《王陽明傳習錄詳註集評》，卷中，第174條，頁250。
〔註47〕在《傳習錄》中有這樣的一段記載：「先儒謂『一草一木亦皆有理，不可不察』。
　　　　如何」？先生曰：「夫我則不暇。公且先去理會自己性情。須能盡人之性，然
　　　　後能盡物之性。」見陳榮捷：《王陽明傳習錄詳註集評》，卷上，第117條，頁
　　　　138。
〔註48〕陳榮捷《王陽明傳習錄詳註集評》，卷下，第228條，頁304。

理的工夫。此中所體會之理，是佛家明心見性，不求應世之說〔註49〕，此非儒門之學。然而陽明對於物的思考，是從心能夠賦予價值上說的，其著名的山中觀花樹一段，便提到「你未看此花時，此花與汝心同歸於寂；你來看此花時，則此花顏色一時明白起來。便知此花不在你的心外。」〔註50〕陽明認為物就在良知的當下呈現而有其意義與價值，故陽明所說的物，必在良知的參贊下而有其意義，否則物自物，心自心，又有何關聯？因此陽明並非脫略事物，而是物要在心的賦予後才有價值意義。

　　其四：順著羅欽順對求理在內的批評，良知是否即為天理？答案是否定的，羅氏認為陽明說孟子亦言良知就是天理，是陽明假借孟子之口，而有所改易，其言曰：「嘗閱《陽明文錄》，偶摘出數處。凡用良知字者，如其所謂，輒以天理二字易之，讀之更不成說話。許多聰明豪爽之士，不知緣何都被他瞞過，可嘆也夫！」〔註51〕因為羅欽順的思考中，人心才是能動的、能發用的，具認知功能。因此陽明說良知也是能動能知的，在羅氏的思考，良知當然是屬於情、用，怎麼可以說即是理，因此對陽明心即理、良知即天理的看法，必定不能夠認同。然而就陽明的說法來看，可說是把孟子的四端之心，以知收攝仁、義、禮三者，其所以強調的知，即良知，是在說明吾人本心的道德判斷力，「吾心之良知，即所謂天理也。」〔註52〕就在面對事物當下的知是知非。良知是從先驗上說不慮而知，是天所賦予我者，是先天而普遍的。

　　另外，整菴與歐陽南野的書信中，也曾對良知是否為天理，進行討論，其言曰：「今以良知為天理，即不知天地萬物皆有此良知否乎？天之高也，未易驟窺，山河大地，吾未見其有良知也。萬物眾多，未易遍舉，草木金石吾未見

〔註49〕「釋氏之『明心見性』，與吾儒之『盡心知性』，相似而實不同。蓋虛靈知覺，心之妙也，精微純一，性之真也。釋氏之學，大抵有見於心，無見於性。故其為教，始則欲人盡離諸相，而求其空，空即虛也。……至於廢棄人倫，滅絕天理，其貽禍之酷可勝道哉！」見〔明〕羅欽順：《困知記》，卷上，頁2～3。另外，羅欽順對於甘泉與陽明所言心即理之言，也是不能夠認同的，並且認為二子求理不得，而認佛學為儒學，其言曰：「僕與王、湛二子皆相知，蓋嘗深服其才，而不能不惜其學術之誤。其所以安於禪學者，只為尋箇理字不着，偶見如來面目，便成富有，而其才辨又足以張大之，遂欲挾此以陵駕古今，殊不知只成就得一團私意而已。」見〔明〕羅欽順：《困知記》，附錄，〈與林次崖僉憲〉，頁197。

〔註50〕陳榮捷：《王陽明傳習錄詳註集評》，卷下，第275條，頁332。

〔註51〕〔明〕羅欽順：《困知記》，附錄，〈與林次崖僉憲〉，頁198。

〔註52〕陳榮捷：《王陽明傳習錄詳註集評》，卷中，第135條，頁172。

其有良知也。求其良知而不得,安得不置之度外邪!殊不知萬物之所得以為性者,無非純粹之理,雖頑然無知之物,而此理無一不具。不然,即不得謂之各正,即是天地間有無性之物矣。以此觀之,良知之非天理,豈不明甚矣乎!」〔註53〕先從羅欽順的理解來說,若是說良知為天理,在事事物物皆有其理的思考之下,是否是事物物皆有良知?如果不是,在良知等於天理的先決條件下,此說是否可以成立?從反面的來說,若是萬物無良知,即是求良知於萬物不得,亦是求理於萬物不得,物與我便有所隔,若如此,則物自物,我自我,物我斷絕。因此,若是肯認天地萬物皆有理,理必能在萬物上求,良知等於理,萬物亦必有良知,但整菴認為萬物沒有良知,因此羅欽順就從此處之矛盾破除良知即天理的說法〔註54〕。

　　整菴以萬物有理而無良知的說法,反對良知即天理,但歐陽南野不認同整菴的說法,而有所回應,其言曰:「夫人所以為天地心,萬物之靈者,以其良知也。故隨其位分日履,大之而觀天察地,通神明,育萬物;小之而用天、因地、制節、謹度、以養父母,莫非良知之用。離卻天地人物,則無所謂視聽、思慮、感應、酬酢之日履,亦無所謂良知矣。……良知必發於視聽思慮,視聽思慮必交於天地人物。天地人物無窮,視聽思慮亦無窮,故良知亦無窮。」〔註55〕歐陽南野認為,人之所以為萬物之靈,乃是因為有良知的緣故,就在日常酬酢踐履之中,見良知之用,天地人物,都是良知發用的對象。良知發為視聽言動,其必交於天地人物,因此良知所交之物必得其正,天理亦在此中顯。正因雙方的思考體系不同,是造成此爭論的原因,整菴的思考,仍是從萬物有性、理一分殊上說,但不論是陽明或是南野,良知學還是以道德價值意義立論,這是很清楚的。

　　整菴對心即理的批評,集中在心不能就是理,只能透過做工夫而接近、或

〔註53〕〔明〕羅欽順:《困知記》,附錄,〈答歐陽少司成崇一〉第2書,頁160。
〔註54〕「人固萬物中之一物爾,須灼然見得此理之在天地者與其在人心者無二,在人心者與其在鳥獸草木金石者無二,在鳥獸草木金石者與其在天地者無二,方可謂之物格知至,方可謂之知性知天。不然,只是揣摩臆度而已。蓋此理在天地則宰天地,在萬物則宰萬物,在吾心則宰吾身,其分固然森然萬殊,然止是一理,皆所謂純粹精也。以其分之殊,故天之所為,有非人所能為者,人之所為,有非物所能為者。以其之理一,故能致中和,則天地以位萬物以育。」見〔明〕羅欽順:《困知記》,附錄,〈答歐陽少司成崇一〉第2書,頁160。
〔註55〕〔明〕歐陽德著,陳永革編校:《歐陽德集》(江蘇:鳳凰出版社,2007年,3月),卷1,〈答羅整菴先生寄《困知記》〉第2書,頁17～18。

有等於理的可能。另外，認為心即理說，是脫略事物，蕩越工夫，去繁就簡，這樣的說法，王學當然是不能同意的。就著整菴的批評來看，其對於王學並不能有相應的理解，是以其思考模式想良知。雖然整菴的學說，有其限制與不足，但不可否認的，整菴理一分殊的思考，強調客觀事物的存在之理來談，較王學重視客觀萬物，在這個層面上說，對王學具有一定的參照價值。

二、知覺與良知

　　整菴認為良知說誤人，就在於分別性與知覺不清，此之討論集中在與歐陽南野的書信中，認為心的活動是知覺〔註56〕。因此與歐陽南野針對心的已發是良知之用，或只是認知進行論辯。順著前文羅欽順對陽明良知即天理的批評，可以討論的是，為何羅欽順認為良知只是知覺、只具認知義？

　　就羅欽順來說，良知只能是知覺，其言曰：「今以知惻隱、知羞惡、知是知非為良知；知視、知聽、知言、知動為知覺。是果有二知乎？夫人之視聽言動，不待思慮而知者亦多矣，感通之妙，捷於桴鼓，何以異於惻隱、羞惡、恭敬、是非之發乎？且四端之發，未有不關於視聽言動者，是非必自其口出，恭敬必形於容貌，惡惡臭輒掩其鼻，見孺子將入於井，輒匍匐而往救之，果何從而見其異乎？知惟一爾，而強生分別，吾聖賢之書未嘗有也。」〔註57〕上述所論，可以分四個部分來說，第一，從能知來說，整菴認為知惻隱、知羞惡的知與知視聽言動無有不同，知只有一，並非有知惻隱的知與知視聽言動的知。

〔註56〕「整菴認為所謂良知，是就知覺之自然、妙用上說。雖是自然妙用，但並不是理。」見楊祖漢：〈羅整菴、李栗谷理氣論的涵義〉，《中央大學人文學報》，第31期，2007年7月，頁215。
　　　　林月惠認為整菴駁斥良知即天理說，而主張良知是知覺而非天理，其立論有：良知即知覺、天理即性（體）、良知非天理三個命題，本文在此則是把這三個命題分開討論，未置於良知與知覺此節之下。見氏著：〈良知與知覺——析論羅整菴與歐陽南野的論辯〉，《中國文哲研究集刊》，第34期，2009年3月，頁292。並且該文對二人間對良知與知覺間的義理分際，掌握的十分精確，若要對此論題有更深刻的理解，可詳參之。
〔註57〕〔明〕羅欽順：《困知記》，附錄，〈答歐陽少司成崇一〉第1書，頁154。
　　　　另外，在《困知記》中也有對以知覺為性的批評：「《傳習錄》有云：『吾心之良知，即所謂天理也。』又云：『良知即是未發之中。』《雍語》有云：『學、問、思、辨、篤行，所以存養其知覺。』又有『問『仁者以天地萬物為一體』。答曰：『人能存得這一點生意，便是與天地萬物為一體』。又問：『所謂生者即活動之意否，即所謂虛靈知覺否？』曰：『然。』又曰：『性即人之生意。』此皆以知覺為性之明驗也。」見續卷上，頁70。

第二，就所知的對象看，能被知的惻隱、羞惡與視聽言動並無不同，都是不需要思考而後有的自然反應。第三，認為無視聽言動，則四端之發無有所出，故二者無有不同。第四，整菴從四端之發來說，其視聽言動，也可以是道德判斷之知，以救孺子之將入於井為例，那一段是良知，那一段是知覺？就整菴來說，知覺也可以是道德的。值得注意的是，此處所說認知意義下的道德判斷之知，與良知的道德判斷是不同的，只是四端之情的發用。

透過以上的論述，可知整菴反對陽明嚴分良知與知覺，並且認為是強為之分別，站在此立場，不只是認為良知與知覺無不同，四端與視聽言動，亦不需分別。筆者認為，整菴的思考，都是從心是主體能動的觀點出發，良知「知」的能力，就是認知義。

但是，就陽明學的立場來說，良知不等於知覺，其故安在？歐陽南野回應整菴曰：「某嘗聞知覺與良知，名同而實異。凡知視、知聽、知言、知動，皆知覺也，而未必其皆善。良知者，知惻隱、知羞惡、知恭敬、知是非，所謂本然之善也。本然之善，以知為體，不能離知而別有體。蓋天性之真，明覺自然，隨感而通，自有條理者也。是以謂之良知，亦謂之天理。天理者，良知之條理；良知者，天理之靈明。」〔註58〕歐陽南野仍認為知覺與良知是有差異的。先說知覺，能夠知視聽言動者，其所發的未必皆善，有中節不中節的可能，因此知覺是中性意義，是吾人生命之自然本能，是屬於自然的身體機能。但是就良知來說，是能夠知惻隱、羞惡、恭敬、是非，是屬於道德判斷、本然之善。故天理是良知之條理，是良知之所以為良知的根據，換句話說，良知也是天理之具體呈現，故南野以此角度出發，說明良知與知覺有著本質上的不同。

從良知學來說，當然也不能反對良知有知覺的能力，但是其背後必定以良知作為判斷的依據，否則知覺只是無根的，隨著自然生命而發，不能夠保證其必中節。因此，知覺作為良知的一種能力是肯定的，但必有其主從關係，故整菴的說法，在王學來看，就是混淆良知與知覺。

兩者之間的差異，仍是在對於良知的界定不同。羅欽順不認為心即理，良知當然只能是人的知覺活動，故分良知與知覺，則是疊床架屋，沒有意義〔註59〕。

〔註58〕〔明〕歐陽德著，陳永革編校：《歐陽德集》，卷1，〈答羅整菴先生寄《困知記》〉第1書，頁12。

〔註59〕胡發貴認為，羅欽順駁斥良知即理的說法，可從三方面說，其一，良知是人主體性的作用和表現；其二，良知並非別于知覺的知；其三，良知並非天理。以上論點可詳參氏著：《羅欽順評傳》，頁131～134。

但是相對的，陽明肯認心即理，良知即理的思考，良知當然與知覺不同，二者並不相等，因此，雙方出現了不同的理解。

三、格物

　　陽明的〈大學古本序〉有前後改動三次〔註60〕，而現存於《王陽明全集》中的版本，是最後的版本，也可以說是陽明學問成熟後的定本。而舊本可見於羅欽順《困知記》〔註61〕中，其中可以看出陽明理解大學從誠意轉向致知的變化，在此先不討論陽明學問在〈大學古本序〉中呈現前後的差別。筆者將重點放在整菴與陽明書信的往來，討論二氏對《大學》「格物」理解的差異。

　　兩人對於《大學》的討論，有兩大重點：其一，陽明恢復了《大學》原本的順序，刪去朱子的補傳〔註62〕。其二，主要集中在對「格物」的不同理解。在此對於討論《大學》順序的問題，暫時擱置，將討論核心集中在第二點。將從兩方面說明，先略說整菴發明自身對格物的理解，再討論整菴批判陽明格物說的不確切之處。

　　整菴論格物，是以朱子學的脈絡出發，並以理一分殊的思考論之，其言曰：「自我而觀，物固物也；以理觀之，我亦物也。渾然一致而已，夫何分於內外乎！所貴乎格物者，正欲即其分之殊，而有見乎理之一，無彼無此，無欠無餘，而實有所統會。」〔註63〕「物」應該如何理解之？若是以我的角度出發，則物

〔註60〕 「古本之釋，不得已也。然不敢多為辭說，正恐葛藤纏繞，則枝幹反為蒙翳耳。短序亦嘗三易稿，石刻其最後者，今往一本，亦足以知初年之見，未可據以為定也。」見〔明〕王陽明：《王陽明全集》，卷5，〈與黃勉之〉第1書，頁193。

〔註61〕 見〔明〕羅欽順《困知記》，三續，頁125～126。

〔註62〕 「切詳《古本大學》之復，蓋以人之為學，但當求之於內，而程朱格物之說，不免求之於外，聖人之意，殆不其然。於是遂去朱子之分章，而削其所補之傳，直以支離目之，曾無所用，夫當仁不讓，可謂勇矣。」見〔明〕羅欽順：《困知記》，附錄，〈與王陽明書〉第1書，頁141～142。

〔註63〕 〔明〕羅欽順：《困知記》，附錄，〈與王陽明書〉第1書，頁142～143。
　　另外，在與歐陽南野的書信中，也曾說明此義，其言曰：「夫天人物我，其理無二。來書『格物工夫惟是隨其位分，修其日履』，雖云與佛氏異，然於天地萬物之理，一切置之度外，更不復講，則無以達夫一貫之妙，又安能盡己以盡人、物之性，贊化育而參天地哉！此無他，只緣誤認良知為天理，於天地萬物上，良知二字自是安著不得，不容不置之度外爾。聖人本天，釋氏本心。天地萬物之理既皆置之度外，其所本從可知矣。」見〔明〕羅欽順：《困知記》，附錄，〈答歐陽少司成崇一〉第1書，頁155～156。

自物，我自我，因為是從個體的氣上說。若從理上說，則物與我為一，無所謂內外之分，故格物的意義，就是在事物上見理〔註64〕，因此所格之物愈多，所見之理愈明。故在整菴的工夫論中，格物實是重要關鍵。

再以格物作為基礎，進而展開《大學》的八目，其言曰：「夫然後謂之知至，亦即所謂知止，而大本於是乎可立，達道於是乎可行，自誠、正以至於治、平，庶乎可以一以貫之而無遺矣。然學者之資稟不齊，工夫不等，其能格與否，或淺或深，或遲或速，詎容以一言盡哉？」〔註65〕整菴認為格物工夫切實，就能在事物上求一貫之理，此時才能求得真知，《大學》的八目才能夠通貫為一。至於個人的工夫精熟與否，淺深遲速等，雖是與個人工夫力道不同有關，但最後能夠達到的境界，卻是一致的。因此，不論是從工夫角度，或是對《大學》詮釋的效力，整菴論格物，實有其代表性。

陽明對格物的理解不同於整菴，因此羅欽順與陽明的書信中，針對此論題進行論難，其疑陽明之格物有三，以下將分別說明，第一：「『物者，意之用也。格者，正也，正其不正以歸于正也』。此執事格物之訓也。……夫謂『格其心之物，格其意之物，格其知之物』，凡其為物也三，謂『正其物之心，誠其物之意，致其物之知』，其為物也一而已矣。就三物而論，以程子格物之訓推之，猶可通也；以執事格物之訓推之，不可通也。就一物而論，則所謂物者果何物耶？如必以為『意用』，雖極安排之巧，終無可通之日。此愚之所不能無疑者一也。」〔註66〕整菴認為陽明的格是「正」，物是「意之用」，在此理解下，因此認為陽明談物，有三物、一物的分別。先從三物說，羅氏認為陽明言所格之物有三，分別為心之物、意之物、知之物。若是以伊川（AD1033～1107）格物窮理來說〔註67〕，格物是要窮理，因此則是至其心、意、知之物而得其心、

〔註64〕胡發貴認為此段是在論陽明的格物有禪學化的可能，「『局于內』更令他不滿，因為這會導致誘發根本為異端的『禪學』；而更使他不安的是，陽明『格物』的內向性，會使得有志于聖賢之學的後來者有滑向禪學的隱憂。」（見《羅欽順評傳》，頁115～116），侯外盧在整菴對陽明格物的批評，與胡發貴同，詳參氏著：《宋明理學史》，頁487。以上的論點，仍是認為王學格物有脫略事物的可能，最終傾向禪學。這是站在整菴的立場出發，但是在陽明，其致良知工夫，恰恰可以回應此問題。

〔註65〕〔明〕羅欽順：《困知記》，附錄，〈與王陽明書〉第1書，頁143。

〔註66〕〔明〕羅欽順：《困知記》，附錄，〈與王陽明書〉第2書，頁147。

〔註67〕「格，至也，如『祖考來格』之『格』。凡一物上有一理，須是窮至其理。窮理亦多端：或讀書，講明義理；或論古今人物，別其是非；或應接事物而處其

意、知之理。若以此解之，以整菴的思考來說，是能夠貼合原意的，但是以陽明格物之說，則是語焉不詳，不成句子。若是一物，則不論是伊川格物之訓，或是陽明的說法，都是不可理解。因此在整菴的思考中，陽明的格物實是不可能的，並且無法如實說明《大學》。

　　然而，還原陽明的語脈，又應該如何理解？其言曰：「夫理無內外，性無內外，故學無內外。……夫正心、誠意、致知、格物，皆所以脩身而格物者，其所用力，實可見之地，故格物者，格其心之物也，格其意之物也，格其知之物也。正心者，正其物之心；誠意者，誠其物之意也；致知者，致其物之知也。此豈有內外彼此之分哉？理一而已。」〔註68〕從陽明良知學來說，格是「正」，是工夫義，意之所在為物，物並非是指客觀事物，而是行為物。故此處所說的格其心、意、知之物，其實就只是在說正心、誠意、致知而已。就陽明的體系來看，是一貫的，並非如整菴所說的有一物、三物分不清的情形，因為陽明認為，無心外之理、心外之物，故整菴以理一分殊的角度想陽明的格物，並不切當。

　　第二：「又執事嘗謂：『意在於事親，即事親是一物。意在於事君，即事君是一物。』諸如此類，不妨說得行矣。有如《論語》『川上』之嘆，《中庸》『鳶飛魚躍』之旨，皆聖賢吃緊為人處，學者如未能深達其義，未可謂之知學也。試以吾意著於川之流，鳶之飛，魚之躍，若之何『正其不正以歸于正』耶？此愚之所不能無疑者二也。」〔註69〕陽明所說的物是行為物的意義，整菴對於陽明以行為物作為物內涵，是可以認同的。但是其質疑陽明格物說對於川流、鳶飛、魚躍等正面表述，要如何格之？則是一大問題。整菴就著陽明的格物說是正物，是格其不正以歸於正的工夫，但是對於聖人境界，是要如何正之？因為就川流、鳶飛、魚躍等，是聖人體認天理流行，「君子之道，造端乎夫婦；及其至也，察乎天地。」〔註70〕是最高境界的展現，在此所說之物，是屬於正面的表述。而陽明的格物，在工夫論上，是反之的路向，因此對於客觀萬物之理的探索，和道德實踐最高理境的展現，無疑是不切的，故如何格之？也是一

當，皆窮理也。……須是今日格一件，明日又格一件，積習既多，然後脫然自有貫通處。」見〔宋〕程顥、程頤：《河南程氏遺書》，卷18，收錄於《二程集》上冊，頁188。
〔註68〕陳榮捷：《王陽明傳習錄詳註集評》，卷中，第174條，頁250。
〔註69〕〔明〕羅欽順：《困知記》，附錄，〈與王陽明書〉第2書，頁147。
〔註70〕〔宋〕朱熹：《四書章句集註》，〈中庸章句〉，頁23。

大問題〔註71〕。

　　針對川流、鳶飛、魚躍等最高理境的展現，可以在陽明良知教法下達至，「以其發動之明覺而言，則謂之知；以其明覺之感應而言，則謂之物」〔註72〕良知是能夠感應的，擴充此知，便能達至，因此對於整菴的疑難，實可在致良知的工夫下解決。然而，整菴的質疑，便可拖帶出陽明格物與致良知兩工夫，在理論上是否夠完全彌縫的問題。陽明的格物是格其不正以歸於正，是反之去病的工夫，而致良知是擴充良知，正面推擴、積極成德。最高理境的展現，必在致良知的工夫保證後而達到，並非在格物。因此，王學論格物，確實無法充分說明川流、鳶飛、魚躍等，必待致良知然後可。若單就整菴此處所說王學在格物上的問題，陽明確實是無法圓說的，須在致良知中找到解答。故筆者認為，此兩工夫在理論上實有曲折，而這樣的理論間隙，可提供作為思考王學工夫論的一個觀點。

　　第三：「又執事答人論學書有云：『吾心之良知，即所謂天理也。致吾心良知之天理於事事物物，則事事物物皆得其理矣。致吾心之良知者，致知也。事事物物各得其理者，格物也。』審如所言，則《大學》當云『格物在致知』，不當云『致知在格物』；當云『知至而後物格』，不當云『物格而後知至』矣。且既言『精察此心之天理，以致其本然之良知』，又言『正惟致其良知，以精察此心之天理』。然則天理也，良知也，果一乎？果非一乎？察也，致也，果

〔註71〕　對於川流鳶飛魚躍等正面表述，以陽明的格物說，要如何解釋？蔡家和認為，此之問題與陽明談山中觀花樹相近，其言曰：「『此心無私欲之蔽便是天理。』理不能外於心，當心術不正時，所見的鳶飛、魚躍，見不到其理，只有私欲的呈現。故正其不正的說法乃先正其心，然後事物之理得其正，如此亦不違反陽明的心外無物之語。」（見氏著：《羅整菴哲學思想研究》（頁177）對於蔡家和的說法，筆者略有不同的意見，第一，就陽明格物來論，是反之的工夫，因此，反之的工夫並不在理境的最高處說。故陽明以正物說格物，無法有效的詮釋之。第二，蔡氏以山中觀花樹對比，認為心外無理，去私欲後而天理呈現，事物便可得其正。但筆者認為，山中觀花樹是在強調心外無物，是說明心的當下呈現，而不是在說明去蔽。因此以山中觀花樹來說明格物，其比附是否得宜？第三，筆者認為，心無私欲之蔽就是天理，去除私欲之蔽，心的如理呈現，與川流、鳶飛、魚躍直說最高境，是不同的，川流等說，不是只有說心的當下呈現義而已。當然陽明學講到最高處，川流等說的最高境，當然是包涵在內的。但是否以格物可以達到？就是有疑慮的。因此，基於上述的理由，以正心論格物，筆者認為不可以直接等同，故提出不同意見。

〔註72〕　陳榮捷：《王陽明傳習錄詳註集評》，卷中，第174條，頁250。

孰先乎，孰後乎？此愚之所不能無疑者三也。」〔註73〕此處所質疑的有兩點，
首先良知是否為天理；其次致知與格物的先後順序。就良知是否天理的疑問，
前文已作說明。而致知與格物的關係，在整菴的脈絡來說，認為《大學》言致
知在格物，即是認為要求得「一」之理，必在格萬物上說。但是就陽明所說的
格致，則必先致知，後才有格物的工夫，對整菴來說，是不合於《大學》的文
意，因此提出質疑。針對此點，陽明之說法，確實有倒轉《大學》八目次第的
疑慮，但從其自家學問體系來看，是自足自圓的〔註74〕。

　　以上三點即為整菴對陽明格物說的批判〔註75〕，雖然整菴是以其學問立
場思考良知，但是亦提供反省王學之處，就第一、三點來說，可說是雙方學問
思考體系不同所造成的參差，而陽明說法不合於《大學》八目的次序，也是事
實。但是就第二點來看，則是值得注意的，因為格物是從反之、去病的工夫思
考，對於正面推擴、及物的行為意義，則無法有充份的說明。故整菴的思考，
雖有其觀察的限制，但對於王學，仍具有參照的指標意義，有其優勝之處。

四、對陽明學的參照意義

　　透過以上對整菴思想的發掘，以及其對王學的批判來看，雖然我們可以
說，羅欽順對陽明的學問，並沒有太貼合的理解，仍是以其思考型態想良知，
然而，作為王學的參照，其意義何在？以下提出兩點看法。

　　第一，強調天理。整菴強調理作為吾人行為的主宰，而理是天所賦予的，
在人為性，心雖也有理存之，但心之理只是作為規範，人心所發，仍是有不受
規範的可能。因此強調天理，就在說明心仍需遵守理的規範，心並非全然是理，

〔註73〕〔明〕羅欽順：《困知記》，附錄，〈與王陽明書〉第 2 書，頁 147～148。

〔註74〕陽明把從孟子學得來的良知教法，用以解釋《大學》的格致誠正，以致良知解
　　　　釋致知，問題便在此出現。從《大學》的八目，格、致、誠、正、修、齊、治、
　　　　平來說，是有次序的，先不論朱子對格致的理解是否為《大學》原意，但就朱
　　　　子的思考來說，以其脈絡去解釋《大學》是能成系統的。格致問題，在當時已
　　　　經屬於是「被顯現」的命題，陽明也不能夠迴避。但在陽明的理論體系中，良
　　　　知的位階最高，因此在回應這個論題時，便以致知做為八目的核心，在陽明
　　　　處，「格物致知」，便轉為「致知格物」，必先致良知於事事物物，才能使事物
　　　　各得其正，因此在次序上，已與《大學》原文次第不符，雖然就王學來說，陽
　　　　明的說法並無不可，但從經典詮釋的貼合性，遂引發後來許多爭論。

〔註75〕胡發貴在《羅欽順評傳》中，就整菴的〈與王陽明書〉的第 2 書中，提出對陽
　　　　明格物說的三點質疑為：陽明格物之物，是一是三？對於心態與意境如何正
　　　　其不正？顛倒格物致知的次序。詳參該書頁 121～122。

需要遵守天理在吾心的規範〔註76〕。

　　從陽明心學的角度出發，心當然即是理，全體是善，道德法則就在良知的當下判斷所給出。然而，考慮整菴的說法，心仍有可能為惡所障蔽，以致行為有所偏失，此時便需要做工夫。故可知，陽明雖然說心即理，但並非認為落在現實中，心是不會有所走作的，仍有放失的可能，若不做工夫，直接認為吾心所發皆是善的，除了有躐等之病外，更甚者有以惡為善的可能。

　　因此，整菴強調天理的思考，則是在王學以心即理挺立人的尊嚴與價值後，說明常人之心並非即可說是全幅天理的展現。故整菴的思考，就有著提點的作用，不論是天理或是良知，道德法則是儒家成德之教的重要判準。

　　第二，重視氣的一面。理一分殊可說是整菴思想特色所在，並且理須在氣上認取，再加上整菴將格物之物，理解為萬物，因此可以說，整菴是較為重視客觀面的。就理學家來說，最後當然是要成就道德意義與價值，整菴亦不能自外，先不論此說的限制與疏略之處，但此思考，容易順著而成就客觀知識的面向。

　　陽明的思考，可說是不談理氣論的一面，甚至我們可以說，良知學講到最高處，良知是生天生地的，從存有論說，是可以作為天地生化的根據。從此發展，當然可說是將心學擴充至極限，但是也明顯的有其忽略之處。陽明對於外在客觀面談得少，雖然見聞為良知之用，但不可否認的，見聞之知屬於客觀面的知識，並非如良知是求之在己，或是可以單就良知發用就可以直接達成的。

　　我們的道德生命，是可以求之在己，也不能否認的，生命本來就是整全的，客觀的世界，是無法全部以良知概括。道德心所能做到的，是在當下的道德判斷，但有很多事情是無關道德，如客觀知識、審美世界，這都是中性的，與良知無涉。因此，整菴重氣，也在提醒良知學不忽略客觀面。

〔註76〕陳正宜：《羅欽順理學思想之研究》中認為：「認為陽明學說因重視本心上之體認，將會流於隨心所欲之情形而產生猖狂妄行之弊病，故欽順之學可說是自拒斥王學開始。」（頁302）

何佳駿在〈羅欽順與王門書信往來探析〉一文中提到：「他在當時其實早已或多或少洞見到王學的流弊了。而王學的隱憂是什麼，即是若只在『心即理』的基礎上求本心之明覺與天理相貫通，以格物為正此心之真妄而已，而不再窺天地萬物之理，那將會流於以私意為一切判準，產生猖狂妄行之弊端。」此說法站在救正王學的角度，以資參酌。見《鵝湖》，第350期，2004年8月，頁58。

　　統括以上所述，作為朱子學代表的羅欽順，學問雖非針對王學之弊而發，其以性即理的思考，正可以作為心學的參照，特別是在心是否即理，以及格物說的討論，都展現其不同於王學的側重面向。也正因如此，整菴的學問，恰能夠作為反省王學本身的體系，或是具有對治王學的意義〔註77〕。

〔註77〕鄧克銘在《理氣與心性：明儒羅欽順研究》（臺北：里仁書局，2010年3月）中提到，整菴在性即理進行補強的說明，分別展現在「定理之客觀實有」與「確定心與性之別及盡人與物之性」兩方面（頁25～49），雖然其出發點與筆者將整菴作為王學理論參照不同，但其所提出整菴思想的價值意義，筆者也是予以肯認。文中提到「羅欽順說明性即理之必然性與客觀性，在明代中葉思想傾向心學化，以自我之本心作為萬理之源泉或創造者之氣氛中，更具其意義」（頁34）一語，或可作為整菴獨立於王學氣圍之外之意義。

第五章　面對流弊而起之學（一）
——東林學派

　　明代後期的學術，經過王門弟子的努力，使得陽明學在當時廣為流播。但也出現了不做工夫，只任口談良知的狀況。不可避免的，在風行天下的同時，王學亦產生了學問流弊，這是吾人在討論王學時，必須正視的問題，也是王門學者必須面對的困境。因此，雖然明代末期陽明學蔚為主流，但不可忽視的是，當時亦出現了反省王學的思潮，東林學派即其代表的一支，此派學者以顧憲成與高攀龍為核心人物。

　　東林學派在後人的評論中，呈現正反兩面的評價，有人認為：「今天下之言東林者，以其黨禍與國運終始，小人紀資為口實，以為亡國由於東林，稱之為兩黨，即有知之者，亦言東林非不為君子，然不無過激，且依附者之不純為君子，終是東漢黨錮中人物。」〔註1〕或有批評東林學人在政治上造成黨爭，甚至將明代亡國的責任推到東林人物身上。另外，亦說東林黨在當時代表了一股政治力量，但是依附其中者，參差良莠，並非人人皆是君子，認為東林學人不過是東漢黨錮中人物而已。這是從政治的層面上來說，然而這樣的評論是否公允？是有可以討論的空間。

　　相較之下，黃宗羲對東林學人，則是予以正面評價，認為：「數十年來，勇者燔妻子，弱者埋土室，忠義之盛，度越前代，猶是東林之流風餘韻也。一堂師友，冷風熱血，洗滌乾坤，無智之徒，竊竊然從而議之，可悲也夫！」〔註2〕

〔註 1〕〔清〕黃宗羲：《明儒學案》，卷58，〈東林學案一〉，頁 1375。
〔註 2〕〔清〕黃宗羲：《明儒學案》，卷58，〈東林學案一〉，頁 1375。

認為當明亡之後，仍有許多志士，願意犧牲生命，從事抗清志業，都是歸因於東林所標榜的氣節與忠義。透過後人對東林學人的評價可知，不論是正面稱揚，或是負面批評，都可以看出東林人物在當時，不論是在政治上或是社會風氣，確實造成一定的影響與風潮。

除了從政治社會面向來看東林學人外，其思想體系與反省王學的部分，則是另一個值得討論的核心。而筆者所要討論的，正是在其哲學思想的部分，並聚焦於顧憲成與高攀龍。誠如前文所言，顧、高二氏所面對的時代學風，其實王學已出現弊端，二氏學問的思考重點，不只是如何從學於王門，反而是著眼於如何解決王學弊端的問題，並找出其理論源頭。因此，本章將二人的學問，定位在因應弊端而起之學，討論的關鍵就在如何救弊。

本章擬先討論顧、高二人的學問，分別從其對本體與工夫的思考，衡定其義理型態。再由此作為基礎，進一步疏理二人如何批評王學流弊，及其可能救弊的方式、重點，最後試圖找出顧、高二氏對王學的總體態度。

第一節　顧憲成之小心即敬

東林學派可說是由顧憲成創始的，除了面對當時政治環境的不友善外，在學術上則是有意識的對王學進行反省，或者我們可以大膽的說，顧憲成是以王學為學問之論敵。「先生深慮近世學者，樂趨便易，冒認自然，故于不思不勉，當下即是，皆令究其源頭，果是性命上透得來否？勘其關頭，果是境界上打的過否？而于陽明無善無惡一語，辨難不遺餘力，以為壞天下教法，自斯言始。」〔註3〕就當時的學術氛圍，以及王學的發展的狀況來說，可以看出顧氏所面對的王學現況是，在當時出現了所有行為皆合理，都是自然而然、本當如此，因此不需要做工夫，只是講求易簡之徑，當下即是。然而深究其根源，是否從其性命天理的根源處而來？或是在面對生命的困頓時，能夠挺立？則是不無可疑。因此，面對這樣的風氣，顧憲成便認為陽明的無善無惡之說，乃是壞天下教法的開始，進而大加辯難。

在此先不對陽明的無善無惡之說進行討論，但是就當時的社會現象，確實就是如顧氏所言。處於如此的學術環境之下，顧憲成的思考，應如何展開以因應之？他曾對自己的學問下過斷語，其言曰：「心不踰矩，孔子之小心也；心

〔註3〕〔清〕黃宗羲：《明儒學案》，卷58，〈東林學案一〉，頁1379。

不違仁，顏子之小心也。語本體是性善二字；語工夫只是小心二字。」〔註4〕
因此，筆者將以此作為基礎，展開其本體、工夫的論述，以及對王學的評論。

一、性為心矩

顧憲成的學問，可以說是建構在性善的基礎上，大力批駁「無善無惡」之
說，並且對於孟子與告子論性的章句，多有討論。在此前提之下，顧氏對於心
的理解與界定為何？以及心與性的關係，則是其心性論的重要關鍵。

（一）性善而已

性善是顧憲成思想中最核心的概念，其批駁告子、佛學、王學等，都根源
於此。但是對於性的根源性說明及證成，相較之下，則是付之闕如，大多是以
性善為前提，並據之進行說明或是辯駁。其言曰：「或問：『邇來談學家往往揭
一宗指，子獨無之，何也？子亟稱性善，莫便是宗指否？』『吾於此亦頗參之
有年矣，參來參去，委不如性善二字好。這裏參得一分透，即有一分得力，參
得二分透，即有二分得力，參得完完全全，便是聖人。』」〔註5〕透過語意的理
解，得知顧憲成雖未直接標宗「性善」，但實際上是以之作為學問宗旨無疑。
再進一步的說，「性善」是其透過多年的體悟與參研所得，對性善的體證有多
少，自己的生命便有相應的增長。若最後能夠完完全全的參透性善，則是可以
達到聖人的境界。透過此段的問答可知，性雖是善的，但仍需要吾人參之，
「參」即是指工夫，沒有天生即是聖人的，點出了工夫的必要性。

若說性善，這是從道德價值意義上說的，對於氣質之性，應該如何安排？
顧憲成也注意到了，其言曰：「愚竊以為氣質之說，正顯性善耳。夫何故？人
之生也，昏明強弱千萬不齊。自未有氣質之說，人且以是不齊者為性，概曰性
善，猶在離合之間。自概有氣質之說，然後知其所以不齊者，氣質也，非性也，
即欲諉不善于性，不可得已，故曰：『氣質之說正顯性善。』」〔註6〕在此對於

〔註4〕〔明〕顧憲成：《小心齋箚記》，卷18，頁437。
〔註5〕〔明〕顧憲成：《小心齋箚記》，卷7，頁157。
〔註6〕〔明〕顧憲成：《小心齋箚記》，卷5，頁106～107。
　　　另外，相關的討論有：「伊川曰：『性即理也。』此一語極說得直截分明，亙古
　　　亙今，顛撲不破，卻亦有箇來歷。書云：『惟皇上帝，降衷于下民。』詩云：『天
　　　生蒸民，有物有則。』曰衷曰則，非理而何？但不如拈出理字，尤覺易曉了耳。
　　　朱子嘗言：『自程張氣質之說出，而後諸子紛紛之說息。』予以為未也，別氣質
　　　于性，則性明，潤氣質于性，則性晦。猶在人善看，惟性即理也之說出後，諸
　　　子更無所置其喙。」見〔明〕顧憲成：《小心齋箚記》，卷11，頁272～273。

氣質之性與道德之性兩分是十分的讚同的，也認為分出氣質之性後，才更能彰顯性善。因為就人的生命來說，是整全的，當然有氣質的一面，人的氣質有清濁強弱的差別，這是不可以否認的。就顧憲成的觀點來說，若是沒有將氣質之性與道德之性分別開來，只是籠統地說是性，便容易以氣質為性，無法彰顯性善的道德價值。在提出氣質之性後，性善反顯得分明。顧憲成從氣性能夠反襯性善的角度出發，提出二分之後，對於論性非善者，則是落到了氣的一面上說，此即其論性的基本觀點。因此嚴分二者，是很重要的。

　　順著道德之性與氣質之性兩分思考，再談到性與氣之間的主客問題，其言曰：「吾嘗譬之，性是主人翁，氣是客，欲是奴僕。主弱則客強，主闇則奴僕用事，然而主人翁固自在。朱子不云：『本體之明，有未嘗息者乎』，正為子指點出主人翁。……所謂一朝權在手，便把令來行，縱是甚麼樣的氣質也應變化，縱是甚麼樣的物欲也應退聽。」〔註7〕先對此段所提到的性、氣予以界定。此處所言之性，應即是前文所言性善，作為主宰的道德之性，而氣則是氣質之性的部分。在此點出了性、氣、欲三者，並且判別三者的價值高下，認為性為主，因為性是吾人生命的根源，因此具有最高的價值意義。氣是客，或是我們可以直接以客氣稱之，是人在受命之初，有清濁、厚薄的不同，是屬於吾人生命中必定存有的部分，但是其位階仍是低於性。欲望則是地位最低，或者我們可以說，過份的欲望是讓生命有所偏差的原因。因此在這樣的價值判斷下，可知只要能夠掌握性善，則可以變化氣質、退聽物欲，故性是具有優位性的。透過以上的分析，對於性、氣之間的關係是「性主氣客」，但若中無所主，就有被氣質或欲望凌駕的可能，因此工夫是重要的，只要性作為主導，則吾人生命便能全幅是善的展現。

　　在性為主，氣為客的綱領下，顧憲成對於性情的理解是：「性，體也；情，用也。」〔註8〕認為性體情用，性是本體無疑。然而情屬用，二者的關係是即體即用，或是分列上下兩層？則是要分疏的。其言曰：

> 說者謂孟子道性善則是，而以情徵性則費分疏，何者？情有善有不
> 善也。我以情之善徵性之善，而破人之所謂不善，人亦將以情之不
> 善徵性之不善，而破我之所謂善矣。誠然誠然，第孟子亦原自道破
> 來曰：「天下之言性也，則故而已矣，故者以利為本。」又曰：「今

〔註7〕〔明〕顧憲成：《小心齋劄記》，卷11，頁271。
〔註8〕〔明〕顧憲成：《小心齋劄記》，卷2，頁34。

夫水搏而躍之，可使過顙；激而行之，可使在山，是豈水之性哉？
其勢則然也，人之可使為不善，其性亦猶是也。」直說得十分明白，
奈何世之人，見水之過顙，不疑水有過顙之性；見水在山，不疑水
有在山之性。獨見人之不善，便疑人有不善之性，其費分疏也不亦
宜乎〔註9〕？

對於孟子性善說是可以肯認的，但是後人認為，孟子以情徵善，在表現上便有
善或不善之可能。就孟子講四端之心，以及惻隱、羞惡、辭讓、是非等，是屬
於道德情感或是善端的問題，先按下不表。情是性之用，因此顧憲成以情有善
的表現說明性是善的，從用上見體、從情見性來說明之，以情之善徵性之善。
然而，持相反立場者，亦以情之不善徵性之不善，反駁顧氏性善的說法。

　　以情徵性，是一種說明性善的方式，此種判斷，是把現象上情的表現與根
源的性相等。但是這樣的說明，也會造成在情上所表現的惡，是否性即是有惡
的可能？因此以情徵性，必定要對性善有充足的說明才能證成。就顧氏的思
考，要如何以情說明性是善的？首先，性、情在表現上來說，性是隱，情是顯
〔註10〕，因此以情徵性，性的內容必藉情以呈現，就方法上是可以成立的。其
以孟子引水為喻，證明性善。情之有不善，則是後天形勢、人為使之如此，而
非是性之本然有善不善之別。然而，顧憲成的說法，在理論上並不能夠自足，
因為反對者仍可以從性不善出發。有性是不善的，但情表現為善的可能，也只
是勢使之然。因此，筆者認為，要充分說明顧氏的性情關係，則必須在理論上，
就將性善定為先天的必然，根基穩固，其相關的論述也才能展開。

　　再回到性情關係的討論，二者應是分屬形上形下兩層，因為情只是在現象
上的表現而已。在性善的前提，何以情有不善的表現？可與前文對性、氣、欲
的界定來說明。性能不昧，作為吾人生命的主宰，則情的表現即是善的。相對
的，性若是不明，為氣質或欲望所掩，則情的表現則為不善。因此顧憲成對於

〔註9〕　〔明〕顧憲成：《小心齋箚記》，卷8，頁189～190。
　　　　另外，《孟子》原文為：「水信無分於東西，無分於上下乎？人性之善也，猶水
　　　　之就下也；人無有不善，水無有不下。今夫水，搏而躍之，可使過顙；激而行
　　　　之，可使在山；是豈水之性哉？其勢則然也。人之可使為不善，其性亦猶是也。」
　　　　見〔宋〕朱熹：《四書章句集註》，〈孟子集注〉，頁325。
〔註10〕　「正謂性微而情顯，微者難見，顯者易見，為未知性，人設方便耳。若自知性
　　　　者觀之，且不待取微于情也，況可認其只道情善，又可泥其未嘗直指性善，別
　　　　生擬議邪。」見〔明〕顧憲成：《顧端文公遺書》，收錄於《四庫全書存目叢書》
　　　　子部儒家類第14冊（臺北：莊嚴文化事業，1995年），〈東林商語〉，頁385。

性、氣、欲、情的安排，即可說明性善，也可以解釋在現實中不善出現的原因與可能。

（二）心亦理也

顧憲成認為不只性是理，心也是理〔註11〕。但是顧憲成所談的心即理，論法則不同於陽明所說的心即理，其言曰：「只提出性字作主，這心便有管束，孔子自言從心所欲不踰矩，矩即性也。看來當是時，已有播弄靈明的了，所以特為立箇標準。」〔註12〕心與性雖然都是理，但是以性為主，性是心的規矩，以性規範心。並且以此思考脈絡解釋，認為孔子雖言從心所欲不踰矩，所不踰的是性，仍是在性的範限下。然則其言心即理，究竟是在什麼意義下說的心即理？心即理，在一般意義下，是說道德法則由心給出，心能夠作為吾人生命價值的定向，心即性即理即天。在此處，顧憲成認為心需要有性作為規範，或是說，心需要符合性的規範，仍然是心即理，只是需要性作為保證。是以其言心即理，此「即」已非「就是」，只能作「不離」解，性除了是理則義外，就顧氏的論法，規範、限制的意味更多，和陽明所說不同。

雖然如此，顧氏也認為，心是靈明，欺瞞不過，其言曰：「這箇心極靈，是是非非瞞他不得些子何，但我瞞他不得些子，他也不肯為我瞞卻些子。閒居為不善，則見君子厭然，胸中不正則眸子眊焉，直是將五臟六腑一一呈出與人看，假饒無量惺惺到這裏，都使不著。語曰：『心為明師。』又曰：『心為嚴師。』旨哉。」〔註13〕心是靈明的，吾人行為合於道德與否，都無法欺瞞之。從另一方面說，心也不會遮掩吾人行為的不善，誠於中而形於外。因此說心為明師，能夠明白的判定吾人的行為；心為嚴師，有不善則不隱惡。然而，說此心極靈，心是屬於虛靈明覺，或是虛靈知覺？若是言明覺，此心是接近陽明的說法，強調心的覺察。但是言知覺，則是與朱子相似，重在心的認知上說。此處的說法，筆者認為較偏重在心的覺察，能夠對吾人行為作判斷，並且督導之。

另外，其亦有道心與人心的分判，其言曰：「心活物也，而道心人心辨焉，道心有主，人心無主。有主而活其活也，天下之至神也，是謂眾妙之門；無

〔註11〕「性即理也，言不得認氣質之性為性也；心即理也，言不得認血肉之心為心也。皆喫緊為人語。」見〔明〕顧憲成：《小心齋劄記》，卷2，頁27。
〔註12〕〔明〕顧憲成：《小心齋劄記》卷5，頁131。
〔註13〕〔明〕顧憲成：《小心齋劄記》，卷1，頁18。

主而活其活也，天下之至險也，是謂眾禍之門。」〔註14〕此處所言的心是活物，即是能活動，但是心卻有道心人心之別，認為道心有主，即可說是心中有定盤針，或可以說是性作為規範，因此心的活動，都是有所依循，能夠從心所欲不踰矩。相對的，人心則是無有規範，無有定向，其活動則不知方向，是危險的。

顧氏所論之心的涵義，除了在有主無主的分別外，還有什麼差異？其言曰：「《書》言人心惟危，直是八字打開，〈太極圖說〉言無極之真，二五之精，妙合而凝，即人心道心，又不是截然兩物也。乃孟子論性命二條，實備發其指。是故性也，有命焉，蓋就人心拈出道心，以為舍無極沒處尋二五也。命也，有性焉，蓋就道心攝入人心，以為舍二五沒處討無極也，所謂妙合而凝。蓋如此，窮此之謂窮理，盡此之謂盡性，至此之謂至命，非深于天人之故者，其孰能知之？」〔註15〕此處是分別從兩個脈絡來說明道心人心，一是〈太極圖說〉，一是孟子。在〈太極圖說〉的脈絡下，道心即是無極之真，人心為二五之精。但人心道心非二，因為無極之真與二五之精，是妙合而凝的，故道心與人心，亦是不二。以孟子論性命的脈絡出發，是把道心人心，放在《孟子》的語脈說出的，「性也有命焉，是從人心中拈出道心」一語，可理解為在自然生命之中，有自然的欲求，但有求得不求得之命，而吾人能夠安之若命，從人心中點出道心的意義就在此說。也可看出，若無道心作為主宰，亦不能適當的安頓人心。反之亦然，「命也有性焉」，雖然人無法掌握命運、命限，但對於道德的追求與實踐，是不會受到命限左右的。因此說在道德之性中，雖看出運命的限制，但人仍然可以在命限中實踐性善。

因此，顧氏所說的心，應如何理解？就其言心即理，但又非全心是理，有人心與道心的分別。先從道心是無極之真、性來說，顧氏將道心定位在與理、性同體無疑。再說人心為二五之精、命的意義，則是有氣、命的意義在。因此道心人心，實分屬不同的層次，道心有主，人心無主，人心即使中道，也是偶

〔註14〕〔明〕顧憲成：《小心齋箚記》，卷5，頁118。另外，相近的說法，有：「從道心發來，方是至中至正至純至粹至神至妙，方是寂然不動，感而遂通，方是朒朒淵淵浩浩，方是不識不知，方是無聲無臭，方是人生而靜以上不容說。若從人心發來，無論出于惡者，乖刺謬戾，直與道心判為兩截，即其出于善者，或是偶中，或是硬做，尚與道心隔卻幾層，不可不察也。」（見卷5，頁118～119）

〔註15〕〔明〕顧憲成：《小心齋箚記》，卷9，頁218～219。

然，並非是有意識的道德判斷。因此，可以這樣說，人心屬於氣的層次，而道心屬性。從人心而發的行為是沒定準的，順氣往下滾；從道心而發是善，全體是善的展現。因此，顧氏所說的心即理，應是從道心上說。故道心是靈明的，不得欺騙吾人些子，具有道德價值，也是前文性字做主之義，故顧氏所言的心即理，應是道心即理。

從顧氏所言的道心人心說來看，其所理解的心，是包涵了理、氣兩個層面，因此吾人行為有依道心或依人心的可能，故不能泛泛的說心即理。但是就其言心之靈明，心能作為吾人的明師、嚴師來說，筆者認為，心的覺察義大於認知義。若以上之理解是可以成立的，我們可以說，顧氏論心，是包涵理氣，而其道心是具有覺察力，而非是去認取外在規範來作為行為的準則。可知顧氏論心，實具有其思考特色。

（三）良知良能

在性為心矩的規範下，顧憲成對於良知良能，要如何進行詮釋？其言曰：「孟子以不學而能為良能，吾以為不能而學亦良能也，何也？微良能，彼其有不能也，安于不能已耳，孰牖之而使學也？孟子以不慮而知為良知，吾以為不知而慮亦良知也，何也？微良知，彼其有不知也，安于不知已耳，孰啟之而使慮也？」又曰：「孟子以不學而能為良能，吾以學而能亦良能也，何也？能之入處異，而能之究竟處同，非學不學之所得而歧也。孟子以不慮而知為良知，吾以慮而知亦良知也，何也？知之入處異，而知之究竟處同，非慮不慮之所得而歧也。」〔註16〕首先，孟子所說的不學而知，不慮而能，良知良能是從先天上說，是先驗的，並非有後天的條件限制，是從根源上肯認了道德的普遍性，定住了凡聖皆同的價值意義，也說明了道德是由自我而發，是我能我知，說明了主體的能動性。

就著顧氏的討論，可分為兩方面來說明。首先，顧憲成轉化了孟子的說法，孟子以不學而能、不慮而知，講良能良知。但顧憲成轉以「不能而學」、「不知而慮」說良能、良知，故其言不知、不能，只是其安於不知、不能，並非其真不知、真不能。另外，吾人若真能始學、始慮，則亦是良知、良能使之如此。故其言良知、良能的「不能而學」、「不知而慮」，是在此意義下說的，已與孟子所說的不學不慮不同，顧憲成著重在良知、良能的能夠學、慮。其次，認為

─────────────

〔註16〕〔明〕顧憲成：《小心齋箚記》，卷6，頁135～136。

透過學而能、慮而知的，亦是良知與良能。就顧氏的理解來說，學、慮，都是屬於後天的工夫，由此二工夫而得到的，仍是良知、良能。透過工夫後而得的良知、良能，與孟子說的良知、良能，雖然在起點不同，但是最後達到的境地是相同的。或者我們可以借用佛教的詞語來說，孟子是從因地說，顧憲成所說的是果地。就顧憲成的思考來說，他當然不能反對孟子所說的，但其強調學、慮，透過後天工夫而得的，亦是良知、良能，因此，顧氏的說法，是合有道德的先驗性與後天透過學習而得的道德知識。

顧氏論良知良能，除了合有道德先驗性與道德知識外，更進一步的說：「良能不學而能，良知不慮而知，所謂性也。說者以為由孩提之不學而能，便可到聖人之不勉而中；由孩提之不慮而知，便可到聖人之不思而得。良是第此猶就聖人孩提分上說來，若就性上看，應曰：『聖人之不勉而中，恰到得孩提知不學而能；聖人之不思而得，恰到得孩提之不慮而知耳』。雖然猶二之也，原來只是一箇，沒些子界限，何處放箇到字，故曰：『大人者不失其赤子之心者也。』」〔註17〕首先顧氏將良知良能界定在性，而非心，因為從不學、不慮的先驗性看，當然是性。因為心有理、氣，並非全然是性，故將孟子歸在心的良知、良能，轉到性上說。其次，認為良知良能，應從聖人說到孩提，而非由孩提說到聖人。認為聖人之不勉、不思，能到孩提不學、不慮，正是大人者不失其赤子之心。然而其敘述角度何以對反？因為聖人已達到從心所欲不逾矩的境界，故能說不失赤子之心。也可以說，雖不言工夫，但工夫已在成聖的過程中具足。若是從孩提說到聖人，則可能陷入天生即為聖人，不需要工夫的弊病，因此筆者認為其翻轉視角的意義在此〔註18〕。

透過以上的說明可知，顧憲成對於性的理解，是在性善的大前提之下，並且將性作為吾人生命的指導。然而，雖有心即理的說法，但在心的理解與詮釋則是有滑轉，並且以道心人心分判。筆者認為，其言心即理，只能說是心依循

〔註17〕〔明〕顧憲成：《小心齋劄記》，卷8，頁203～204。

〔註18〕顧憲成此說法，似乎有其針對性，泰州王門羅汝芳的學問宗旨，即是赤子之心，並且認為赤子之心便是成聖的基點，不必能，不必學知，嘗言曰：「天初生我，只是個赤子，而赤子之心卻說渾然天理。細看其知不必慮能，不必學知，果然與莫之為而為、莫之致而至的體段，渾然打得對同過也。然則聖人之為聖人，只是把自己不慮不學的現在，對同莫為莫致的源頭。我常敬順乎天，天常生化乎我，久久便自然成個不思不勉而從容中道的聖人也。」見〔明〕羅汝芳著，方祖猷、梁一群、李慶龍編校：《羅汝芳集》（江蘇：鳳凰出版社，2007年3月），卷射，頁74。

性的規則，而給出道德法則。故其心是兼有理氣，雖心有覺察的能力，但卻是不穩固的，仍有依人心而動的可能，因此心並不能全體是理，仍必需在性的規範下，才能實踐道德。

二、小心工夫

顧憲成的工夫，是以小心為主腦，並且將其書齋名為小心齋，即可知其對於「小心」工夫的重視。但是在其文集中，卻少有直接言及小心〔註19〕，然而何為小心工夫？或是如何以小心縮合他對前人工夫的理解？以下將說明之，其言曰：「曰：『無可無不可，是孔子小心處，作為解？』曰：『可者因而可之，聖人未嘗敢自有其可也；不可者因而不可之，聖人未嘗敢自有其不可也。這是甚麼樣小心？若不聞之乎，君子之中庸也，君子而時中；小人之中庸也，小人而無忌憚也。時中與無忌憚，只在幾微間耳。予嘗謂〈鄉黨〉一篇，章章是箇小心圖，末條拈箇時字，正所謂無可無不可也。』」〔註20〕無可無不可，是《論語》中孔子對於自我心志的說明，即不同的時空條件背景之下，有不同的判斷，或可說孟子論孔子為聖之時者，正是說其無可無不可。在此顧憲成認為無可無不可，正是聖人展現了小心的工夫，可的還他可，不可的還他不可，就是中庸之道，即是時中。在〈鄉黨〉篇中，大都是記錄孔子的日常生活，出處進退。而顧憲成稱此篇章章是箇小心，就是在說明日常生活中，處處都是工夫，也都需要敬謹以對。因此，顧憲成小心工夫的第一義，即是時中，並且就落實在日常行事的敬謹上說。

更進一步的說：「吾十有五章，卻是箇小心訣。曰：『何也？』曰：『此章要看第一句學字，末一句矩字，兩字首尾呼應最可味。是故謂之學便見雖聖人亦不敢一毫自家主張，知有矩而已矣。謂之矩，便見雖聖人亦不敢一毫違他作主張，知有學而已矣。豈不是箇小心訣？』」〔註21〕在此舉出小心工夫的訣竅，即是《論語》中的吾十有五章，認為學與矩，即是工夫首腦。吾人必須透過學

〔註19〕這個現象，在《小心齋箚記》中，亦曾記錄：「或問：『子以小心名齋，必有取爾也，乃箚中竝未嘗及此二字，曾一處及之，予又不能無疑，敢請。』曰：『吾所言無非此二字，只是不曾牽名道姓耳，試體之便見。』」見〔明〕顧憲成：《小心齋箚記》，卷12，頁315。

〔註20〕〔明〕顧憲成：《小心齋箚記》，卷12，頁315～316。
〈鄉黨〉篇末條為：「色斯舉矣，翔而後集。曰：『山梁雌雉，時哉時哉！』子路拱之，三嗅而作。」見〔宋〕朱熹：《四書章句集註》，〈論語集注〉，頁122。

〔註21〕〔明〕顧憲成：《小心齋箚記》，卷12，頁316。

習，不可只憑自己意見，揣測臆度。然而，矩便是規範，不可違背。因此可知，學與矩兩者是相輔相成，學則有矩，有矩則知有學，故學與矩，是小心訣。因此小心工夫，就在學與矩上展現。學習後，知道吾人行為的規範。此外，聖人都需要學習，更何況是不及聖人者，吾非生而知之者也〔註22〕。要特別注意的是，此處所說的學，應理解為「不能而學」，所學的是道德知識，客觀知識也可能包涵於其中，但因顧氏所說為成德之教，是偏重在道德上說，故在此特別說明。

　　以上所談的小心工夫，不論是時中或是學、矩都是從《論語》中出發，對於宋儒的工夫，顧憲成則是取「敬」的工夫，其言曰：「曰：『小心是箇敬。聞之程子之言敬，曰：『主一無適』。謝上蔡之言敬，曰：『常惺惺法』。尹和靖之言敬，曰：『其心收斂，不容一物』。似說得甚精。』曰：『總不出小心二字，此二字亦何嘗不精，且執塗之人而告之曰：『主一無適』，曰：『常惺惺法』，曰：『其心收斂不容一物』，正恐茫然，有如告之曰：『小心』，誰不曉了，及其至，即堯舜猶病此。最易知、最易能，又最無窮盡者也，曰：『世儒放膽多矣，提出這二字正對病之藥。』曰：『這是百草中一粒靈丹，不論有病無病，都少他不得，而今須要實實調服，莫只把來做箇好方子，隨口說過，隨手鈔過，卻將自家死生放在一邊也。』」〔註23〕對於敬的工夫，問者認為，不論是主一無適、

〔註22〕「蓋世間有一種人，自負聰明說得去做得來，便儞前無往古，後無來今。以為吾性本靈，不消些子依傍；吾性本足，不消些子幫添。只就箇中流出縱橫闔闢，頭頭是道矣，豈不甚偉？由聖人觀之，卻只是箇不知而作，俗所謂杜撰是也。」見〔明〕顧憲成：《小心齋箚記》，卷2，頁46～47。

〔註23〕〔明〕顧憲成：《小心齋箚記》，卷12，頁317～318。
　　另外，「程伯子曰：『學者須先識仁，識得此理，以誠敬存之而已。』又曰：『學者識得仁體，實有諸己。只要義理栽培如求經義，皆栽培之意。』愚謂以誠敬存之，是收攝保任工夫；以義理栽培，是維持助發工夫。說得十分精密。」（見〔明〕顧憲成：《小心齋箚記》，卷1，頁10）在此可以看到，顧憲成認為誠敬的工夫，就是收攝保任，即是後返、收斂心神的工夫。因此，也可以把他提到的靜坐工夫關聯起來，其言曰：「同志聚晤，往往論及初入門功夫，誠切務也，第此處亦難指定耳。纔指定便未免因藥發病，故必從性地入，方穩無已，則有二焉。一是周元公令程子尋孔顏樂處，所樂何事？一是楊龜山門下相傳教人靜坐，看喜怒哀樂未發做何氣象。僅好商量而不直曰：『孔顏樂事』，而曰：『所樂何事？』不直曰：『未發氣象』，而曰：『作何氣象』。引而不發，語既渾含，圓而不執，機更活潑。在元公便成就了明道兄弟，在龜山便蘊釀出豫章延平兩先生來，流及朱子而斯文為之一大振，殆非偶然而已，有志者蓋審擇于斯。」（見〔明〕顧憲成：《小心齋箚記》，卷8，頁204～205）可以看到教人從靜坐入，觀未發氣象，正是前文所言的收攝保聚。相關的看法有：「周子主靜蓋從

常惺惺法、其心收斂不容一物，都比小心之說，更加的精確，如此說是否在工夫上，有說的不夠精確的疑慮？

然而，對於此問難，顧憲成並非是反對前人之說。相對的，反而認為小心工夫，是更精確的說法無疑，其理由如下：其一，若是如前賢所說，言工夫為主一無適等，則途之人無法理解，更遑論據此做工夫。因此，說小心的工夫，反而直截易懂，使途之人皆有做聖入手處，此工夫到極處，堯舜亦猶病諸。其二，認為當時儒者，對學問都太輕易放過，此點應該是指涉當時的王學流弊。在此先不討論顧憲成所謂的放膽太過確義為何，但是小心工夫確實能夠對治蕩越的流弊，或是輕率的習氣。因此，顧憲成指出，小心工夫，不論是有病無病，都是工夫重點。若非對治病痛，則小心工夫本來就應在日常生活中，無時不小心。若是對治時弊，則有救正之效。故認為小心工夫，必需時時警覺，而非只是口頭工夫，抄過便忘。

顧憲成的工夫，以小心為主腦，或者我們可以說，是屬於謹慎、戒懼，臨淵履薄的工夫性格。除了吾人日常生活的時中工夫外，更認為學與矩乃是小心訣。人非生而知之者，仍須要透過學，但此學是在道德意義上說的。學則知矩，學則有矩，因此學與矩乃是相助相成，都可說明其小心用意，不使人輕易放過生命的病痛。故其小心工夫，不只是在無病時做，更在對治當時工夫淡薄之病，故筆者認為，顧憲成提出的意義在此。

顧憲成的思想，在本體上，特別重視性善，並且認為性對心具有規範性、準則義，雖然有心即理的說法，但心並非全然是善的。工夫言小心即敬，要人

無極來，是究竟事。程子喜人靜坐，則初下下手處也。然而靜坐最難，心有所在則滯，心無所在則浮。李延平所謂看喜怒哀樂未發氣象，正當有在無在之間，就裏得箇入處，循循不已。久之氣漸平，心漸定。獨居如是，遇事如是，接人如是，即喜怒哀樂紛然突交于前，亦復如是。總總一箇未發氣象，渾無內外寂感之別，下手處便是究竟處矣。」（見〔明〕顧憲成《小心齋劄記》，卷9，頁232～233）、「得示具見用心之密，靜坐是入門一妙訣。李延平先生教人看喜怒哀樂未發作何氣象，乃就中點出一個活機。又靜坐一妙訣，學是學個恁麼？當於此有會。不必問孔孟有是與否，亦不必問克己與不遷不怒同乎？異乎？否也。」（見〔明〕顧憲成：《涇皋藏稿》，第4卷，〈答周仲純〉，頁43～44）

張學智在《明代哲學史》中，認為：「顧憲成欲矯正『無善無惡』說帶來的弊病，所以用了相當多的心力辨性之善惡。他的『小心』宗旨，是對程朱主敬說的繼承，對王學中良知現成派的蔑棄功夫，『放膽行去』的糾治。」（頁415）

時時敬謹〔註24〕。然而，要注意的是，不論是在本體或是工夫的討論上，顧憲成多是順承著前人說，因此其學問系統相較不明顯〔註25〕。

第二節　高攀龍之格物知本

高攀龍是東林學派重要人物，與顧憲成同講學於東林書院，引領東林學風潮，「每月三日遠近集者數百人，以為紀綱世界，全要是非明白。小人聞而惡之，廟堂之上，行一正事，發一正論，俱目之為東林黨人。」〔註26〕可知當時東林學人被視為正義的代表，亦可透過他人對東林學人的評價，看出其匡正時弊的用心與影響。

高攀龍的學問特色，是以中庸作為依歸，認為「程子名之曰『天理』，陽明名之曰『良知』，總不若『中庸』二字為盡。中者停停當當，庸者平平常常，有一毫走作，便不停當，有一毫造作，便非平常，本體如是，工夫如是。」〔註27〕可知其以中庸為宗旨，只是還其本然如此，無有走作。然而黃宗羲認為：「先生之學，一本程、朱，故以格物為要。但程、朱之格物，以心主乎一身，理散在萬物，存心窮理，相須並進。先生謂『纔知反求諸身，是真能格物者也』，頗與楊中立所說：『反身而誠，則天下之物無不在我』為相近，是與程、朱之旨異矣。先生又曰：『人心明，即是天理。窮至無妄處，方是理。』深有助乎陽明『致良知』之說。」〔註28〕透過黃宗羲的判斷，可知高攀龍可能對程朱陸王之學，都有所銷融，並且提出自己生命的體貼。但也因為如此，吾人在判斷高氏學問時，應謹慎分疏。

因此，以下擬先對高攀龍的本體、工夫進行詮釋，判別其學問與程朱、陸王的距離為何？以及其與顧憲成，都面對同樣的時風，如何回應王學流弊，以及修正之？也是筆者所欲討論的核心。

〔註24〕古清美提出：「心須得性『為之張主』；性的至善要借心的工夫以完成，故曰性須得心『為之效靈』。言本體則重在『性』，言工夫則須提『心』，以成其『以性宰心』之主張。」見氏著：《顧涇陽、高景逸思想之比較研究》，頁115。
〔註25〕張學智對顧憲成學問的論斷，觀點與筆者略同，在《明代哲學史》中提到：「顧憲成重在斥王學末流之弊，辯性善之旨，其本體論、工夫論皆平實無華，所論亦不甚深入。」（頁433）
〔註26〕〔清〕黃宗羲：《明儒學案》，卷58，〈東林學案一〉，頁1399。
〔註27〕〔清〕黃宗羲：《明儒學案》，卷58，〈東林學案一〉，頁1402。
〔註28〕〔清〕黃宗羲：《明儒學案》，卷58，〈東林學案一〉，頁1402。

一、性體心用

對於高攀龍在本體方面的思考，性作為根據義是無疑的。但相較於顧憲成以性作為心的規範來說，高氏在心與性之間的關係，更強調性為心之體，心為性之用，彼此是體用關係，以下將分別說明之。

（一）性善具足

高攀龍在對性的界定上，可說是與顧憲成同調，皆強調性是善的。並且認為性是先天具足圓滿，不需要後天的添加或是造作〔註 29〕。因此就高攀龍來說，性作為吾人道德實踐的根據是肯定的，其言曰：「善者性也，性者人生而靜是也，人生而靜時，胸中何曾有一物來？其營營擾擾者，皆有知識以後，日添出來，非其本然也。既是添來，今宜減去，減之又減，以至於減無可減，方始是性，方始是善。何者？人心湛然無一物時，乃是仁義禮智也。為善者，乃是仁義禮智之事也。」〔註30〕其言性是善的，若從根源處上說，何曾有後天加減者？至於吾人日常的營營擾擾，都是人有知識以後而產生的，與性的本然無關，諸般紛擾是有知識後才添加的。或借用佛家的說法，造成知識障，都是會傷害或掩蓋吾人本真，必須減去，才還原真正的性、善。但他所說人心湛然無一物時，才是仁義禮智。是否指心所學習的，都是添加出來的？只有將心所學、所增減去，才能夠使心回到與性同體，也才能夠是湛然無一物。如是，性作為道德實踐的根據，而心須要透過做工夫，最後才能回到與性同體，性善心善。

同樣的，高氏將性分為天地之性與氣質之性，其言曰：「形而後有氣質之性者，人自受形以後，天地之性已為氣質之性矣。非天地之性外復有氣質之性也，善反之則氣質之性即為天地之性，非氣質之性外復有天地之性也。故曰：『二之則不是。』」〔註31〕對於氣質之性與天地之性的理解為，人受形之後有氣質之性，換句話說，性乃是由未受形之前的天地之性而來，因此，人並非有天地、氣質兩性，只要能夠善反之，透過做工夫、逆氣，便能復歸天地之性。然而，在此既已點出了天地之性與氣質之性，可知高攀龍並非不知有二者之

〔註29〕 「吾性本來清淨無物，不可自生纏擾；吾性本來完全具足，不可自疑虧欠；吾性本來蕩平正直，不可自作迂曲；吾性本來廣大無垠，不可自為局促；吾性本來光明朗照，不可自為迷昧；吾性本來易簡直截，不可自增造作。」見〔明〕高攀龍：《高子遺書》，收錄於〔清〕紀昀等總纂：《景印文淵閣四庫全書》第1292 冊（臺北：臺灣商務，1983～1986 年），卷 1，〈語錄〉，頁 337。

〔註30〕 〔明〕高攀龍：《高子遺書》，卷 3，〈為善說〉，頁 362。

〔註31〕 〔明〕高攀龍：《高子遺書》，卷 1，〈語錄〉，頁 341。

別，但其強調合一，其故安在？。

或許我們可以從他對理氣問題的思考，找到解答。其言曰：

> 在天為命，在人物為性，一也。然以命言，則萬物一原；以性言，
> 則有稟受之不同。故人得之而為人之性，犬牛得之為犬牛之性。非
> 性異也，形既異，則氣為形拘，有不得不異者，所謂纔說性時，便
> 已不是性者，謂落在形氣中也。仁義禮智人與物一也，形氣異，是
> 以有偏全明晦之異。故曰：「論性不論氣不備，論氣不論性不明」，
> 理之與氣二之固不是，便認氣為理又不可。告子生之謂性，語未嘗
> 差，生之謂性與一陰一陽之謂道何異也。然聖人不謂陰陽便是道，
> 故又曰：「形而上者謂之道，形而下者謂之器」，形只是這箇，須是
> 截得上下分明，告子不知此，故認氣為道也〔註32〕。

以上說法，可分為幾個層次討論，首先界定命、性與氣。高氏認為命與性是一，所差異者，只是在天與在人物之別。因此，從命上說，是萬物一源，但從性上說，則已有稟受的差異。因為說性，必定說到氣稟，故有人之性，有犬牛之性，而其間的差別，乃是受限於氣。其次是氣稟厚薄的問題，在現實中，因稟受不同，而有人、物之別，雖然就仁義禮智等受之於天的性是相等的，但落到形氣的限制，故有賢愚的不同。即使有別，其根源都是天命，就性上說是相同的。最後談到告子論生之謂性，就生之謂性一語，高攀龍認為並非是錯，但偏差的是，他對此語的界定不明，將道器相混，上下不別，認氣為性，因此說告子論性不明。

高氏之論氣質之性與天地之性不二，只是在說明根源的同出義，但也點出，理氣不可相混〔註33〕，清楚分辨形而上者謂之道，形而下者謂之器。再回到前文，認為天地之性與氣質之性是一不二。可以說天地之性，是未受到氣稟限制的。但是落到了人與物時，則必然有氣的限制，因而在表現上有厚薄的不同。或者我們可以這樣理解，其言天地之性，乃是重在根源義，說明一源，而言氣質之性，則是在說明受到氣拘的限制。但統括的說，是同一性在形上形下不同層次的展現。然而可以再進一步的思考，何以高攀龍要如此說？筆者提出幾個觀察的可能方向，高氏的思想有漸漸合一的傾向，明末士人對理氣的思

〔註32〕〔明〕高攀龍：《高子遺書》，卷8上，〈荅涇陽論生之謂性〉，頁470。
〔註33〕「學者於理氣心性，一一要分剖的明白，延平先生默坐澄心，便明心氣，體認天理，便明理性。」見〔明〕高攀龍：《高子遺書》，卷5，〈劄記〉，頁414。

考,從嚴分理氣,到如何使理氣有別而合一,或許是當時士人所思考的面向。再者強調天地之性落在人、物時,已是受到氣拘,展現氣質之性的一面。或可以說,人雖有天地之性,但同時也受形氣的限制,故如何在限制中,回到天地之性?因此,做工夫以去弊便是重要的,因為人之生本有氣質之限制,此或許為其思考的用心所在。

總而言之,高攀龍論性是一,可是也正視有天地之性與氣質之性的分別,其中差異就在於受氣與否。一旦受氣,則因氣稟之異而有別,但天地之性仍在其中矣。最後希望透過做工夫,擺落形氣的限制,回到人生而靜之性,性之本然如此。

(二)心者氣之靈

高攀龍對心界定,曾出現過兩種說法,第一種是:「性,形而上者也;心與氣,形而下者也。」〔註34〕第二種是:「心與理一而已矣。善學者一之,不善學者二之。識義理而心體未徹者,入於見解;見心體而義理未徹者,入於氣機。」〔註35〕此兩種說法,都可做為其心是否即理的證據。第一種講法,將性與心、氣相對,以形上形下劃分開來,是以心當然不等於理。第二種說法,則有心與理為一的可能,認為心與理為一。若是心與理為二,則是吾人不善學的問題。然而對於心與理一,要如何解釋?是心就是理?還是心與理有合一的可能?若高氏第一種說法是肯定的,心與理一,便應理解為心與理有合一的可能性。

然而,以上兩種看似相悖的兩路向,應該如何理解之?筆者認為高攀龍將心歸入了形下,但是其心,仍有與理為一的可能,其言曰:「此心廣大無際,常人局於形、囿於氣、縛於念、蔽於欲,故不能盡。盡心則知性,知性則知天。天無際、性無際、心無際,一而已矣。」〔註36〕心雖然是形下,不能直接等於理,但是可透過做工夫,擺落拘蔽,最後能夠使心與理合一。若能夠如此,則是能夠盡心知性知天,最後達到一貫的境界。

高氏論心的涵義,首先可以在高攀龍對心的說明中,見有接近心學的說法,如:「何以謂心本仁?仁者生生之謂,天只是一箇生,故仁即天也。天在人身為心,故本心為仁,其不仁者,心蔽於私,非其本然也。」〔註37〕此處

〔註34〕〔明〕高攀龍:《高子遺書》,卷3,〈心性說〉,頁365。
〔註35〕〔明〕高攀龍:《高子遺書》,卷2,〈箚記〉,頁345。
〔註36〕〔明〕高攀龍:《高子遺書》,卷1,〈語錄〉,頁334。
〔註37〕〔明〕高攀龍:《高子遺書》,卷1,〈語錄〉,頁336。

便是將仁與天關聯起來，從仁與天都是生生不已上說，因此是具有創生義的〔註38〕。然而天在人即是心，因此心便是仁，若是不仁，則是心為私欲所蔽。此說法有心即天即理的意味在，對此筆者認為高氏的學說，雖有對應王學流弊而起的部分，但是也在當時學風影響下，在對心的界定上，仍有向心學靠近的情形。其次強調工夫的重要性，其心雖被歸在形下，但是心也有與理為一，有生生之仁的可能。因此在其思想中，如何使心回到與理為一，工夫便重在如何對治心。

　　若心是屬於形而下的，心與性的關係應該如何安排？其言曰：「心之與性謂之一則不可，混謂之二又不可。分心之用可，言心之體不可。言性者心之體也，可言者仁義禮智耳。仁義禮智之可言者，惻隱、羞惡、辭讓、是非耳，皆心之用也。」〔註39〕認為心性非一非二，心言用，性才是心之體。正如說仁義禮智，是心之體、是性，而心之用是惻隱、羞惡、辭讓、是非。故說心與性為一不可，一者為體一者為用；說心與性為二亦不可，因為性是心之體，心是性之用。因此從對心性的分判可知，性是體、心是性的發用，仁義禮智之性，正需由惻隱、羞惡、辭讓、是非之心顯，故為體用關係。

　　進一步說，心與氣皆屬於形下，但心與氣應如何分別之？其言曰：「天地間充塞無間者，惟氣而已。在天則為氣，在人則為心。氣之精靈為心，心之充塞為氣，非有二也。」〔註40〕認為氣是充塞於天地之間，在天為氣，在人為心。故在此說法中，心與氣，只是在天在人的差別，並且點出，心是氣之靈。嘗比喻心、氣為：「心之充塞為氣，氣之精靈為心。譬如日廣照者是氣，凝聚者是心，明便是性。」〔註41〕氣是充塞於天地之間的，心是氣之凝聚處，性便作為心中道德判斷之根據。透過此段說明，其中氣、心、性之別，明顯可知。

　　然而，高攀龍所謂氣之充塞，確指為何？其言曰：「朱子曰：『滿腔子是惻隱之心』，是就人身上指出此理，充塞處最為親切，朱子發明程子之言，亦最親切矣。蓋天地之心充塞於人身者，為惻隱之心；人心充塞天地者，即天地之

〔註38〕陳來認為，宋儒將仁與生，明確關聯起來，程明道與謝上蔡的以生論仁，具有重大的本體論宇宙論意義，把人的存在看成與這一生生大流融合一體，是不斷的生生向生，是仁學本體論。陳氏此處的論斷，有其建構理論的刻意，但不能否定的是，以生論仁，強調生命的實感，生生不息是宋明儒都肯認的。詳參氏著：《仁學本體論》（北京：三聯書店，2014 年 6 月），頁 37～47。

〔註39〕〔明〕高攀龍：《高子遺書》，卷 3，〈心性說〉，頁 364～365。

〔註40〕〔明〕高攀龍：《高子遺書》，卷 4，〈講義〉，論「雖存乎仁者節」，頁 405。

〔註41〕〔明〕高攀龍：《高子遺書》，卷 5，〈會語〉，頁 414。

心。人身一小腔子，天地即大腔子也。」〔註42〕此處所說的充塞，是充滿的意思，若天地之心充塞在人身，則是惻隱之心，而人心充塞於天地者，是天地之心。此處所說，心全然是理，已不被外在事物所拘蔽，所達到的境界。然而心雖是氣之靈，但仍有被遮蔽的可能。因此人心充塞天地為天地之心，必在心已是理的先決條件下說。

　　總結高攀龍對心性的理解來看，性是體，心是用，分屬為形上形下兩層無疑。但仍會隱約出現有以心為體的說法，或是以心為理，這是無法避免，而需要仔細檢點的部分。若為高氏解釋何以其文集出現此現象，則可說是在心學的籠罩之下，順著說，因而造成部分語義的滑轉〔註43〕。但從另一個角度來看，則是其學說，在體系的圓融上，仍有所不足之處。

二、復性主敬

　　高攀龍認為性作為吾人生命的根據，是天所命者，落在人身上為性，但一落為性，便一定受氣稟影響。因此要如何使性不受到外在事物的干擾，則是需要工夫去穩立的。然而在王學以致良知作為工夫主腦的學風下，面對當時弊端迭出的末流，高攀龍的工夫，則是走向了與王門不同的路向，認為「千聖萬賢只一敬字做成」〔註44〕，故敬可以說是他的工夫關鍵無疑。以下將分別說明之。

（一）心無一事

　　敬的工夫，可以說是敬謹的工夫。然而，在高攀龍的思考中，賦予了新的意義，其言曰：「心無一事之謂敬。」〔註45〕此語可以從二方面理解，首先是工夫在心上做。其次是心無一事，則是認為心要回到清明的狀態，才可謂之敬。然而對於工夫在心上做，是可以理解的。因為就性來說，是本體義、根據義，但是心有被遮蔽的可能，故工夫在心上做。然而敬的工夫，是心無一事，即是

〔註42〕〔明〕高攀龍：《高子遺書》，卷1，〈語錄〉，頁335。
〔註43〕對於高攀龍論心有滑轉，有時將心歸為形下，但又時有心即理的說法，持相同看法者如：葛榮晉：〈東林學派與晚明朱學的復興〉，《書目季刊》第22卷第4期，1989年3月，頁45～46。朱湘鈺：《高攀龍心性論研究》（暨南國際大學中國文學研究所碩士論文，2002年），頁118～121。
〔註44〕〔明〕高攀龍：《高子遺書》，卷1，〈語錄〉，頁333。另外，相近的說法有：「學問之道無他，復其性而已矣。弟觀千古聖賢心法，只一敬字，捷徑無弊」（見卷8上，〈答念臺〉第3書，頁480）
〔註45〕〔明〕高攀龍：《高子遺書》，卷1，〈語錄〉，頁335。另外，相同說法有：「其實無一事，不要惹事。」（見頁337）

「無妄之謂誠，無適之謂敬，有適皆妄也。」〔註46〕可理解為心無虛妄、無所馳往，只是回到心的本然狀態，「有毫釐絲忽在便不是有敬字在」〔註47〕。

　　然而實際上，要如何能夠讓心無適，勿忘勿助，則是需要有工夫步驟的。對此，高攀龍曾說：「學問起頭要知性，中間要復性，了手要盡性，只一性而已。性以敬知，性以敬復，性以敬盡，只一敬而已。讀書窮此也，靜坐體此者也，會友明此者也。心無所適，便是敬。時時習之，熟則自妙，其他皆大擔閣、大障礙也。」〔註48〕其言不論是起點知性、過程復性、終則盡性，都只是敬的工夫，敬是工夫主腦無疑。因此當回到心中無一事，則可以擺落生活中的紛擾，使心回到與性相等的本然狀態。則是時時以敬的工夫，並非是一時的展露而已，最後工夫純熟，則不只是生命中無病痛，而是能夠展現人之所以為人的價值與意義。盡性則是踐形之義，全幅生命都是等同於天地之性。即前文所說的，人之心充塞於天地者，便是與天地之心等價。故心無一事，敬作為其工夫主腦無疑。

（二）靜坐慎獨

　　敬的工夫是心中無一事，然而如何能達到這個境界？則是需要從靜坐入手，其言曰：「夫靜坐之法，入門者藉以涵養，初學者藉以入門。彼夫初入之心，妄念膠結，何從而見平常之體乎？平常則散漫去矣。故必收斂身心以主於一，一即平常之體也，主則有存焉。此意亦非著意，蓋心中無事之謂一，著意則非一也。不著意而謂之意者，但從衣冠瞻視間，整齊嚴肅，則心自一，漸久漸熟漸平常矣。故主一者學之成始成終者也。」〔註49〕靜坐是入門的工夫。因

〔註46〕〔明〕高攀龍：《高子遺書》，卷1，〈語錄〉，頁333。
〔註47〕〔明〕高攀龍：《高子遺書》，卷8上，〈荅念臺〉第3書，頁480。
〔註48〕〔明〕高攀龍：《高子遺書》，卷8下，〈與許涵淳〉，頁532。
〔註49〕〔明〕高攀龍：《高子遺書》，卷3，〈書靜坐說後〉，頁359。在此處高攀龍對靜坐的看法，可視為較完備的說法，在萬曆癸丑年（AD1613），曾作〈靜坐說〉（頁359），此篇作於兩年後，萬曆乙卯年（AD1615），故本文引此篇為準。另外，相近的說法有：「如今第一要緊的是這一箇心，迺萬理統會、萬事根本，今人終日營營，閒思妄想，此心不知放在何處，如此豈有與聖賢之書相入之理，諸友若肯相信，今日回去便埽一室，閉門靜坐，看自己身心如何，初間必是恍惚飄蕩，坐亦不定，須要勉強，坐定令浮氣稍寧，只收斂此心向腔子裏來。」（見〔明〕高攀龍：《高子遺書》，卷3，〈讀書法示揭陽諸友〉，頁361）、「龜山門下相傳靜坐中觀喜怒哀樂未發前作何氣象。是靜中見性之法，要知觀者即是未發者也，觀不是思，思則發矣。此為初學者引而至之善誘也。」（見卷1，〈語錄〉，頁339）

為吾人平日，為外物所牽纏，妄念紛擾，無法體察吾人之本性。因此，必先以靜坐的工夫，收斂精神，回到清明的狀態，即是前文所說的知性。透過靜坐回到心中無事，工夫日久，則不只是一時的性體呈現，而是能夠在日常生活，衣冠瞻視之中，自我生命的整潔嚴謹，是時時復性，達到日用平常都是敬的工夫貫串，最後則吾人生命全體是性體的展現，心無所住，心即性即理。因此雖說靜坐是入門的工夫，最後達到主一，時時心中無一事，都是可以透過靜坐達至的，因此說靜坐是成始成終的工夫。

然而，與靜坐工夫相連貫的，則是慎獨，其言曰：「至靜中，凡平日行不慊心者，一一顯現，故主靜要在慎獨。」〔註50〕只有在靜時，所有思慮沉澱，一切外物退聽。凡是平時行為有所不能合於心者，才能夠在此時一一顯現，因此慎獨的工夫是必要的。其所言不慊於心，應理解為不合於道德規範，或是不合於性。因為就高氏的心來說，是有滑轉的可能，因此應為不慊於「性」，在意義上較為準確。故可知其慎獨，必定是透過靜坐工夫而來。

高氏亦給予慎獨新的詮釋，其言曰：「『復以自知』，所謂獨也；『不遠復』，所謂慎獨也。」〔註51〕復以自知，出於〈繫辭下〉。復，可以解為復性，而復以自知，則是生命只有自我體證之，故是謂獨。而不遠復，則是出自〈復卦〉：「不遠復，無祇悔。」回應前文對工夫終點的說明，是心主一無適，心中無一事，中有所主，故謂之慎獨。

在靜坐中，除了收斂精神，透過慎獨，以檢驗吾人日常不慊於心之事外，都是屬於靜的工夫，動時又該如何？其言曰：「靜處收拾寧定，則事至物來，方能審擇是非，不迷所向。」〔註52〕就高攀龍的觀點來說，只要能夠在靜時收斂，中有所主，則能事來順應，明辨是非，予以適當的判斷。更認為：「動時工夫要在靜時做，靜時工夫要在動時用，動時差了必是靜時差。譬如吾人靜時澄然無事，動時一感即應，只依本色，何得有差。」〔註53〕動時的工夫要在靜時做，即是靜時中有所主，動時便能夠判斷是非。靜時的工夫要在動時用，是在說明工夫非只要靜坐。因為就生活的場域來說，仍是需要吾人的參贊，若只講求靜的工夫，則是掛空萬物。但需注意的是，靜的工夫在動時用，則是強調必先中有所主。若不如此，則動時工夫則會滑轉，動時一差，

〔註50〕〔明〕高攀龍：《高子遺書》，卷2，〈箚記〉，頁346。
〔註51〕〔明〕高攀龍：《高子遺書》，卷1，〈語錄〉，頁337。
〔註52〕〔明〕高攀龍：《高子遺書》，卷8上，〈與揭陽諸生〉，頁482。
〔註53〕〔明〕高攀龍：《高子遺書》，卷5，〈會語〉，頁414。

必是靜的工夫不夠。故必求穩立靜中工夫，則動時物來即應，無有偏失。因此，其言雖有動時工夫、靜時工夫，但仍是偏重在靜時工夫，「主靜之學要在慎動」〔註54〕。因為靜的工夫穩立與否，直接影響動時工夫的偏正。因此，雖然有所謂的動時工夫，但是仍以靜為主。動時工夫的提出，主要在強調吾人生命與外在世界的接軌，不只是靜而已，掛空吾人的生命，「動則著事，靜則著空，無有是處」〔註55〕。

故高氏工夫偏靜，強調透過靜坐，擺落生命中的紛擾，並且就在靜坐中，能夠警覺動時生命可能產生的偏失。也因此，靜時的慎獨主一，是動時工夫的根本。雖然高氏強調，動靜工夫兼有，但其實動時工夫只在靜時的工夫基礎上，強調其一感即應，動時工夫義較為淡薄。

另外，高子的心中無一事、靜坐慎獨，其工夫教相是與白沙相近的。而二人不同地方在於，白沙是以心即理展開工夫，而高氏是以心屬於形下的一面。高氏嘗言曰：「白沙所謂靜中養出端倪，方有商量處也。天理無窮，人欲亦無窮，於此日損，則於彼日益。」〔註56〕是贊同白沙的靜中工夫，並且就在此中，減銷人欲，而使天理呈現多一分。因此，白沙的工夫是在使心不為外物所遮蔽，而高攀龍則是如何使心漸漸向性、理靠攏。但也因為二人對心的理解不同，雖然工夫相接近，還是分屬於不同型態。

（三）格物知本

在敬的工夫外，高攀龍提出了「學必繇格物入」〔註57〕的看法，格物亦是其工夫側重無疑。然而，高攀龍理解格物工夫為：「纔知反求諸身，是真能格物者也。」〔註58〕故其格物，非是格外物，反而是回到了吾人當身，轉向格物知本，以下將說明之。

對於前人論格物，高氏提出他的批評與看法：「吾丈謂『心之理便是性』六字，亦顛撲不破矣。尋常見世儒以『在物為理』，為程子錯認理在物上；以『窮至事物之理』，為朱子錯在物上求理，頗為絕倒。此不獨不識理，亦不識物，名為合心理而一之，實則歧心理而二之。」〔註59〕在此首先反對在物求理

〔註54〕〔明〕高攀龍：《高子遺書》，卷1，〈語錄〉，頁336。
〔註55〕〔明〕高攀龍：《高子遺書》，卷1，〈語錄〉，頁335。
〔註56〕〔明〕高攀龍：《高子遺書》，卷8上，〈與安我素〉第1書，頁480。
〔註57〕〔明〕高攀龍：《高子遺書》，卷1，〈語錄〉，頁331。
〔註58〕〔明〕高攀龍：《高子遺書》，卷1，〈語錄〉，頁331。
〔註59〕〔明〕高攀龍：《高子遺書》，卷8上，〈荅錢啟新〉第1書，頁481。

的說法，若是將程朱所謂的即物窮理認作理在物上、在物上求理，則是不能夠真正的理解程朱之說，亦非善解理、物。因此格物，並非是格外物，理是心上之理。因此其格物，不是向外求取，而是向內的工夫〔註60〕。故認為格物若是格外物，則是不能善解理、物。

高攀龍所言格物的工夫，可以如此說，其言曰：「曰：『何謂格物？』曰：『程朱之言至矣。所謂窮至事物之理者，窮究到極處即本之所在也，即至善之所在也。』曰：『若是則於古無悖與？』曰：『無悖也。天下之理，未有不本諸身者，但格物不到物之至處，不知物之本處。故脩身為本，是一句眼前極平常話，却不是物理十分透徹者信不過。格物是直窮到底，斷知天下之物無有本亂而末治者，無有薄其身反能厚於國家天下者。知到本處便是知到至處，故曰此謂知本，此謂知之至也。』」〔註61〕在此將程朱窮至事物之理，理解成窮至事物之極處，是吾人生命根源之所在。認為天下之理，都是本之於吾人之身。若是不能真正理解窮至事物之理的極至為何，則無法知道物理之根本何在。在此前提之下，認為格物是直窮到吾人生命的根源處，本立則末必治，故此之謂知本、知至。

根據前述，明顯可知，高氏將格物理解為知本，並且直言曰：「格物即致知也。《書》不云乎：『格知天命』。格即知也，格訓至，致訓推極，格即致也。《大學》格物即是致知，故釋知至不必釋物格。《大學》知至即是知本，故釋知本不必釋知至也。」〔註62〕直接把格物等同於致知，認為格若訓為「至」，致訓為「推極」，則格物為「至物」，致知為「推極知」。至物是達至

〔註60〕 「千變萬化，有一不起化於身者乎？千病萬痛，有一不起病於身者乎？此處看得透，謂之格物，謂之知本。故曰：『此謂知本，此謂知之至也。』」見〔明〕高攀龍：《高子遺書》，卷1，〈語錄〉，頁331～332。
張學智認為，高攀龍的格物說，已非程朱之格物義，其言曰：「高攀龍的確已與程朱『今日格一物，明日格一物，積習既多，脫然自有貫通處』不同。每格一物，直接即為修身知本功夫。」見氏著：《明代哲學史》，頁422。

〔註61〕 〔明〕高攀龍：《高子遺書》，卷3，〈《大學》首章廣義〉，頁351～352。
高氏論格物，與心齋的看法有相近處，茲引述之，其言曰：「物有本末，故物格而後知本也。知本，知之至也。『自天子』至此，謂知之至也，乃是釋格物致知之義。身與天下國家一物也，惟一物而有本末之謂。格，絜度也，絜度於本末之間，而知本亂而末治者否矣。此格物也。物格，知本也，知本，知之至也。故曰：『自天子以至於庶人，壹是皆以修身為本也。』修身，立本也；立本，安身也。」見〔清〕黃宗羲：《明儒學案》，卷32，〈泰州學案一〉，頁712。

〔註62〕 〔明〕高攀龍：《高子遺書》，卷3，〈《大學》首章廣義〉，頁352。

理之究極處，理之究極處不在外，即在吾身。推極知則是推極至本處，亦是推極至吾身，因此不論格物或致知，皆是知本，最後都是落在吾人之身上說。故其格物致知是相等同的，工夫都在吾人身上做。並且認為格物工夫最後能夠達到，「物格知至，實見得天人一、古今一、聖凡一、內外一、主一工夫自妙矣。」〔註63〕

若是與靜坐工夫關聯起來，更可見其工夫的一貫性，其言曰：「彥文問曰：『靜中何以格物？』先生曰：『格物不是尋一箇物來格，但看身心安妥。苟身心稍不安妥，便要格之，因甚不安妥。』彥文曰：『若安妥時，如何？』先生曰：『安妥便要認，認即是格物。』」〔註64〕若是將格物解釋為窮究事物之理，格物便為動時工夫，這多為一般人所肯認。但是在高攀龍的思考中，格物是要在吾人身心上做工夫，再加上其動時工夫在靜時做。因此格物只是在看身心是否安妥，即是心中是否無一事，無所住，若有所住，便需要去之。若是心中已無一事，身心安妥，此時便是格物，便是窮究至理，故可知其工夫是有連貫性的。

最後必然達到：「以格物致知而知本，以知本為物格知至耳。至於主意則在知止，工夫則在知本，一也。吾人日用何曾頃刻離著格物？開眼便是，開口便是，動念便是。善格物者，時時知本；善知本者，時時格物。格透一分則本地透一分，止地透一分耳。」〔註65〕在生命中，時時刻刻都在做格物的工夫，行住坐臥，無一不是，起心動念也需格物。善格物者，即是時時刻刻知本，時時刻刻知本，亦是在做格物工夫。因此能夠格知生命透一分，則是對吾人生命更深刻的體認。

總而言之，高攀龍在本體的思考，仍是以性善為首出。性為心之體，心為性之用，是屬於體用的關係。在工夫上則是以「敬」貫始終，並且認為靜時工夫為動時工夫之根本，因此轉化格物為知本，工夫只在身上做。本若未立則末無由正，故其工夫為向內的工夫形態。

〔註63〕〔明〕高攀龍：《高子遺書》，卷1，〈語錄〉，頁334。
　　　唐君毅總結高子格物為：「于是攀龍之學由心悟始，原近白沙陽明者，乃以歸于程朱格物窮理之論終。」見氏著：《中國哲學原論》原教篇，頁458。
　　　于化民認為：「在高攀龍看來，格物、致知是同一個工夫，物格即知至，心理合一是格物的最高境界。」見《明中晚期理學兩大宗派的對峙與合流》（臺北：文津出版社，1993年2月），頁166。
〔註64〕〔明〕高攀龍：《高子遺書》，卷5，〈會語〉，頁411。
〔註65〕〔明〕高攀龍：《高子遺書》，卷8上，〈與徐匡岳大參〉，頁489。

第三節　東林學派對王學的批判與修正

東林學人但因其處於明代晚期，再加之當時王學弊端已然流衍，因此顧憲成與高攀龍，便對此現象有所反省〔註66〕。在學問上，除了有受到王學影響的部分外，更在看到王學出現弊端之後，反思此現象，也促使其思考，如何救正之？故從反省流弊的角度出發，以下將分別從消極的批判，與積極的救弊兩方面說明之。

一、批判無善無惡之說

在陽明四句教中，首句即言無善無惡心之體。旨在說明，心是超越現象中的善惡，不可以善惡名之，是至善的。因此陽明所說的無善無惡，是從超越面來談，而非是從現象上說無善無惡，現實中當然是有善惡之別。然而，此說法卻在後學中，歧出滑轉，進而出現弊端，並引起很大的批評聲浪。不論是顧憲成或是高攀龍，對於無善無惡之說，都強力批評之。

顧憲成認為：「近世談陽明之學者，往往率意順情，恣睢放誕，無所不為。有從而詰之，輒以陽明斯言借口，一語之謬，流禍無窮，吁！可不畏哉！」〔註67〕而其中率意順情，借陽明之口者，就在其無善無惡之說。故顧憲成對此

〔註66〕「王子拈出此心無善無惡之本體，可謂重新周子之太極。又謂為善去惡之功，自初學至聖人究竟無盡，其旨尤為精密。然為其學者，每執上一語而忽下二語，何也？此匪獨風會使然，亦由倡道者知微知彰之哲，不無遜于古人也。稽其弊端有四焉。孔子不納鄉愿，亦不與中人以下語上。今不慮偽夫之敗道，而濫于授徒，輕于語上，此殆以神器授匪人也。孔子述而不作，未嘗自有其道。而今張皇千古之絕學，引人心高氣浮，輒擬與作者爭衡，此殆以虛標掩道本也。應世者機欲圓，師世者矩欲方，雖周孔猶難兼顯。今欲合六龍而乘之立功立言，又樹道標于天？人必執方矩而議其圓矣，此殆以多取攖物忌也。孔門自顏子而下，賜也，達可與經世；點也，狂可與出世，俱有契于一貫之學。夫子不使于思師之，而所師在參之魯，豈非以其戰兢持一貫，可維道脈于永久歟。」（見〔明〕顧憲成：《顧端文公遺書》證性編，〈質疑〉，頁451～452）高攀龍亦對當時流弊的出現，提出觀察，其言曰：「自姚江因俗學流弊看差了紫陽窮理立論偏重，遂使學者謂讀書是徇外。少小精力虛拋閒過，文士不窮探經史，布衣只道聽塗說，空疏杜撰，一無實學。經濟不本于經術，實脩不得其實據，良可痛也。」（見〔明〕高攀龍：《高子遺書》，卷3，〈示學者〉，頁360）、「當文成之身，學者則已有流入空虛為脫落新奇之論，而文成亦悔之矣。至於今乃益以虛見為實悟，任情為率性，易簡之途誤認。而義利之界漸夷，其弊也滋甚。則亦未嘗反而求之文成之說也。良知乎？夫乃文成所謂玩弄以負其知也乎！」（見卷8下，〈王文成公年譜序〉，頁545）

〔註67〕〔明〕顧憲成；《顧端文公遺書》，〈還經錄〉，頁489。

批評最力，「方今無善無惡之說，盈天下，其流毒甚酷。」〔註68〕可知其認為陽明此說，為流弊之端始。

　　高攀龍亦有相近的看法，其言曰：「自陽明先生提挈良知以來，掃蕩廓清之功大矣。然後之襲其學者，既非先生百年一出之人豪，又非先生萬死一生之學力，往往掠其便以濟其私，人人自謂得孔子真面目，而不知愈失其真精神。」〔註69〕批評王門後學無陽明人中豪傑之膽識才學，良知亦非透過其真生命所體會的，只是隨順陽明之說，以良知之說成就自我之私。因此人人皆自以為能夠得到孔子之真精神，但實際上卻是相反的。故高氏對於王門後學諸子談良知，便多所質疑。而其中批評的核心，亦是在無善無惡之說，認為此說導致士鮮實脩，而任空廢行〔註70〕，故對於無善無惡之說，大加批判。以下將分別從二人批判無善無惡說的角度，進行說明。

（一）卑善

　　顧憲成認為陽明無善無惡之說，並非是孟子正傳，反而是承襲告子之說。因為孟子言性善，告子言性無善無惡，故在評論其無善無惡之說時，都將陽明此說歸宗於告子。從以下幾個角度進行批評，第一點到第三點，是從法病上說，針對陽明無善無惡。而第四點，則是從人病討論，重點放在後學因之而起的流弊。

　　其一，混淆理與氣的界線：論氣可說是無善無惡，氣是中性的，但性當然是有善惡之別的。其言曰：「孟子曰：『性善』，告子曰：『性無善無惡』，兩說判若霄壤。陽明先生合而言之曰：『無善無惡是謂至善』，似乎看得圓活。惟是告子之所謂性就氣上認取，陽明之所謂性就理上認取。就氣上認取，以為無善

〔註68〕〔明〕顧憲成：《涇皋藏稿》，卷4，〈簡伍容菴學憲〉第3書，頁45。

〔註69〕〔明〕高攀龍：《高子遺書》，卷9上，〈虞山書院商語序〉，頁549。

〔註70〕「姚江天挺豪傑，妙悟良知，一破泥文之蔽，其功甚偉，豈可不謂孔子之學？然而非孔子之教也，今其弊略見矣。始以掃聞見以明心耳，究且任心而廢學，於是詩書禮樂輕，而士鮮實悟。始也掃善惡以空念耳，究且任空廢行，於是乎名節忠義輕而士鮮實脩。蓋至於以四無教者，弊而後知。以四教教者，聖人憂患後世之遠也。」（見〔明〕高攀龍：《高子遺書》，卷9上，〈崇文會語序〉，頁550～551）。其他類似說法，如：「特以文成不甘自處於二氏，必欲竄位於儒宗，故據其所得拍合致知，又裝上格物，極費工力，所以左籠右罩，顛倒重復。定眼一覷，破綻百出也，後人不得文成之金針，而欲強繡其鴛鴦，其亦悞矣。余於序中亦未敢無狀便說破，姑記於此。」（見卷10，〈三時記〉，頁618）在此處的批評，是十分強烈的，認為陽明之說，已是破綻百出，後學就更是等而下之。

無惡可矣。就理上認取，還有箇無善無惡之理否？」〔註71〕認為陽明是將孟子與告子兩者對性的看法合一，從字面上看，彷彿是能夠調合為一，但實際上二者卻有差異的。

然而告子所說的性無善無惡，是以什麼脈絡說明？其言曰：「性猶湍水也，決諸東方則東流，決諸西方則西流。人性之無分於善不善也，猶水之無分於東西也。」〔註72〕此段文句是告子論證性無善惡，認為人性就像水一般，並沒有善惡之分，是中性的。若導引為善則向善，若導引為惡則向惡，善惡是後天的。再者，告子亦認為：「食色，性也。」認為性也有自然本能的一面，並非是道德性。

顧氏認為，陽明與告子雖都說無善無惡，告子是從氣上說無善無惡，從氣上說是可以肯認的，因為氣是中性義。然而陽明說的無善無惡，卻是從性上說，是將性至善的價值義解銷，並且認為，若是從理上說的性，不會是無善無惡的。告子所言自然之性，或從本能官能說，未必全屬氣，但都屬生之謂性的自然之性的立場則無分。因此，陽明說無善無惡，則是混氣與自然本能之性於道德性之中，反而不若告子單提無善無惡之性。

其二，言無善無惡之病更甚言性惡：顧憲成認為陽明的無善無惡說比不上告子，更認為：「陽明將這善壓倒與惡平等看，其流毒乃更甚于言性惡者。」〔註73〕陽明不只是混氣與理，並且將善的地位下拉與惡齊等，則是使人分不清善惡。因此言性無善無惡，其病更甚於言性惡者，因為言性惡，吾人遇之立即警戒，若是言無善無惡是謂至善，則是多引人誤解輕防，是為險語〔註74〕。故

〔註71〕〔明〕顧憲成：《顧端文公遺書》，證性編，〈罪言〉上，頁 444。

〔註72〕〔宋〕朱熹：《四書章句集註》，〈孟子集注〉，頁 325。

〔註73〕〔明〕顧憲成：《顧端文公遺書》，〈還經錄〉，頁 483。

相關的言論還有：「謂之無善則惡矣，卻又曰無惡；謂之無惡則善矣，卻又曰無善。只此兩轉多少曲折，多少含蓄，一切籠罩包裹，假借彌縫，逃匿周羅，推移牽就，回護閃爍，那件不從這裏播弄出來。陽明先生曰：『無善無惡謂之至善』。苟究極流弊，雖曰無善無惡謂之至惡亦宜。」（見證性編，〈罪言〉上，頁 444）、「無善無惡四字，最險最巧，君子一生兢兢業業，擇善固執，只著此四字，便枉了為君子。小人一生猖狂放肆，縱意妄行，只著此四字，便樂得做小人，語云：『埋藏君子，出脫小人』，此八字乃無善無惡四字膏盲之病也。」（見〈還經錄〉，頁 493）

于化民認為：「以心為無善無惡，加以推論，就會否定先驗的道德論，這恰恰與顧、高等強調倫理道德的意圖發生衝突。」見氏著《明中晚期理學兩大宗派的對峙與合流》，頁 161。

〔註74〕「性善之說，只是破箇惡字。無善無惡之說，并要破個善字。卻曰：『無善無惡謂之至善』，到底這善字又破不得也。只覺多了這一轉，卻落在意見議論

可知對於無善無惡一語，多有反對。

　　儒家立教之初，本來就帶有教化的意識，不論是在理論的演繹或是說明，都是從正面展開，要讓人能夠有持循的方向。先不論顧氏的思考，是否能夠達到陽明思考無善無惡，是從本體的純粹角度出發。但是就現象層面來說，從立教思考，無善無惡說，從顧氏的觀點來看，則是明顯的貶低善的價值，拉至於惡齊等，故認為無善無惡，是儒門「罪言」。

　　其三，批評善不與惡對之說：若是言無善無惡之性，乃是善不可與惡相對，顧憲成亦提出他的批判，其言曰：「性善之善不與惡對，為此語者，本欲以尊吾性耳，卻不知適以卑吾性。夫何故？謂之善，即非惡之所得與較；謂之惡，即非善之所屑與較。對不對可無論也，假令有人于此譽堯舜曰：『不與桀紂對』、夷齊曰：『不與蹻跖對』。是為尊之乎？是為褻之乎？」〔註75〕認為論善不與惡相對，其原意是尊性，因性是純粹至善者。但是就顧憲成的看法，反而是落入了卑性。就顧憲成的理解，善、惡是日用之間的價值判斷，只一說善，即非惡能與之相較；一說惡，即非善屑與之相較。不論說善說惡，道德價值判斷自然在其中，因此，價值高下是十分清楚的。故只是說善不與惡相對，必言性無善無惡，反而是混淆價值，原欲尊性，反而卑之。

　　至於顧氏論堯舜不與桀紂對、夷齊不與蹻跖對，是尊之或褻之，筆者認為，不論是堯舜夷齊，其道德操守，自不用與桀紂蹻跖對而後顯，也不必借惡顯善。因此顧氏此處的類比，筆者認為可以再掛酌，不見得不與惡對便是褻瀆聖人。

　　其四，使得小人因此理障，造成流弊迭出〔註76〕：認為：「今勇于矯宋儒之拘，而疏于防後學之蕩。尚融通、尚灑脫，而掩戰兢之脈。將使之為賜為點，

中，……始見以無善無惡為極透語，今乃知其為極險語。」見〔明〕顧憲成：《顧端文公遺書》，證性編，〈罪言〉上，頁444。

〔註75〕〔明〕顧憲成：《顧端文公遺書》，證性編，〈罪言〉上，頁445。

〔註76〕「人亦有言，凡說之不正而久流於世者，必其投小人之私心，而又可以附于君子之大道者也。愚竊謂惟無善無惡四字當之。何者見以為心之本體，原是無善無惡也，合下便成一箇空見，以為無善無惡只是心之不著于有也，究竟且成一箇混空，則一切解脫無復罣礙。高明者入而悅之，且從而為之，辭曰：『理障之害甚于欲障。』」（見〔明〕顧憲成：《顧端文公遺書》，證性編，〈罪言〉上，頁446）

唐君毅曾言道：「然此無善無惡之說，至少其流弊可至于使人于一切善惡之辨，君子小人之辨，更不加意。則于人之一切行事，亦可更不加以善惡之揀別；于己則任其一己之好惡利害之情識，以與良知相混為用。……乃在其既可附于君子之大道，而又可投小人之私心。」見氏著：《中國哲學原論》原教篇，頁449。

而不為參矣。此殆以狂風拂聖軌也,而猶有一大障焉。」〔註77〕顧氏所說宋儒之拘,應該可以理解為宋學、程朱之學,自然也有其學問上的不足,其病在拘〔註78〕。然而,王學勇於改革宋儒之病,但是對於後學是否容易造成蕩越的問題,則是疏於防範,造成整體學風尚灑脫,而脫略工夫。落入猖狂,遮掩戰戰兢兢一路的學問,在孔門之中至多能達到子貢、曾點的放達,而達不到曾參的仁恕境界,卻無警省,而最主要的原因,正是「揭無善無惡四字,仁義之為糠粃審矣。」〔註79〕

　　從陽明致良知教來檢討,是否陽明真高標灑脫,掩戰兢一脈?陽明亦嘗言:「戒懼克治,即是常提不放之功,即是必有事焉。」〔註80〕筆者認為,陽明並非不講戒懼之功,但其學問宗旨為致良知,戒懼之學便包涵在良知教中。後之不善學者,未能善體陽明,造成良知學偏頗的發展,是人病而非法病。對顧氏此說,實不能歸咎陽明本人。

　　上述為顧氏批評陽明學的核心論點,抨擊無善無惡是將善、惡相等,不只非儒門之學,並且更近佛家〔註81〕。認為陽明即使教人為善去惡,但「既曰『無善無惡』,而又曰『為善去惡』,學者執其上一語,不得不忽其下一語

〔註77〕〔明〕顧憲成:《顧端文公遺書》,〈質疑〉上,頁452。

〔註78〕「以考亭為宗,其弊也拘;以姚江為宗,其弊也蕩。拘者有所不為,蕩者無所不為。」見〔明〕顧憲成:《小心齋箚記》,卷3,頁63。

〔註79〕〔明〕顧憲成:《顧端文公遺書》,〈質疑〉下,頁477。
〔日〕岡田武彥歸結顧憲成對無善無惡說的批判為:「(1)無善無惡說因打破了善字,因而失去了善之定體,又因沒有主體,而失去了工夫下手處。(2)無善無惡說使性與善、精與粗、心與迹、內與外、有與無、本體與工夫相分離,并顛倒了體用本末。(3)無善無惡說陷入了告子的虛無渾沌與佛老的空見玄妙,并與鄉愿同流合汙,因此其弊害比荀子的性惡說還要嚴重。」見氏著:《王陽明與明末儒學》,頁371～372。
步近智、張安奇認為顧憲成對無善無惡說的批評,可歸結為:1.取消了判斷是非善惡的道德標準。2.助長鄉愿惡習。3.埋藏君子、出脫小人。詳參氏著:《顧憲成、高攀龍評傳》,頁242～247。
另外,張學智在《明代哲學史》中,亦有說明顧憲成對陽明無善無惡一說的批評,詳參頁406～412。

〔註80〕陳榮捷:《王陽明傳習錄詳註集評》,卷中,第163條,頁231。

〔註81〕「釋家有理障事障之說,便是無善無惡的註腳。試看理是什麼?喚他是障,或以情識認取;或以意念把捉;或以見解撥弄;或以議論周羅,則有之矣。卻是人障理,非理障人也。」(見〔明〕顧憲成《小心齋箚記》,卷10,頁259～260)、「或問:『佛氏大意。』曰:『三藏十二部五千四百八十卷,一言以蔽之曰無善無惡。』」(見卷10,頁260)

也。」〔註82〕是以無善無惡掃盡為善去惡，即使「重重教戒，重重囑咐」〔註83〕，也無法扭轉「欣上而厭下，樂易而苦難」〔註84〕的人情趨向。在這樣的情形之下，陽明泯滅善惡的差異，便造成後學之流弊。凡是：「以仁義為桎梏；以禮法為土苴；以日用為塵緣；以操持為把捉；以隨事省察為逐境；以訟悔遷改為輪迴；以下學上達為落階級；以砥節礪行獨立不懼為意氣用事者矣。……以任情為率性；以隨俗襲非為中庸；以闊然媚世為萬物一體；以枉尋直尺為舍其身濟天下；以依違遷就為無可無不可；以猖狂無忌為不好名；以臨難苟免為聖人無死地；以頑鈍無恥為不動心者矣。」〔註85〕等現象，都是由無善無惡所造成的似是而非，以紫奪朱的相似法流之人病，故必先正本清源，必矯無善無惡為性善。

至於顧氏對陽明的批評，是否切當？將分別從法病與人病兩方面回應之。

第一，顧憲成批評無善無惡說，是混淆理氣，將告子與孟子論性兩說合一。就王學來看：「告子病源，從性無善無不善上見來。性無善無不善，雖如此說，亦無大差。但告子執定看了，便有箇無善無不善的性在內，有善有惡又在物感上看，便有箇物在外，卻做兩邊看了，便會差。無善無不善，性原是如此。悟得及時，只此一句便盡了，更無有內外之間。告子見一箇性在內，見一箇物在外，便見他於性有未透徹處。」〔註86〕在此處陽明對告子論性是「無善無惡」提出了不同說法，認為告子論性之病源在執定「無善無惡」，視無善無惡之性在內，將有善有惡推到了物感上看，故其病在此。或者我們可以換句話說，若是告子論性不做兩截論，陽明是可以肯認的，即是告子論性無大差。就陽明的說法看，是不能善解告子，並且有抬高告子的嫌疑。因為告子論性最大的問題應在義外，而非是將性的無善無惡作內外兩截。然而陽明這樣的論斷，或許是與其思考心體是無善無惡的，但是告子在思考「性」時，是否能夠達到陽明的高度，則是不無可疑的。

先將陽明對告子無善無惡說的理解擱置，而從陽明學的內在義理脈絡來看，告子所說的性，是屬於氣性，自然之性的存在。但陽明直承孟子而來，論性為道德之性，氣是良知呈現的載具，屬於呈現原則。然而陽明轉化孟子之性

〔註82〕〔清〕黃宗羲：《明儒學案》，卷58，〈東林學案一〉，〈與李孟白〉，頁1396。
〔註83〕〔清〕黃宗羲：《明儒學案》，卷58，〈東林學案一〉，〈與李孟白〉，頁1396。
〔註84〕〔清〕黃宗羲：《明儒學案》，卷58，〈東林學案一〉，〈與李孟白〉，頁1397。
〔註85〕〔明〕顧憲成：《顧端文公遺書》，證性編，〈罪言〉上，頁446。
〔註86〕陳榮捷：《王陽明傳習錄詳註集評》，卷下，第273條，頁330。

善說為無善無惡，是從性在超越面的純然至善上說的，並非與告子所言價值中性相等。因此顧憲成的批評，可以說與王學在不同的思考脈絡下進行，並不相應。

第二，認為標舉無善無惡，其壞教程度更甚於性惡。此說法應立基於已看到王學出現流弊。就理論上說，四句教中的無善無惡心之體，是從超越面來說的，說明心的無對。但是就教化的角度來說，無善無惡之說，確實有隱藏的危險在。就儒家的學問性格來說，並非是思辨的，在生活實踐的一面才是具體而真實。換言之，在生命中的砥礪磨鍊，是遠遠重於理論討論的。若是站在此立場，不能說無壞教的疑慮〔註87〕。

第三，善不與惡對。從道德價值判斷來說，善惡當然是相對的，善的價值是優位的。因此認為陽明言善不與惡對，是貶低善的價值，善就在與惡對之時，更彰顯善的價值。就王學的善不與惡對，是在超越面說，可以藉明道（AD1032～1085）「人生而靜以上不容說」之意〔註88〕參照之。但在現實上，陽明當然是肯定善的優位性，故要為善去惡，而非不知道善惡之別，欲混淆之。

第四，流弊的出現，這是王學無法迴避的現實。雖然我們可以說，在陽明

〔註87〕陽明曾對於論性的不同論法，提出他的意見，雖然並不能夠作為回應顧憲成此說的直接證據，但藉著陽明的說法，可以看出陽明論性的寬容，其言曰：「性無定體，論亦無定體。有自本體上說者，有自發用上說者，有自源頭上說者，有自流弊處說者。總而言之，只是這箇性，但所見有淺深爾，若執定一邊，便不是了。性之本體，原是無善無惡的，發用上也原是可以為善，可以為不善的。其流弊也原是一定善一定惡的。譬如眼，有喜時的眼，有怒時的眼，直視就是看的眼，微視就是覷的眼。總而言之，只是這箇眼。若見得怒時眼，就說未嘗有喜的眼；見得看時眼，就說未嘗有覷的眼，皆是執定，就知是錯。孟子說性，直從源頭上說來，亦是說箇大概如此。荀子性惡之說，是從流弊上來，也未可盡說他不是，只是見得未精耳。眾人則失了心之本體。」見陳榮捷：《王陽明傳習錄詳註集評》，卷下，第308條，頁352～353。

〔註88〕「蓋『生之謂性』、『人生而靜』以上不容說，才說性時，便已不是性也。凡人說性，只是說『繼之者善』也，孟子言人性善是也。」見〔宋〕程顥、程頤：《河南程氏遺書》，卷1，收錄於《二程集》上，頁10。

年宗三對此之解說，十分精當，其言曰：「至于『人生而靜』以上，則『不容說』也。『不容說』是無性之名與實之可言，並非言語道斷，不可思議之義也。有生以上既不容說性，則一說性時，便在有生以後，便與氣稟滾在一起，便有因氣稟之不齊與拘弊而成之不同之表現，便已不是性體自己本然而粹然者，故云：『才說性時，便已不是性也』。『不是性』是說不是性之本然與粹然，並非言不是性，而成了別的。實仍是性，不過不是性體自己之本然與粹然而已。」見氏著：《心體與性體》第2冊，頁166。

身上或其嫡傳弟子，皆無此問題，人病可以歸咎於後人之不善學。但是相同的，宋學一樣出現弊端，但是並未造成全面性風氣敗壞，這都是王門學者所要思考的問題，並非人病而已。

以上即筆者試圖以王學的角度，回應顧憲成對無善無惡說的批評。然而，顧氏的說法，或許對陽明良知教的批評未必相應，但其實相當程度地反應當時王學末流的弊病，則是不爭的事實。

（二）以善為意

高攀龍亦反對無善無惡的說法〔註89〕，相較於顧憲成集中在批評無善無惡，高氏則是將焦點轉到了四句教的第二句，認為陽明是「以善為意」。其言曰：「道性善者，以無聲無臭為善之體，陽明以無善無惡為心之體，一以善即性也，一以善為意也。故曰有善有惡意之動。」〔註90〕在此明顯認為，陽明說的無善無惡，與儒家傳統所說的以無聲無臭狀天道，是有不同的。高氏認為，陽明四句教言心是無善無惡，故善只能在意上說，別於儒家在傳統上，論性為善，以此點展開對陽明的批評。

高攀龍認為陽明所謂的善，是從意念上講，故進而批評之：

> 名性曰善，自孟子始，吾徵之孔子所成之性，即所繼之善也。名善曰無，自告子始，吾無徵焉。竺乾氏之說似之，至陽明先生始以心體為無善無惡，心體即性也。……竊以陽明先生所為善非性善之善也，何也？彼謂有善有惡者意之動，則是以善屬之意也。其所謂善，第曰：「善念而已」；所謂無善，第云：「無念而已」。吾以善為性，

〔註89〕「夫謂無惡可矣，謂無善何也？善者性也，無善是無性也。吾以善為性，彼以善為外也；吾以性為即人倫即庶物，彼以人倫庶物是善而非性也。是岐體用、岐本末、岐內外、岐精麤、岐心迹而二之也。聖人之道一以貫之，是故言天下之至賾而不可惡也，言天下之至動而不可亂也。彼外善以為性，故物曰外物；窮事物之理曰狗外，直欲掃而無之。不知心有未盡，不可得而無也；理有未窮，心不可得而盡也。今以私欲未淨之心，遽遣之使無其勢必有所不能，則不得別為攝心之法。外人倫庶物而用其心，至於倫物之間，知之不明，處之不當，居之不安，將紛擾滋甚，而欲其無也，不可得也。」見〔明〕高攀龍：《高子遺書》，卷9上，〈許敬菴先生語要序〉，頁546。

〔註90〕〔明〕高攀龍：《高子遺書》，卷1，〈語錄〉，頁338。
于化民亦認同此說，認為：「心無善無惡說與性善論發生矛盾另一個方面是，性善論者把善看作性的先天屬性，而無善無惡說主張心之本體無善無惡，後天的善惡都是意念之發。」見氏著：《明中晚期理學兩大宗派的對峙與合流》，頁162。

　　彼以善為念也。吾以善自人生而靜以上，彼以善自吾性感動而後也。
　　故曰：「非吾所謂性善之善也」。吾所謂善，元也，萬物之所資始而
　　資生也，烏得而無之，故無善之說不足以亂性，而足以亂教。善一
　　而已，一之而一元，萬之而萬行，為物不二者也〔註91〕。

高氏此言可從幾方面來談，首先是性善說的傳統，性善說是自孟子始，繼承孔
子思想而來。而性無善之說，是來自告子與佛家的淵源，因此認為，陽明所謂
的無善無惡，並非孔門正傳，是來自告子或佛家。其次認為四句教中，有善有
惡意之動，是將善歸到了意上說。陽明所謂善，是善念而已，無善，是無念而
已。故善只能在感於物而後有之，是在現象上說。與性善之善是不同的，性善
是在體上說。最後認為此是亂教之始，高攀龍所謂善，是體、是元，是萬物所
資始資生，故不無。陽明無善之說，從本體上來看，是無法穩立的。若無善之
說成立，萬物則為虛幻。反過來說，若能肯定萬事萬物的價值，則無善之說必
不成立。因此陽明無善之說，對於性體無傷，但是在立教方面則有偏差。是故
無善之說，足以亂教〔註92〕。

　　就著以上的批評，站在王學的立場，應如何回應之？先從性善的根源上
說，王學是孟子學，是無有疑問的。但是在此執無善無惡一語，認王學是告子
以氣論性、佛家論性的傳統，則是證據不足。再者，對有善有惡意之動的回應，
就陽明來說，意是與外物相接後而起心動念，有中節不中節的可能，因此有善
有惡，而非陽明將善歸到意上說。再從念上說，善是否為善念？無善是否為無
念？都是可以討論的。若從意是心之所發，此所說的意念，是雜念，有善惡的。
但陽明也曾說：「戒懼亦是念。戒懼之念，無時可息。若戒懼之心稍有不存，
不是昏瞶，便已流入惡念。自朝至暮，自少至老，若要無念，即是已不知。此
除是昏睡，除是槁木死灰。」〔註93〕此處所說的戒懼之念，即是正念，是心之

────────────

〔註91〕〔明〕高攀龍：《高子遺書》，卷9上，〈方本菴先生性善繹序〉，頁546～547。
〔註92〕于化民認為，顧、高二子最為反感的是：「提倡無善無惡可能導致的後果，會
　　　　把人引入置倫理綱常於不顧的歧途。高攀龍直指無善無惡說為『大亂之道』。」
　　　　見氏著：《明中晚期理學兩大宗派的對峙與合流》，頁163。
　　　　侯外廬編《宋明理學史》中，認為高攀龍對無善無惡說的辯難為：「首先，高
　　　　攀龍指出『名性曰善』，是從孟子始；『名善無性』，是自告子始，與印度佛學
　　　　的空無之說極相似。」「其次，高攀龍以性善論與王守仁的人性『無善無惡』
　　　　論相比，認為『無善無惡』，是宗『無善』為『無性』，是歧本末、體用為二。」
　　　　「第三，高攀龍指出王守仁所謂『善』，是『以善為念』『以善為意』，而與佛
　　　　教的以善為意、以善為事相一致，非『吾所謂之性善之善也』。」（頁589～590）
〔註93〕陳榮捷：《王陽明傳習錄詳註集評》，卷上，第120條，頁142。

明覺，是與良知同體的，念念致良知。因此，高氏從有念是善，無念是無善說，則是錯解陽明論念。基於以上的討論，筆者認為，高氏此二論點，都無法切實的體貼王學。

至於最後提到壞教的問題，就立教來說，當然是從正面立教，予人有一定的規範可以循守。但陽明高標無善無惡之說，則易引入銷解價值的問題，因此高攀龍最後甚至說到：「今以無之一字掃而空之，非不教為善也，既無之矣，又使為之，是無食而使食也。人欲橫流，如河水建瓴而下。語之為善，千夫隄之而不足；語之無善，一夫決之而有餘，悲夫！」〔註94〕故認為高氏對王學的批評，在理論上的理解是有偏差的，但是就立教的觀點，指出無善導致流弊出現的原因，則是值得省思的。

比較高攀龍與顧憲成對王學的批判，可以說顧氏針對四句教的首句，而高氏的目標在第二句。並非是高氏贊同無善無惡心之體，就高氏的思考來說，無善無惡是陽明破裂善體，有善有惡意之動是陽明建立善體，說明善的出現。但就高氏的看法，陽明將善建立在意念上，但彼時有時無，穩立不住，是近於釋氏而遠於儒門。故筆者認為，高氏論第二句為多，與顧氏之不同在此。

二、蕩越工夫

對於王學的批評，除了在無善無惡說之外，在工夫型態上，亦是有所反省的。就王門的工夫來說，是有別於宋學以敬作為工夫論核心，舉陽明為例，其工夫為致良知，不論是致心上之知或是致良知於事事物物，都與朱子以敬貫動靜的工夫有別。然而在王學出現弊端之後，王門的工夫型態，亦引起顧高二人的批判，以下將分兩部分說明。

（一）重悟輕修

從陽明學思歷程來看，龍場悟道可說是其學問生死關。因此悟不悟則是工夫關鍵，悟的工夫可說是對自我生命的覺醒。但是在後學中，卻出現了偏於悟的情形，因此顧憲成反省此現象，其言曰：「竊見邇時論學，率以悟為宗，不得而非之也。徐而察之，往往有如所謂以親義序別信為土苴，以學問思辨行為桎梏一切，藐而不事者，則又不得而是之也。」〔註95〕對於當時論學強調悟的

〔註94〕〔明〕高攀龍：《高子遺書》，卷9上，〈方本菴先生性善繹序〉，頁547。
〔註95〕〔明〕顧憲成：《顧端文公遺書》，〈東林會約〉，頁362。
　　對於王門末流，忽略修的工夫，高攀龍亦有反省，其言曰：「今之談學者多混

工夫，認為倫常、學問等工夫，是渣滓，是桎梏吾人行為，故而忽視日常工夫，甚至是帶有負面義、貶抑的。因此若只講悟的工夫，則日用工夫意義何在？

顧憲成並非反對悟，但是悟與修的工夫，應如何安排？其言曰：「重修所以重悟也。夫悟未有不由修入者也。《語》不云乎：『下學而上達』。下學修也，上達悟也。舍下學言上達無有是處。……知一也，有就用力言者，體驗省察之謂也，正屬修上事，乃入門第一義，無容緩也。有就得力言者，融會貫通之謂也，纔屬悟上事，乃入室第一義也，無容急也。故曰：『下學而上達』，此吾夫子家法也。」〔註96〕後學中有偏重在悟，而忽略修的問題。或是認為只要悟了之後，則此心光明，永不退轉，若如此認為，則病痛亦隨之而出。顧憲成認為，下學而上達，才是真工夫。下學屬修，可理解為量的進程，重在日常的積累。上達是悟，是頓悟，重在質的越昇。因此，若沒有下學漸修的基礎，則上達頓悟由何而來？故修乃是入門第一義，久之融會貫通，則始悟聖學，因此必先下學方可談上達。

然而，顧憲成要批評的是只談悟，而不重修。工夫有下學、修與上達、悟〔註97〕兩個部分，必須兼有之〔註98〕。因此，其所反對的，是只談悟，而沒有下學工夫。否則只是成天談個悟，究竟悟出個什麼？或是只談悟，而忽略尋常

禪學，便說只要認得這箇，己他原自修的，何須更添箇修；原自敬的，何須更添箇敬，反成障礙了。這是誤天下學者，只將虛影子騙過一生，其實不曾修。」見〔明〕高攀龍《高子遺書》卷4，〈講義〉，「君子修己以敬章」，頁396。

〔日〕岡田武彥認為：「王學末流卻專說本體而不說工夫，以頓悟為宗而輕視修證，而且與禪家混同，從而墮于猖狂之弊。」見《王陽明與明末儒學》，頁387。

〔註96〕〔明〕顧憲成：《涇皋藏稿》，卷11，〈虎林書院記〉，頁141。

侯外廬主編《宋明理學史》提到：「顧憲成為何持『重修』的道德修養論？他認為『悟』是由『修』而入，沒有漸修階段，最終也達不到『悟』的境界。他把『修』與『悟』，比作是『下學』和『上達』的關係，認為『舍下學而言上達，無有是處』。……顧憲成提出『重修』，由其針對性。他企圖以『重修』來『救正』王學末流重『悟』『不修』之弊。」（頁577）

〔註97〕「下學而上達，是究竟話，萬聖千賢都走不出這樣子，恐不當末世津梁。陽明先生一代儒豪，不得因其流弊歸咎至此，公之論也。」見〔明〕顧憲成：《顧端文公遺書》，〈南嶽商語〉，頁417。

〔註98〕「或問：『世之論者，有謂學當重悟，有謂學當重修，孰是？』曰：『學不重悟則已，如重悟未有可以修為輕者也。何也？舍修無由悟也，學不重修則已，如重修未有可以悟為輕者，何也？舍悟無由修也。』曰：『然則悟修雙提可乎？』曰：『悟而不落于無謂之修；修而不落于有謂之悟。』」見〔明〕顧憲成：《小心齋劄記》，卷18，頁417。

日用之實際層面，這些都是顧氏的疑慮。

　　就王學的立場來看，可以從兩方面回應，首先下學漸修是否有上達頓悟的必然保證？這是可以問的。其次陽明工夫並非是懸空期個悟，可從其致良知於事事物物上，看出其在日常生活的實踐。但是在王學末流中，多只談悟，而不重視生活實踐。或者我們可以這樣說，陽明的工夫是在悟良知之後，有把柄在手，以良知格不正以歸於正。但顧憲成則是認為，必先下學才能上達，故對於悟、修的工夫路向理解恰為相反。因此矯王學工夫之病，不只是工夫路向的扭轉，也是以日常工夫積累作為基礎，才能有悟的可能。正是因為不能而「學」、不知而「慮」，對此陽明亦說事上磨鍊，日用平常，是王學必需正視的問題。

（二）格物非狥外

　　高攀龍認為象山陽明與程朱學問的分野，就在於學問入手的問題，其言曰：「一向不知陽明象山學問來歷，前在舟中似窺見其一斑。二先生學問俱是從致知入，聖學須從格物入。致知不在格物，虛靈明覺雖妙，不察於天理之精微矣，知豈有二哉？有不致之知也，毫釐之差在此。」〔註99〕在此將學問從致知與格物作為分水嶺。依高攀龍的看法，認為格物是知本，是探究事物根源處之理，因此是在強調知天理。然而認為陽明的致知，只是在講心的虛靈明覺妙用，而無法真正體察天理，因此認為王學工夫入手便差。

　　然而，高氏對陽明格物說的理解，有根本上的問題，其言曰：

> 今人乍見孺子將入井，皆有怵惕惻隱之心，此何心也？仁也。格物
> 者，知皆擴而充之，達之於其所忍，無不見吾不忍之真心焉。一簞
> 食、一豆羹，生死隨之。而行道不受嘑爾，乞人不屑蹴爾，此何心
> 也，義也。格物者知皆擴而充之，達於其所為，無不見吾不為之真
> 心焉，此之謂格物而致知。故其心之神明表裏精融，通達無間，而
> 更無一毫人欲之私得藏於隱微之地，以為自欺之主。故意之所發無

──────────────

〔註99〕〔明〕高攀龍：《高子遺書》，卷7，〈會語〉，頁422。
　　　　相近的說法有：「陽明于朱子格物，若未嘗涉其藩焉。其致良知乃明明德也。然而不本於格物，遂認明德為無善無惡，故明德一也，由格物入者，其學實其明也，即心即性，不由格物而入者，其學虛其明也，是心非性，心性豈有二哉？則所從入者有毫釐之辨也。」（見〔明〕高攀龍：《高子遺書》，卷8下，〈答方本菴〉第1書，頁507）、「嗟嗟聖人之學所以與佛氏異者，以格物而致知也，儒者之學每入於禪者，以致知不在格物也。致知而不在格物者，自以為知之真而不知非物之則，於是從心踰矩，生心害政，去善遠矣。」（見卷9上，〈王儀寰先生格物說小序〉，頁548）。

不誠，心之所存無不正也。吾所聞於程朱格物致知之說，大略如此也。未聞其格孝於親之身；格忠於君之身；格惻隱於孺子；格不受不屑於行道乞人也。以是而闢前人之說，譬如以病眼見天，而謂天之不明，則眼病也，於天何與？是可百世以俟聖人乎〔註100〕！

高氏論格物是反求諸身，窮究事物之極則，便是致知，也是知止。論程朱之格物為見孺子將入於井皆有仁心、不受嘑爾之食是義之心，然而何以能如此？都是格物的工夫，便是擴而充之，則最後達至吾人之真心也，即是致知。真心呈現，心與理同體，無人欲之私，故所發之意無不誠，心無不正。相較於程朱論格物，高氏認為陽明的格物是格孝於親之身、格忠於君之身等，將王學格物之理解為格外物，格孝於親之身等，將格物外推到物上說，是義外之說。

　　高氏對朱子與陽明格物的說法，是不準確的。筆者認為，其對王學與程朱格物的理解，正好相反〔註101〕，陽明認為：「蓋良知只是一箇天理自然明覺發見處，只是一箇真誠惻怛，便是他本體。故致此良知之真誠惻怛以事親便是孝；致此良知之真誠惻怛以從兄便是弟；致此良知之真誠惻怛以事君便是忠。只是一箇良知，一箇真誠惻怛。」〔註102〕則見父自然知孝，見兄自然知悌，是致良知於事事物物上。中有所主，良知挺立，最後必達到高氏所說的意無不誠，心無不正。因為高氏認為的格物，是知本，因此反而近於陽明，遠於朱子，故

〔註100〕〔明〕高攀龍：《高子遺書》，卷3，〈陽明說辨〉第1篇，頁373。

〔註101〕黃宗羲在《明儒學案》的敘錄中，便對高攀龍論格物之誤，提出說明，認為高攀龍所說的格物，正與陽明相近，而其所批評的格物，就是程、朱之格物，其言曰：「先生之學，一本程、朱，故以格物為要。但程、朱之格物，以心主乎一身，理散在萬物，存心窮理，相須並進。先生謂『緣知反求諸身，是真能格物者也』，頗與楊中立所說『反身而誠，則天下之物無不在我』為相近，是與程、朱之旨異矣。先生又曰：『人心明，即是天理。窮至無妄處，方是理。』深有助乎陽明『致良知』之說，而謂：『談良知者致知不在格物，故虛靈之用，多為情識，而非天則之自然，去至善遠矣。吾輩格物，格至善也，以善為宗，不以知為宗也。』夫善豈有形象？亦非有一善從而知之，知之推極處，即至善也。致良知正是止至善，安得謂其相遠？」見〔清〕黃宗羲：《明儒學案》，卷58，〈東林學案一〉，頁1402。
比較特別的是，在侯外廬主編的《宋明理學史》，認為在「格物致知」的問題上，高攀龍是恪守程、朱理學。但筆者認為，高氏的格物致知說，實非程朱所說的格物義，因此高氏原欲批評王學，反而落入批評程朱的困境。故對於侯氏的說法，持不同意見，詳參該書，頁597～600。另外，步近智、張安奇於《顧憲成、高攀龍評傳》論高攀龍的格物，觀點與侯外廬該書意見相近，詳參該書，頁264～270。

〔註102〕陳榮捷：《王陽明傳習錄詳註集評》，卷中，第189條，頁270。

其所批評的法病，多在朱子而不在陽明。

　　順著高攀龍的語脈與學問系統來說，言格物是窮究事物之極處，而後自然能夠擴而充之，此時心與理為一，自然無不中節，即是致知。高氏所謂的格物致知，是接近於致心上之知後，致良知於事事物物。然而，其思考心仍是在形下的，心不即理，心是氣之靈，因此，其所反求諸身的，是心所包涵之理，其所欲致的，是與性同體之心〔註103〕。故高氏對陽明格物的批評，是不切的。

　　雖然高氏論王學格物，犯了根本的錯誤，但從其重視格物，強調格至事物根源處，或可從其對王學無善無惡的批評談起。高氏認為說無善無惡，是銷解性善，從根源上取消道德價值，王學也因此而人欲橫流。若要解決此問題，必定再回到性善。窮究吾人生命的根源處，重新發掘性善，以挺立生命價值，也才能夠擴而充之無不中節。

　　本體與工夫，是不可兩分的。就工夫的部分來看，顧、高二人都提出了對王門工夫的反省。顧憲成批評後學重悟不重修，以致蕩越工夫。高攀龍所批評的論據雖然不成立，但也有其用心與關切。先不論二氏的批評是否貼切，但其對時弊的回應與救弊的用心，仍應予以肯定。

三、救弊途徑

　　在批判、質疑王學之後，應試圖找出二氏救治王學的方法。換句話說，破王學之後，便要能立一法門，否則價值仍是穩不住的。因此點出救治的路向，就是顧、高二氏要努力的方向，顧氏曰：「邇來海內諸賢率祖文成無善無惡一言，其弊必至以恣情為本性，以禮法為桎梏，肆無忌憚而莫之救，……念菴收攝保聚之說，正今日救病良方。」〔註104〕歸咎王學流弊起於無善無惡之說，而後造成恣情，以情為性，而至肆無忌憚。因此提出了念菴的收攝保聚之說，

〔註103〕　與筆者看法相近的有：〔日〕岡田武彥，其言曰：「所以東林有時提倡仿佛與王學相似的格物論，也不是沒有理由的。所不同的是，陽明提倡以心（良知）為本，而東林則以物為本，應該說，兩者在本源問題上存在著差異。」（見氏著：《王陽明與明末儒學》，頁375）、張學智提出：「高攀龍之格物窮理，不是如程朱窮究具體事物之理而經由豁然貫通將物理轉變為性理。而是由合心學理學為一，將宇宙萬象看做即理即心。格物窮理是直接止至善。此至善已經是即倫理即知識價值之價值物了。高攀龍自覺地避免了程朱『支離』之譏，直接將物理轉換為對修養心性直接有用的性理。」（見氏著：《明代哲學史》，頁422）

〔註104〕　〔明〕顧憲成：《顧端文公遺書》，〈南岳商語〉，頁415～416。

是救治之良方。收攝保聚的工夫，是收視反觀，「靜中收攝，使精神常斂不散，培根之譬也。」〔註105〕與顧憲成小心敬謹、高攀龍靜坐慎獨，是相合的。重在如何使心明澄，除去日常紛擾，就在慎獨中檢視自己的念頭、行為，回到生命的根源處。故強調心如何回到與理同體，或是使心中之理能夠充份展現，避免以情為性、以欲為性，如此才能夠對治放肆流蕩的弊端，故以收斂精神，為救病之藥。

除了羅念菴收攝的工夫可以作為救治之方外，顧憲成亦特別點出李見羅的工夫，其言曰：「朱子揭格物，不善用者流而拘矣，陽明以良知破之，所以虛其實也。陽明揭致良知，不善用者流而蕩矣，見羅以修身收之，所以實其虛也。皆大有功于世教，然而三言原竝立于《大學》一篇之中也，是故以之相發明則可，以之相弁髦則不可；以之相補救則可，以之相排擯則不可。」〔註106〕此處提到，陽明致良知，乃是救朱子末學過於拘束之病。而李見羅以修身破陽明後學蕩越的問題。並且認為雖然朱子、陽明、見羅所言格物、致知、修身的工夫，看似有所不同，但實都是從《大學》中發出，故三者工夫本就需要相助相成。

李氏論止修之義為：「止修者，謂性自人生而靜以上，此至善也，發之而為惻隱四端，有善便有不善。知便是流動之物，都向已發邊去，以此為致，則日遠於人生而靜以上之體。攝知歸止，止於人生而靜以上之體也。然天命之真，即在人視聽言動之間，即所謂身也。若刻刻能止，則視聽言動各當其則，不言修而修在其中矣。使稍有出入，不過一點簡提撕修之工夫，使之常歸於止而已。故謂格致誠正，四者平鋪。四者何病？何所容修？苟病其一，隨病隨修。」〔註107〕見羅首先說性是至善的，四端為性所發，因其為已發，故四端有善有不善。其次因「知」不定，是活動的，若是以致知為工夫，則所致者不穩固，離性之體則日遠。因此必將知回歸到止，止於至善之體，其價值才不致於是流動的。最後身即是視聽言動，若能時時以性體之善作為指導，則視聽言動各當其則。總的來說，李見羅的止修工夫，便是以至善的性作為根據，是吾人的行為準則，故不必談格致誠正，只需有修身的工夫，病在何處，則立即以

〔註105〕〔明〕羅洪先著，徐儒宗編校：《羅洪先集》，卷7，〈答王著久〉，頁258。
〔註106〕〔明〕顧憲成：《小心齋箚記》，卷11，頁288～289。
〔註107〕〔清〕黃宗羲：《明儒學案》，卷31，〈止修學案〉，頁668。
　　　　黃宗羲認為，此段文字為李見羅學問要領，筆者限於學力，故暫以黃宗羲的說法為準，以此段文字略說止修之義。

性為標準，使吾人行為各當其則。

李見羅以修身的工夫，矯正王學，重點就在於以至善的性，作為吾人生命的標準。只要以性為準，則視聽言動，莫不各當其則。故筆者認為，止修重性的規範義，強調性善〔註108〕，是顧憲成所肯定的，並且能以此矯王學流弊虛空流蕩之病。雖然高攀龍無直接說李見羅的工夫有此功用，但是就其強調性善，亦是可以回應顧憲成提出的說法。

相較於顧憲成直接點出王學救弊之法，取徑前人，高攀龍則是直接體現在其學問中。不論顧、高二人對於陽明學問是否有相應的理解，但都積極的面對當時的流弊，若要說東林學派對王學的修正，筆者認為顧憲成「見性見到徹處，修行修到密處，則正本澄源之極論也。」〔註109〕一語，可以表其用心。

回顧東林代表顧憲成與高攀龍的學問，本文試圖提出以下幾點意見：

第一，東林學不論從本體或工夫的特色上說，都已非王學所能規範的。再加上顧、高二氏學問，或有意無意的以救正王學出發，故從學問性格來看，已與王學不同無疑。

第二，從王學流弊來說，二人想糾正的，不止是人病，亦試圖找出法病。先不論對法病的批判是否適切，但是從對治流弊的角度來看，找出法病的意義重於人病。因為談人病，可說是千頭萬緒，或是只要說「法無病人有弊」一語，即可作結。就理論性的討論來說，沒有實質上的意義。因此找出法病，即是在源頭即止住弊病可能出現的原因，具有積極正面的意義，應肯定顧、高二人的用心。

第三，試圖扭轉學風，重視工夫修的一面，並落實在日常生活之中，也從東林學人積極參與政事，看出儒者經世濟民的風範。

第四，東林學救弊，是否由王返朱〔註110〕？從學問型態來說，顧、高二

〔註108〕「李見羅先生〈性善編〉，專為陽明致良知之說而作，其見卓矣。但致良知三字何嘗不是誠，使人人肯致良知，便人人是箇聖賢，亦有何害于天下。惟是陽明以無善無惡為性，則亦以無善無惡為良知，此其合商量處也，見羅較勘到此，可謂洞見病根。」見〔明〕顧憲成：《小心齋劄記》，卷14，頁355。

〔註109〕〔明〕顧憲成：《顧端文公遺書》，證性編，〈質疑〉下，頁477。

〔註110〕高攀龍與王學的關係，周熾成分為四派，第一，反對派，高氏反對王學。第二，修正繼承派，修正王學末流，但又從根本上繼承王學。第三，調和派，調和朱王之學。第四，矛盾派，宗朱非王，但又不偏王偏朱。見氏著：〈從高攀龍如何面對王學看他在晚明儒學史上的地位〉《孔子研究》，2008年第1期，頁73。另外，該文又將高攀龍如何說王學的文字，分為六類，詳見該文，頁76～81。

人在心性論的議題上，重申性善之意，高舉性的規範義，但是在心的討論，則仍有不穩固的地方。雖然大體上可以用「心是氣之靈」來概括，但仍有心非認知的說法。工夫都是以收攝反觀的路向為主，用以矯王學放蕩之病。至於有學者認為東林學是由王返朱〔註111〕、朱王合流〔註112〕，恐未盡然，筆者還是持保留的態度。因為從學問型態上說，仍可見王學的影子，特別是在二子論心的部分，以及高攀龍的格物說。另外，二人學說對治王學，應是從其生命實感而起，面對敗壞的世風，思以救之。若是直接說由王返朱，是否在理論上過於簡化。朱子學的性格本來就是與王學相反，若借用狂狷之說，王學是狂者性格多，朱學是狷者性格多。若要矯王學之弊，不可避免的會向朱子學靠近，因此筆者基於以上的理由，對此論斷持保留態度。

　　總合以上來說，本文認為，東林學在面對王學流弊所提出的批判與修正，是有其價值與意義的，不論其救弊意識影響後來的學者，或是就政治社會層面強調風骨氣節，甚至有論者認為顧高重視經濟的外王學〔註113〕，開清代實學

〔註111〕持由王返朱觀點的有：侯外廬等編著：《宋明理學史》：「顧、高重建東林書院以與朱學而斥王學的行動，開啟了由王返朱的思想趨勢。」（頁554）、陳慈惠《高景逸實學思想研究》認為高攀龍的思想，是朱子學的再興，（頁35～39）、唐伯瑜《晚明顧憲成由王返朱思想研究》，更直接以此作為立論基礎展開其文。

〔註112〕認為東林學為朱、王合流的，計有：唐君毅《中國哲學原論》原教篇中提到：「然攀龍之以陽明學通程朱之學，尚不限于以陽明之致知之說，通程朱之格物之說亦在攀龍之能言主敬。」（頁459）、勞思光《新編中國哲學史》（三下）（臺北：三民書局，2001年2月）：「顧憲成、高攀龍，雖頗攻王學之弊，而尊崇朱熹之學，其立場又非歸於程朱之形上學系統者。二人皆對朱王兩方有所評議，亦常代兩方有所辯解；就二人自己立說之方式看，又常兼重形上學與心性論之進路，故約而言之，在哲學理論一層面看，東林學派之論實立於程朱與陸王兩支思想之間，而為一調和者。此亦學者觀東林學派時所應有之了解。」（頁529）、〔日〕岡田武彥《王陽明與明末儒學》：「以顧涇陽、高景逸為中心的東林學，雖大致上信奉的是朱子學，而批判的是陸王學，但歸根到底的是折衷兩學、取長舍短的態度。」（頁357）、于化民《明中晚期理學兩大宗派的對峙與合流》：「顧憲成、高攀龍等人的思想就其基本傾向而論，是屬於程朱學的，他們採納正統理學的天理論、性善論和格物說，並在不同的角度上對王學有所批判，但對於王派心學的一些觀點，也加以改造利用。」（頁168）、蕭敏如《東林學派與晚明經世思潮》：「東林學派一方面強調朱子學在儒學思想上的正統，另一方面，也企圖以朱子學的尺度修正、並進一步融攝王學，將心學歸入朱子學的體系之中。」（頁83）

〔註113〕蕭敏如《東林學派與晚明經世思潮》：「將儒學的特質定義為經世濟民的外王層次。隨著明王朝政權的衰微覆滅，東林學派所重心揭示儒學的外王精神，激起政權轉移下知識份子的家國焦慮與對學術經世議題的深刻認識。」見頁150。

之先河〔註114〕。最後借用唐君毅的評論，作為東林學的結語：「東林之學者，乃一方用力于自修，一方亦關心世道，而欲辨世間之君子小人之善惡；更發為是是非非之評論；乃不惜為伸此是非之正者于天下，而不顧利害生死，更以節義自見者也。」〔註115〕東林學人作為明末的知識份子，確實是能夠展現其儒者積極經世濟人的風範。

〔註114〕此說法參見步近智、張安奇《顧憲成、高攀龍評傳》，認為顧高二人力倡務實之學，探索救世之方，成為實學思潮的開啟者。詳參該書頁 142。
〔註115〕唐君毅：《中國哲學原論》原教篇，頁 448。

第六章　面對流弊而起之學（二）
——劉蕺山

　　劉蕺山身為宋明理學殿軍，可說是對儒家內聖心性之學的討論，已達到理論的成熟階段。然而，其面對的學術處境與東林學者相同，都需要回應王學流弊四起的問題。對此現象，蕺山提出了他的看法，其言曰：「今天下爭言良知矣。及其弊也，猖狂者參之以情識，而一是皆良；超潔者蕩之以玄虛，而夷良于賊。」〔註1〕就蕺山所述，當時言良知者，或以情識為良知，或蕩越工夫，以致無工夫入手處。而後人論王門流弊，多從劉氏此說出發，可知蕺山對王門的論斷，有相當程度的代表性。

　　除了對時弊的批評外，蕺山思考的重心，便轉向如何收拾。故牟宗三嘗言曰：「劉蕺山之學乃乘王學之流弊而起者。」〔註2〕黃宗羲在《明儒學案》中提到：「先生之學，以慎獨為宗。儒者人人言慎獨，唯先生始得其真。……此生而有之，人人如是，所以謂之性善，即不無過不及之差，而性體原自周流，不害其為中和之德。學者但證得性體分明，而以時保之，即是慎矣。慎之工夫，只在主宰上。覺有主，是曰意，離意根一步，便是妄，便非獨矣。故愈收斂，是愈推致，然主宰亦非有一處停頓，即在此流行之中。」〔註3〕認為蕺山學以慎獨為宗，只要能夠時時保任此性，無過與不及即是慎的工夫。不離意根，則是獨，故其學以慎獨為宗。黃氏更推崇蕺山為：「識者謂五星聚奎，濂、洛、

〔註1〕〔清〕黃宗羲：《明儒學案》，卷62，〈蕺山學案〉，頁1572。
　　　　又見〔明〕劉蕺山：《劉宗周全集》，第2冊，〈證學雜解〉，頁278。
〔註2〕牟宗三：《從陸象山到劉蕺山》，頁451。
〔註3〕〔清〕黃宗羲：《明儒學案》，卷62，〈蕺山學案〉，頁1512。

關、閩出焉；五星聚室，陽明子之說昌；五星聚張，子劉子之道通，豈非天哉！豈非天哉！」〔註4〕因此可知黃宗羲將蕺山推到與濂溪等人同樣的高度，是宋明理學中重要的人物之一。

然而，蕺山提出了誠意與慎獨的工夫，站在面對流弊而思考如何救正王學的角度上，其學問意義何在？另外，陽明的學問是以致良知為主腦，而蕺山則以誠意為主，這種轉化，蘊涵何種意義？其中的差別為何？再者，對流弊的批評，在情識而肆、玄虛而蕩之外，是否有別的視察觀點？以及其學問的救弊方向為何？都是懸而待決的問題。

第一節　慎獨之學

從蕺山學是應王學流弊而起之學的視角來進行思考的話，其立論根基有別於東林學者。顧、高二人認為王學出現流弊是從陽明始，「無善無惡」之說是壞教的起點，而蕺山對於陽明學，不論是在四句教的改易，或是工夫上都進行修正。在這樣的前理解下，筆者將先疏理蕺山心性論的思考，以及其相應的工夫的脈絡。

一、意根最微

黃宗羲總結劉氏學問宗旨為「慎獨之學」，在以慎獨為首出的思考下，其心性論的詮釋，仍是有別於前人，除了強調性善之外，對於心、意的討論，也在陽明心學後，展現了不同面貌。

（一）性善

蕺山認為「性相近，習相遠也。」是「孔門第一微言，萬世論性之宗。」〔註5〕並以自己的理解方式體貼《論語》的章句，其言曰：「『性相近』猶云相同，言性善也。聖人就有生以後，氣質用事，雜糅不齊之中，指點粹然之體。」〔註6〕將性相近直接解為相同，而此人人相同之性，即是性善。聖人言性相近，是在氣質之中，指點出性善，是後世論性之宗本，因此說蕺山論性是至善〔註7〕，

〔註4〕〔清〕黃宗羲：《明儒學案》，卷62，〈蕺山學案〉，頁1512。

〔註5〕〔明〕劉蕺山：《劉宗周全集》，第1冊，〈論語學案〉，頁513。

〔註6〕〔明〕劉蕺山：《劉宗周全集》，第1冊，〈論語學案〉，頁513。

〔註7〕「至善，性體也。」見〔明〕劉蕺山：《劉宗周全集》，第1冊，〈《大學》古記〉，頁625。

而且人人相同，是從普遍性的角度，定出人人相等的根據。但蕺山的說法，是否與孔子原意相等？相近是否可以直接說是相同？則是可以再討論的，就孔子說性相近，恐怕只是說人之本性是相近的，但可能因後天的學習、風俗、習慣等，而造成差距。故蕺山的說法，應是以孟子的性善來說孔子的性相近。

孟子是以善論性的第一人，蕺山如何說明孟子之論性善？其言曰：「夫性無性也，況可以善惡言？然則性善之說，蓋為時人下藥云。夫性無性也，前人言之略矣。自學術不明，戰國諸人始紛紛言性，立一說復矯一說，宜有當時三者之論。故孟子不得已而標一善字以明宗，後之人猶或不能無疑焉。……盈天地間一性也，而在人則專以心言，性者，心之性也。心之所同然者，理也。生而有此理之謂性，非性為心之理也。如謂心但一物而已，得性之以貯之而後靈，則心之與性斷然不能為一物矣。」〔註8〕性善之說，是孟子為對治戰國時，諸家論性紛紛立說，故點出性善為宗。而性在人則是心，性是心之性，與心所同然者是理。吾人生而有是理，即是性，性非是心中之理也。在此前提之下，其所言心、性都是理，而性非心中之理甚明。若是將心視為一物，必貯性之後，才能夠有心之靈，一旦落入此說，則是心與性不能為一。因此，性在人則是心，與心同然則是理，故可說，其心性論的心、性、理，內涵是一致的。

在性善的前提之下，蕺山對天理人欲的理解，則有其特殊的意見。自《樂記》中提出：「好惡無節於內，知誘於外，不能反躬，天理滅矣。夫物之感人無窮，而人之好惡無節，則是物至而人化物也。人化物也者，滅天理而窮人欲者也。」〔註9〕提出了天理、人欲一組對翻的概念，並且在宋明理學中，討論甚多。「存天理、去人欲」的概念，一般來說，是可以共同肯認的，至於各家討論的內涵，則略有差異。然而，蕺山對此論題提出了他的看法，其言曰：「天理人欲，同行而異情，故即欲可以還理。」〔註10〕在此點出，天理、人欲，並

從蕺山的師承來看，是屬於甘泉一門，師許敬菴。敬菴對陽明學的基本態度為：「文成宗旨，元與聖門不異，故性無不善，故知無不良，良知即是未發之中，此其立論至為明析。無善無惡心之體一句，蓋指其未發廓然寂然者而言之，則形容得一靜字，合下三言始為無病。今以心意知物俱無善惡可言者，非文成之正傳也。」（見〔清〕黃宗羲《明儒學案》，卷41，〈甘泉學案五〉，頁976）敬菴強調性善，或可以此作為蕺山重視性善的旁證。

〔註8〕〔明〕劉蕺山：《劉宗周全集》，第2冊，〈原性〉，頁280。
〔註9〕〔漢〕鄭玄注，〔唐〕孔穎達疏：《禮記正義》，收於〔清〕阮元校刻：《十三經注疏》（北京：中華書局，2008年1月），卷37，〈樂記〉，頁1529。
〔註10〕〔明〕劉蕺山：《劉宗周全集》，第2冊，〈學言〉，頁386。

不是對立的一組概念，非有兩個來源，是同行而異情。同行可以理解為同出，異情則是有不同的內容與表現。若是同一個行為，吾人從容中節，則是與天理同。但是過與不及，為外物所牽引，則是表現為人欲，同行異情的意義就在此說。而非是有某一行為是天理，某一行為是人欲。再進一步的說，即欲可以還理，有別以往要先滅人欲而後存天理的說法，就在去欲的當下即還理，因為理、欲是同行，去除過與不及，反面就是理。因此透過其對理欲的理解，可以發現，其思考方式是合一的，趨向不分的型態。

在此理解前提之下，曾說：「一性也，自理而言，則曰仁義禮智；自氣而言，則曰喜怒哀樂。一理也，自性而言，則曰仁義禮智；自心而言，則曰喜怒哀樂。」〔註11〕前文嘗提到，其性、心、理是同一內涵，應如何理解較為切當？或者可以說明為，論性，從理來說，是仁義禮智；從氣說是喜怒哀樂，雖有理氣不同的展現，但同是性。相同的，論理，從性的一面說是仁義禮智；從心說是喜怒哀樂，性作為根據義，而心則有發為喜怒哀樂之情的可能。但不論是性或心，都同是理〔註12〕。試著從其同行異情的思考模式來說，仁義禮智與喜怒哀樂，可說都是在性一或理一的思考下，有理與氣、性與心兩面不同展現，而非斷然兩截，性必就在氣中展現，故不得只論性的一面，或是只論氣的一面。

對於理氣不離的說法，蕺山是反對的，其言曰：「離心無性，離氣無理，雖謂『氣即性、性即氣』，猶二之也。惻隱、羞惡、辭讓、是非，皆指一氣流行之機，呈於有知有覺之頃，其理有如此，而非於所知覺之外，另有四端名色。」〔註13〕直接點出雖有氣、性不離的思考，但此說已是二分。因為惻隱等心發於外，必定是就著氣呈現的，就在知覺中體察，並非是在知覺外，另有四端之心。因此，若要強而分析的說，則是「惻隱之心，喜之發也；羞惡之心，怒之發也；辭讓之心，樂之發也；是非之心，哀之發也。喜怒哀樂之未發，則仁義禮智之

「天理人欲同體而異用，同行而異情。進修君子宜深別焉。」見〔宋〕胡宏：《胡宏集》（北京：中華書局，1987年6月），〈知言疑義〉，頁329。

〔註11〕〔明〕劉蕺山：《劉宗周全集》，第2冊，〈學言〉，頁391。

〔註12〕對於蕺山論喜怒哀樂，筆者認為李明輝於《四端七情──關於道德情感的比較哲學探討》（臺北：臺大出版中心，2012年1月）中，所論甚為精要，認為蕺山分喜怒哀樂與七情，其中根本的差別在於：四端出於天，因感而動，是「性之發」；七情出於人，逐物而遷，是「心之發」。是將「喜怒哀樂」上提到「形而上者」的層面，而賦予它與心、性、理同等的位階。詳參該書，頁167～212。

〔註13〕〔明〕劉蕺山：《劉宗周全集》，第3冊，〈復沈石臣〉，頁363。

性也。」〔註14〕喜、怒、哀、樂，是惻隱、羞惡、辭讓、是非等心所發，而喜、怒、哀、樂未發之時，惻隱等心，便是仁義禮智之性。因此雖有異名，但其實都只是一，只是隱顯的不同。可知其思考呈現不分的型態，其言曰：「凡所云性，只是心之性，決不得心與性對。所云情，可云性之情，決不得性與情對。」〔註15〕因此雖有言心、性，性、情，但是心與性並非相對立的，情與性亦同然。

蕺山以性善作為首出無疑，但是在思考模式，則是有明顯合一不分的傾向，然而此合一，並非不知道心、性、情、氣的差別，而是不再停留在分別說，將之視為一體，只是在不同面向的呈現而已。

（二）意為心主

劉蕺山對心的思考，可說是奠基在陽明心學上，再作進一步的反省。時處在良知學後，其學問意義，不論是在心學的開展，或是從救弊出發，都有與陽明相異之處，甚至是明顯的改正。因此蕺山論心，實有其特殊的內容與系統相。

1. 心中有主

蕺山對心的認定，是天地之性在人為心，「心體渾然至善」〔註16〕，故其心為心即理無誤。然而，蕺山更進一步說：「此心一真無妄之體，不可端倪，乃從覺地指之。覺者，心之主也。心有主則實，無主則虛，實則百邪不能入，無主反是。有主之心，如家督在堂，群奴為之奔走；有主之覺，如明鏡當空，妍媸立現。」〔註17〕心是真實無妄的，但是也因心的難以察覺，因此必須從「覺」來視察，也要從覺上來觀察心是否無有走作。更進一步的說，覺是心之主，心中有主，能夠作準確的判斷，即如有主之家，群奴能為主驅使，又如明鏡，善惡能夠立現。以此為喻，則可以說明，覺之於心，具有主宰義、判斷義。因此，心雖然是真實無妄之體，但仍要有覺在其中，必使中有所主。

〔註14〕〔明〕劉蕺山：《劉宗周全集》，第 2 冊，〈學言〉，頁 412～413。

〔註15〕〔明〕劉蕺山：《劉宗周全集》，第 2 冊，〈學言〉，頁 465。

〔註16〕〔明〕劉蕺山：《劉宗周全集》，第 2 冊，〈學言〉，頁 410。

〔註17〕〔明〕劉蕺山：《劉宗周全集》，第 2 冊，〈證學雜解〉，頁 367。
另外，相近的說法有：「此心原來具足，反求即是。反求即是覺地，覺路便是聖路。不隔身心、不岐凡聖、不囿根氣、不須等待，方是真潔淨。學者時時保任而已，別無他謬巧也。」（見〔明〕劉蕺山《劉宗周全集》，第 3 冊，〈論羅近溪先生語錄二則示秦履思〉，頁 358）、「心之炯然嘗覺者，無時不然。只因為氣所役，便做主不得。氣是一種浮游之氣，纏著物便為所牽引去。凡一切憧憧而來，皆氣也，非心也。故學者必先養氣。」（見〔明〕劉蕺山：《劉宗周全集》，第 2 冊，〈會錄〉，頁 528）。

在「覺」作為心之主外，蕺山亦在《孟子》論心的脈絡中，提出了「思」的作用，其言曰：「『心之官則思』，一息不思，則官失其職。故人心無思而無乎不思，絕無所為思慮未起之時。惟物感相乘，而心為之動，則思為物化，一點精明之氣不能自主。遂為憧憧往來之思矣，如官犯贓，乃溺職也。」〔註18〕心之官則思，是在說明「思」是心的重要能力，若一息不思，則是心之失職，並且沒有思慮未起之時。然而，心卻可能為物感所動，思為外物所化，失去功能，不能作主，只為憧憧往來之思。因此，思是心之官，但有可能會有失職不思或是溺職失去主宰的可能性。思是心能否發揮其作為心的道德意義，故思是心很重要的作用之一。

若是統括的來說，則可以在〈原心〉一篇中，可見其論心之層次與大要，其言曰：「盈天地間，皆物也。人其生而最靈者也。生氣宅於虛，故靈，而心其統也，生生之主也。其嘗醒而不昧者，思也，心之官也。致思而得者，慮也。慮之盡，覺也。思而有見焉，識也。注識而流，想也。因感而動，念也。動之微而有主者，意也，心官之真宅也。主而不遷，志也。生機之自然而不容已者，欲也。欲而縱，過也；甚焉，惡也。」〔註19〕此段可以分為幾個層次來進行分析。第一，人為天地間生而最靈者，心為吾人生命之統帥。第二，心能夠保持靈明不昧的原因，乃是因為心有所主，故能夠醒而不昧，不被私欲遮蔽〔註20〕，其中重要的原因，是心能思故而有主。第三，心之思，可以說有兩個路向，其中一路是：思而能得是慮，慮而能盡的，是覺。因此，思、慮、覺有層次的不同。另一路是，心之思而有所見為識，任識流蕩則是想。感於物而動則有念頭出現。順著這兩路的發展，若是中有所主，是思、慮、覺的路向便是意。相對的，中無所主，順著自然生命的流蕩，則是欲的出現。更進一步，縱欲任行則是過份，甚至出現惡。由此可知，「思積為慮，慮返為知，知返為性，此聖路也。念積為想，想結為識，識結為情，此狂門也。」〔註21〕若是結合其天理人欲，同行異情的思考，可知心雖為體，但中有主無主，更是重要關鍵所在。而惡的出現，並非是另有一個惡的根源，要以吾心之主去對治之。惡就是心中無

〔註18〕〔明〕劉蕺山：《劉宗周全集》，第2冊，〈學言〉，頁417。

〔註19〕〔明〕劉蕺山：《劉宗周全集》，第2冊，〈原心〉，頁280。

〔註20〕「良知在我，無所不知。但為私意錮住，則有時而昏。眼中纔中些子塵，便全體昏黑，更無通明處。故知則全體皆知，不知則全體皆不知，更無半明半暗分數。」見〔明〕劉蕺山：《劉宗周全集》，第1冊，〈論語學案〉，頁285。

〔註21〕〔明〕劉蕺山：《劉宗周全集》，第2冊，〈學言〉，頁418。

主，隨順自然，縱欲則起，「異端則近在吾心，從人欲起念者是。」〔註22〕

　　蕺山對於人心道心的說明，亦呈現此特色，其言曰：「人心，言人之心也；道心，言心之道也，心之所以為心也。」〔註23〕有別於將人心、道心對立起來，不為人心，則是道心的思考。反而認為，人心就只是人的心，道心是心之道。換句話說，道是心應該遵循的道路與方向，是心之所以為心的原因。就著心若不覺不思，則是心之失職，中無所主的脈絡來看，心若是中無所主，思與覺喪失，則只是人心而已，但是心有所主則是道心。因此反對「昔人解『人心、道心』，說道心為主，而人心每聽命焉。如此說是一身有二心矣。離卻人心，別無道心。」〔註24〕心只是一，「心只有人心，而道心者，人之所以為心也。」〔註25〕非是有兩個心對立，以道心為主，人心為從，主帥次隨，而是認為人心道心本是一。

　　蕺山處於明末，籠罩在陽明學的風潮下，亦認同陽明心就是良知的說法〔註26〕，「自良知說倡，而人皆知此心此理之可貴。」〔註27〕但是蕺山對良知的界定仍與陽明有所不同。陽明的良知是可以知善知惡，良知、心即具有道德判斷力。但蕺山對良知的說明，與其論心相同，雖然也肯定良知即心，但仍認為「思即是良知之柄。」〔註28〕即在良知之中，仍需要有「思」作為良知的把柄，此即與陽明的說法有別。因為就陽明來說，良知便是吾人之定盤針，「真

〔註22〕〔明〕劉蕺山：《劉宗周全集》，第3冊，〈以建有歸併一路之說〉，頁533。

〔註23〕〔明〕劉蕺山：《劉宗周全集》，第2冊，〈學言〉，頁473。

〔註24〕〔明〕劉蕺山：《劉宗周全集》，第2冊，〈會錄〉，頁528。
另外，「人心最初止是天理一路，其紛然而歧者皆人欲也。」見〔明〕劉蕺山：《劉宗周全集》，第3冊，〈以建有歸併一路之說〉，頁533。

〔註25〕〔明〕劉蕺山：《劉宗周全集》，第2冊，〈會錄〉，頁520。
相關的說法有：「盈天地間皆道也，而統之不外乎人心。人之所以為心者，性而已矣。以其出於固有而無假於外鑠也。……然性是一，則心不得獨二。天命之所在，即人心之所在；人心之所在，即道心之所在，此虞廷未發之旨也。……須知性只是氣質之性，而義理者，氣質之本然，乃所以為性也。心只是人心，而道者人之所當然，乃所以為心也。人心道心，只是一心；氣質義理，只是一性。識得心一性一，則工夫亦一。」見〔明〕劉蕺山：《劉宗周全集》，第2冊，〈中庸首章說〉，頁299～301。

〔註26〕「人心之同，其萬古而一日者，『良知』而已。」見〔明〕劉宗周全集》，第4冊，〈遺世綏姪四則〉，第4則，頁520。

〔註27〕〔明〕劉蕺山：《劉宗周全集》，第2冊，〈原學〉中，頁285。
另外，亦有「良知二字，是孟子道性善宗旨。致此之知，更有何事！」見〔明〕劉蕺山：《劉宗周全集》，第2冊，〈證人會約〉，頁488。

〔註28〕〔明〕劉蕺山：《劉宗周全集》，第2冊，〈學言〉，頁417。

知原是完完全全，是的還他是，非的還他非。是非只依著他，更無有不是處，這真知還是你的明師。」〔註29〕不是在良知之內再尋一個把柄。

總的來說，蕺山認為心、良知是至善的，但也在論心、良知的同時，提出了思、覺作為心、良知之主，思、覺才具有道德意義的標準，因此在其思考中，必定不以心、良知作為最核心的概念，而是在心與良知之中，有更進一層，更核心的概念存在，作為其心性論最根源的依據。

2. 意為主宰

就著蕺山對心與良知的說明，不認為二者是道德判斷的標準，心中仍需有思、覺的作用，然而其主宰為何？其言曰：「心，一也。自其主宰而言，謂之意。」〔註30〕明確點出心之主宰為意，並更進一步的的說：「意者，心之所以為心也。止言心，則心只是徑寸虛體耳。著箇意字，方見下了定盤鍼，有子午可指。然定盤鍼與盤子，終是兩物。意之於心，只是虛體中一點精神，仍只是一箇本心。」〔註31〕意是心的定盤鍼，說明了意為心指向〔註32〕，若是只言心而不言意，心只是無主宰的虛體而已，不具有道德判斷力，無意之心，只是虛位的。另外，心與意並非截然兩分的，心是心，意是意。相反的，意是只是在心中，是心的主宰，「說意仍是說心，意不在心外也。心只是箇渾然之體，就中指出端倪來，曰意。」〔註33〕只是就著心指出端倪，指出靈明，雖然指點的是「意」，但其實也只是心而已。相反的，若是認為心與意為二，則會造成：「若分意於心之外，言有言無，豈有時而怵惕惻隱，有時而納交要譽惡聲耶？」〔註34〕因為心與意不一，分意於心之外，便有可能造成有時有意做為主宰，有時而無。但在生命的實踐中，若是有時能夠怵惕惻隱，有時而卻有納交之念，道德實踐如何可能？理論也勢必不夠完熟。因此，在蕺山的思考中，心與意為一，言意

〔註29〕陳榮捷：《王陽明傳習錄詳註集評》，卷下，第265條，頁325。
〔註30〕〔明〕劉蕺山：《劉宗周全集》，第2冊，〈學言〉，頁442。
〔註31〕〔明〕劉蕺山：《劉宗周全集》，第2冊，〈答董生心意十問〉，頁337～338。
〔註32〕〔明〕劉蕺山：《劉宗周全集》，第2冊，〈學言〉，頁442。
〔註33〕〔明〕劉蕺山：《劉宗周全集》，第2冊，〈商疑十則，答史子復〉，第2則，頁341。
另外有相近的說法為：「離意無所謂心者。」（見〔明〕劉蕺山：《劉宗周全集》第2冊，〈學言〉，頁443）、「心之主宰曰意，故意為心本，不是以意生心，故曰『本』。猶身裏言心，心為身本也。鄧定宇曰：『心是天，意是帝。』」（見〔明〕劉蕺山：《劉宗周全集》，第2冊，〈學言〉，頁447）
〔註34〕〔明〕劉蕺山：《劉宗周全集》，第2冊，〈商疑十則，答史子復〉，第3則，頁342。

即言心，不只是在道德理論上的必然，也是符合其思考型態為不分的理論性格。

然而，蕺山對於心、意的界定，已與陽明良知教不同了。陽明的四句教中，認為無善無惡心之體，有善有惡意之動，心體是無善無惡的。但是意是心之所發，意在與物接觸之時，則產生了善惡之別。因此在陽明的思考中，意是有善惡的，不具有主宰的能力。另外，意是在與物相接之時，由心所發，因此意可說是時隱時現的。但是在蕺山的思考中，意作為心的主宰，明顯的與陽明不同，作為主宰的意，不可能是隨閃隨現的，因此對於意的界定說明，則與王學有相當的差別。

說意便是心，意是道德實體，不會有時隱時現的問題，故蕺山認為：「意者，心之所存，非所發也。」〔註35〕認為意非心之所發，而是存於心〔註36〕，若意非心之所發，自然不會有現象中的顯隱問題。再談到四句教中，知善知惡的良知，是從良知的道德判斷力說，是能夠知是知非。對於良知的道德判斷，蕺山也是認同的，但是因為劉氏將意作為心的定盤針，因此，對於「知」的歸屬，也重新衡定。知是在意上說的，而非在心上說，「故意蘊於心，非心之所發也。又就意中指出最初之機，則僅有知好知惡之知而已，此即意之不可欺者。故知藏於意，非意之所起也。」〔註37〕因此知亦是藏於意中，此處的藏，並非是指意中還有一個知，而是將道德判斷落實在意上說，意能夠判斷善惡，故意

〔註35〕〔明〕劉蕺山：《劉宗周全集》，第 2 冊，〈學言〉，頁 390。

〔註36〕東方朔對於蕺山的意，解釋為：「作為心之所存的『意』，其『存』字就很有問題。這個『存』只能解釋為人內心深處的一種好惡的傾向，這種傾向本身是至善的，所以他能夠決定和主宰各種意念，使之歸於至善。」見氏著：《劉宗周評傳》（南京：南京大學出版社，2006 年 12 月），頁 197。

〔日〕岡田武彥《王陽明與明末儒學》中提到：「他之所以把意作為心之體，即心之所存或心之存主，是因為他把相對于善惡的意之好惡，當作『好必于善，惡必于惡』，『一善而非二惡』的東西，就是說，意決定了心的方向。而且在他看來，意是善而無惡的至善之歸宿，換言之，即具備至善之體的存在。為了說明意，他還巧妙地將其譬喻為舟之舵、定盤針、指南車。根據這一立場，他非難了把意作為善惡雜揉的心之發動處即『所發』的陳說。」見氏著，頁 399。

〔註37〕〔明〕劉蕺山：《劉宗周全集》，第 2 冊，〈學言〉，頁 389。

另外，「先生既已良知二字冒天下之道，安得又另有正修工夫？止因將意字看作已發了，故工夫不盡，又要正心，又要修身；意是已發，心是未發，身又是已發。先生每譏宋儒支離，而躬自蹈之，千載而下，每欲起先生於九原質之而無從也。」見〔明〕劉蕺山：《劉宗周全集》，第 5 冊，〈陽明傳信錄〉，頁 62。

是不可欺瞞的。因此，進一步的提出了：「知意之與知分不得兩事，則知心與意分不得兩事矣。分晰之見，後儒之誤也。意為心之所發，古來已有是疏，僕何為獨不然？第思人心之體，必有所存而後有所發，如意為心之所發，則孰為心之所存乎？如心以所存言，而意以所發言，則心與意是對偶之物矣，而惡可乎？……一心耳，以其存主而言謂之意，以其存主之精明而言謂之知，以其精明之地有善無惡歸之至善謂之物。識得此，方見心學一原之妙，不然未有不墮於支離者。」〔註38〕首先說明意與知、心與意並非兩事。若是將意認作是心之所發，心是意之所存處，這樣的思考，則是對列心、意，一旦落入對列之局，則是回到前文所批評的，意將是時顯時隱，故其必不認為意為心之所發。因為若說意是時有時無，則是落入兩分的思考〔註39〕。其次，蕺山以「一心」的概念談心意知物，以心收攝意、知、物，意蘊藏於心，知是意之精明，物是知之有善無惡歸到至善上說，此處蕺山所說的物，沒有實際的內容，應該可理解為至善之意、心。因此蕺山對於心、意、知、物的理解，已與陽明有相當的差異，以「一心」的渾融為首出。順此，需再簡別一個問題，即是蕺山所言的良知與知是否等同？在陽明處，知善知惡的即是良知，就蕺山的思考來看，是有差異的。其言良知是等同於心的地位，但知是能作道德判斷，是存主之精明，因此不同。

　　透過以上的說明可知，蕺山將知善惡的判斷，歸在意上說〔註40〕。而意為心之主宰，而心與意、意與知，皆一非二，認為：「心無體，以意為體；意無體，以知為體；知無體，以物為體。物無用，以知為用；知無用，以意為用；意無用，以心為用。此之謂體用一原，此之謂顯微無閒。」〔註41〕牟宗三認為，蕺山此處的論法，是從實踐的存有論的凝一說，而非是認知的關聯說，可理解

<hr>

〔註38〕〔明〕劉蕺山：《劉宗周全集》，第 3 冊，〈答史子復〉，頁 379～380。

〔註39〕「意既不可以有無言，則並不可以有無之時言矣。有時而有，則有時而無，有無既判為兩意，有無又分為兩時。時乎！時乎！造物所謂逝者如斯乎！而何獨疑於人心乎？」（見〔明〕劉蕺山：《劉宗周全集》，第 2 冊，〈答董生心意十問〉，頁 337）、「人心之體，存發一機也。心無存發，意無存發也。蓋此心中一點虛靈不昧之主宰，嘗嘗存，亦嘗嘗發。所謂靜而未始淪於無，動而未始滯於有也。」（見〔明〕劉蕺山：《劉宗周全集》，第 2 冊，〈答董生心意十問〉，頁 338～339）

〔註40〕「意有好惡而無善惡，然好惡只是一機。……故莫粗於心，莫微於意。」見〔明〕劉蕺山：《劉宗周全集》，第 2 冊，〈答葉潤山民部〉，頁 329。

〔註41〕〔明〕劉蕺山：《劉宗周全集》，第 2 冊，〈學言〉，頁 450。

為「物即是知，非知之所照」能所融一〔註42〕，是「一心」，必定是「合心意知物，乃見此心之全體。更合身與家國天下，乃見此心之全量。」〔註43〕若不如此，則是「今之言心者，舉一而廢八，而心學岐。」〔註44〕

蕺山將至善歸到意，但是並不是將意歸到與心同體，則吾人生命就不會出現善惡之念頭，因此提出了「念」，取代陽明所說有善有惡之「意」。其言曰：「一念不起時，意恰在正當處也。念有起滅，意無起滅也。今人鮮不以念為意者。」〔註45〕念是會有起滅，念起念滅，時有時無，故念是不定的，「今心為念，蓋心之餘氣也。餘氣也者，動氣也，動而遠乎天，故念起念滅，為厥心病。故念有善惡，而物即與之為善惡，物本無善惡也；念有昏明，而知即與之為昏明，知本無昏明也；念有真妄，而意即與之為真妄，意本無真妄也；念有起滅，而心即與之為起滅，心本無起滅也。故聖人化念歸心。」〔註46〕因為念是會受到氣的擾動，即是前文所說動於自然之不容已處。然而動於氣，並不一定是惡的，而是有善有惡，其中的關鍵，就在是否中有所主〔註47〕。因為念的善惡，而物也隨之有善惡，知則有可能因念的昏明而有昏明，意也會因念有真妄，心亦有可能因念有起滅。因此，對治念，使念與心、意、知同體，則是工夫的入手處，化念還心，使吾人行為從容中道。

蕺山的思考是趨向合一的型態，因此其在本體上的說明，也呈現這樣的特色，如：天理人欲，同行異情的說法，即欲還理，或是離氣無性的論點，以「一心」的思考型態，收攝意、知、物。以上諸說，都可說明這樣的狀況。另外，蕺山在心性論上，最大的特色，便是以意取代了心的地位，把心的道德判斷歸到了意，在陽明之後，蕺山論心實有其特別的關懷。最後，筆者以「意根最微，誠體本天；本天者，至善者也。」〔註48〕一語，概括其論心性的涵義。

〔註42〕詳參氏著：《從陸象山到劉蕺山》，頁474～475。
〔註43〕〔明〕劉蕺山：《劉宗周全集》，第2冊，〈學言〉，頁409。
〔註44〕〔明〕劉蕺山：《劉宗周全集》，第2冊，〈學言〉，頁409。
〔註45〕〔明〕劉蕺山：《劉宗周全集》，第2冊，〈答董生心意十問〉，頁339。
〔註46〕〔明〕劉蕺山：《劉宗周全集》，第2冊，〈學言〉，頁417。
〔註47〕「來教所云起滅相，正指念而言。如云發一善念而忽遷焉，人盡皆然。念起念滅不嘗，所以忽忘忽憶，若主意一定，豈有遷者？心既有主而無主，正是主宰之妙處。決不是離卻意之有主，又有箇心之有主而無主。果有二主，是有二心也。豈知意為心之所向乎？」見〔明〕劉蕺山：《劉宗周全集》，第2冊，〈商疑十則，答史子復〉，第7則，頁346。
〔註48〕〔明〕劉蕺山：《劉宗周全集》，第2冊，〈學言〉，頁453。
　　　　張學智認為，蕺山論意有三個特色，其一，意是心中本有的支配後天念慮的最

二、好善惡惡

戢山的工夫，除了前文對「念」的討論，思考如何把會影響吾人之心、意，有起滅、善惡昏明之念，化念歸心，使念與心同體之外，戢山有《人譜》之作。並且在年譜記載中，《人譜》〔註49〕曾刪修三次，直至其臨終前兩個月始定稿，故可稱《人譜》為戢山學晚年定論無疑。另外，從〈人譜序〉中可以看出，戢山創作人譜乃是針對袁了凡《功過格》〔註50〕，認為「了凡學儒者也，而篤信因果，輒以身示法，亦不必實有是事。」〔註51〕袁了凡身為儒者，卻從因果報應的角度作為《功過格》之旨要，乃是不辨儒佛〔註52〕。於是戢山將其學問化為《人譜》出之，共可分為〈人譜正篇〉、〈人譜續篇一〉、〈人譜續篇二〉〔註53〕，

初意向。其二，意是心之主宰。其三，意是未發之中。以上討論，可見於《明代哲學史》，頁442～446。

〔註49〕據〈戢山劉子年譜〉可知，戢山於崇禎七年（AD1634）八月著《人譜》（見〔明〕劉戢山：《劉宗周全集》，第6冊，〈年譜〉，頁106），於順治二年（AD1645）五月改定《人譜》，修定其未當者，並據年譜所述，此書三易稿始定。並且在戢山臨終前，仍命其子劉汋補〈人譜雜記〉未完足者，故可知戢山對於《人譜》的重視程度。（見〔明〕劉戢山：《劉宗周全集》，第6冊，〈年譜〉，頁164。）

〔註50〕以此為研究視角者，可見孫中曾：《劉宗周的道德世界》（國立清華大學歷史研究所碩士論文，1991年7月），頁247～251。

〔註51〕〔明〕劉戢山：《劉宗周全集》，第2冊，〈人譜〉，頁1～2。

〔註52〕對於《人譜》的創作旨規，〈人譜序〉中自言為對治袁了凡《功過格》，但在其子劉汋編纂的年譜中，對於《人譜》的寫作旨趣，則有另一說法，其言曰：「是時秦弘祐倣了凡《功過冊》著《遷改格》一書，善與過對舉，一理性情，二敦倫紀，三坊流俗，四廣利濟。陶先生序而行之，因以冊呈先生。先生曰：『此害道之書也。』乃與弘祐書曰：『來冊〈廣利濟〉一格宜除，此意甚害道。百善、無十善等格，書之無消煞處，不如紀過則無善稱。無過即是善，若雙行，便有不通處。……僕以為論本體決是有善無惡，論工夫則先事後得，無善有惡可也。』因有感而著《人譜》。」（見〔明〕劉戢山：《劉宗周全集》，第6冊，〈年譜〉，頁106～107。）另外，戢山亦言：「了凡之意，本是積功累行，要求功名得功名、求子女得子女，其題目大旨顯然揭出，雖是害道，然亦自成一家言。諸君子平日豎義，本是上上義，要識認求良知下落，絕不喜遷改邊事。一旦下梢頭，則取袁了凡之言以為津梁，浸入因果邊去。一上一下之間，如以為打合得一，則是道差也；以為打合不得一，則是教差也。」見〔明〕劉戢山：《劉宗周全集》，第3冊，〈與履思十〉，頁320。何俊、尹曉寧就戢山作《人譜》的大要，歸結為，《人譜》對外要闢袁了凡以《太上感應篇》所作的《功過格》，對內要針對龍溪一脈學者秦宏祐所作的〈遷改格〉。詳參氏著：《劉宗周與戢山學派》（北京：中國人民大學出版社，2009年11月），頁118～121。

〔註53〕《人譜》正篇包含〈人極圖〉與〈人極圖說〉，《人譜》續篇一為〈證人旨要〉，《人譜》續篇二為〈紀過格〉、〈訟過法〉、〈改過說一、二、三〉，以上即為《人譜》所有篇章，以此為本文所討論依據。

可知此為蕺山學問之精要。因此，蕺山的工夫，實可分為兩大路向進行討論。其一，從純粹道德意義出發的慎獨工夫。其二，落實在日常道德學意義的省察紀過工夫。人非生即為聖賢，必須時時做工夫，以求進至聖人之域〔註54〕，此即儒門宗要。

（一）慎獨

如何化念還心，是蕺山工夫論的核心問題。然而，念是時起時滅，有善有惡的，要如何讓念回到與心同體，則是其思考的重點。針對此點，他提出了慎獨的工夫，其言曰：「此時一念未起，無善可著，更何不善可為？止有一真無妄在不睹不聞之地，無所容吾自欺也，吾亦與之毋自欺而已。則雖一善不立之中，而已具有渾然至善之極。君子所為必慎其獨也。」〔註55〕念雖有起滅，但是在念未起之時，雖無善相可顯，但也沒有不善出現，因此在念未起之時，一切退聽，吾心是真實無妄的，毋自欺。雖然無善惡，但實是至善的，「無善而至善，心之體也。」〔註56〕

故可再進一步的問，如何是毋自欺？如何是慎獨？其下手處何在？此便是工夫教路的展開。其言曰：「人心自妄根受病以來，自微而著，益增洩漏，遂授之以欺。欺與謙對，言虧欠也。《大學》首嚴自欺，自欺猶云虧心。心體本是圓滿，忽有物以攖之，便覺有虧欠處。自欺之病，如寸隙當堤，江河可決。故君子慎獨，慎獨之功，只向本心呈露時隨處體認去，便得全體粲然，與天地合德，何謙如之！」〔註57〕人只要起念，便有善惡的可能。因此，若是為人欲

對於功過格的思考，在《太平經》中已有承負的概念出現，除了說明承負的原由之外，並且歸納出消解承負的方法，在此借湯一介之分類：1.行太平之道可以消除「承負之責」；2.讀《太平經》可以消解「承負之責」；3.養氣守一可以消解「承負之責」；4.行大功德可以消解「承負之責」；5.有天師出得解除「承負之責」。（見湯一介：《魏晉南北朝時期的道教》台北：東大圖書公司，1988年12月，頁367～368）在此可知，《太平經》除對承負的概念做出論述外，也針對如何消解承負，提出解決之道，即具有工夫意義，故可知，袁了凡的《功過格》以因果輪迴做為《功過格》的思考主體，可上推至《太平經》。

〔註54〕「學問隨人，大做是大，小做是小，總之，不遠於一誠者皆是。而品地高下，有不必盡論者，君子亦誠而已矣。」（見〔明〕劉蕺山：《劉宗周全集》，第2冊，〈人譜〉，頁51）此處之學問，乃是指為人之學問，即是要教人如何做一個善人，而非學問的好壞，就在吾人能否做一個大學問之人，或是以大學問之人為目標邁進。

〔註55〕〔明〕劉蕺山：《劉宗周全集》，第2冊，〈人譜〉，頁5。

〔註56〕〔明〕劉蕺山：《劉宗周全集》，第2冊，〈人譜〉，頁3。

〔註57〕〔明〕劉蕺山：《劉宗周全集》，第2冊，〈證學雜解〉，頁262。

所蔽,則念為惡,心、意、知亦為其所蔽,自欺其心。故必以慎獨的工夫,回復本心,此是克復的工夫,「徹盡氣拘物蔽之障,而復還先天繼善之良。如是,則能盡其性矣,仁矣。」〔註58〕克去外物的障蔽,回到先天之至善,如此便是盡性,是「君子善反之,即是證性之路。」〔註59〕

因此,獨可稱之為獨體,是不睹不聞的隱微之處〔註60〕,念未起之地,「『獨』即天命之性所藏精處,而『慎獨』即盡性之學。」〔註61〕但是隱微處如何做工夫?必先以靜坐引導之,其言曰:「人生終日擾擾也,一著歸根復命處,乃在向晦時,即天地萬物不外此理,於此可悟學問宗旨只是主靜也。此處工夫最難下手,姑為學者設方便法,且教之靜坐。」〔註62〕吾人若是因日常生活,擾攘不安,則是先從靜坐入手。這雖只是方便法門,但是也因為這樣的工夫,能夠仔細檢點吾人的念頭,更進一步的體證不睹不聞之地。體會之後,則如何能毋自欺?毋自欺可以從兩個層次來解說,首先從不欺暗室而言,吾人行為,並非是只在外人可見之處,從容中道,雖在暗室,也不可因此而有所因循。其次即是從念上說,念慮雖然不可現於外,然不可因為如此,而使念有不正的可能。雖然念的正不正,是可以透過外在的修飾,不為人知,但卻無法自欺,心是欺瞞不過的。職是之故,蕺山的慎獨工夫,可說是層層內逼,從外在行為到念慮,皆不可欺,此才是真正的慎獨工夫。並透過此工夫,時時檢點,其言反之,即是一反省逆氣的路向,並非順氣向下滾,此即是證性之路。

若是仔細分疏蕺山的工夫,可分為三個層次:「就性情上理會,則曰『涵養』;就念慮上提撕,則曰『省察』;就氣質上銷鎔,則曰『克治』。省克得輕安,即是涵養;涵養得分明,即是省克,其實一也,皆不是落後著事。」〔註63〕涵養性情,可說是如何穩立心體。省察則是檢點念頭,時時毋自欺,克治為氣

〔註58〕〔明〕劉蕺山:《劉宗周全集》,第1冊,〈論語學案〉,頁430。
　　　　另外,相近的說法有:「學莫要於治心,而惡與過皆出於人欲之私者,累心者也,攻且求之,又彊所不能以進之,則私欲之端漸克而所從者無適而非義矣。義即天理之公者是也。即心為理,在事為意。以此為學,而作聖之功端在是矣。此孔門克復之旨也。」見〔明〕劉蕺山:《劉宗周全集》,第1冊,〈曾子章句〉,頁557。
〔註59〕〔明〕劉蕺山:《劉宗周全集》,第2冊,〈人譜〉,頁5。
〔註60〕「隱微之地,是名曰獨。」見〔明〕劉蕺山:《劉宗周全集》,第1冊,〈《大學》古記約義〉,頁649。
〔註61〕〔明〕劉蕺山:《劉宗周全集》,第2冊,〈聖學宗要〉,頁258。
〔註62〕〔明〕劉蕺山:《劉宗周全集》,第2冊,〈靜坐說〉,頁304。
〔註63〕〔明〕劉蕺山:《劉宗周全集》,第2冊,〈學言〉,頁458～459。

所動的欲。但此三者只是工夫對象的不同，但其實是一體的，雖然可能有工夫階段的差異，只要工夫熟後，則是不分的。「入門之始，克治力居多；進步之後，涵養力居多。及至車輕路熟時，不知是一是二。」〔註64〕

蕺山的慎獨工夫，可以從兩方面說。其言毋自欺、省察、克治，是從消極一面說的工夫，是善反之路。若從積極的意義來看，就在慎獨之時，心體呈露，全體是心、全體是性，是正面的體驗工夫，順之便全體是天命流行。因此「慎獨是學問第一義。言慎獨，而身、心、意、知、家、國、天下一齊俱到，故在《大學》為格物下手處，在《中庸》為上達天德統宗，徹上徹下之道也。」〔註65〕由此可知，蕺山的慎獨工夫，乃是站在人能做工夫以回歸天地之性，達到徹上徹下的一貫之道，並且兼有反之與順之的兩面向。

（二）紀過

蕺山的工夫論可說是以慎獨為核心，但是慎獨要如何在現實生活中落實？以及如何提供簡易，而可檢驗的方法？因此蕺山提出了〈紀過格〉。就著蕺山〈紀過格〉，可知〈紀過格〉乃是針對袁了凡〈功過格〉而作，不滿其以佛教說法言工夫。並且其言紀過而非紀善，將袁了凡〈功過格〉善、惡兼具轉向只言紀過。為何蕺山特重視紀過？筆者認為，可從兩方面來說，首先，無過即可稱為善，加之紀善，則有重出之虞。再者，特別強調紀善，是否有刻意為之的意涵？若是有心為之，此善亦非善，乃是造作之善。因此筆者認為，稱紀過不言紀善，其深意在此。另外，〈紀過格〉可說是慎獨工夫的具體展現，惟有時時刻刻，戒慎恐懼，警省過錯的出現，才能夠透過作工夫達到聖人的境界。以下將針對〈紀過格〉的安排稍加說明。

其言過者有六，以微過始，繼之隱過、顯過、大過、叢過，終以成過〔註66〕，以下將說明其義。其言曰：「微過，獨知主之。」〔註67〕在蕺山的思考之下，認為微過「實函後來種種諸過，而藏在未起念以前，彷彿不可名狀。」〔註68〕是藏在未起念之前，十分隱微，故必須仔細省察。微過可說是種種諸過的端始，

〔註64〕〔明〕劉蕺山：《劉宗周全集》，第2冊，〈學言〉，頁178。

〔註65〕〔明〕劉蕺山：《劉宗周全集》，第2冊，〈學言〉，頁396～397。

〔註66〕蕺山〈紀過格〉中對於諸過有詳細的分類，種類繁多，本文在此僅依文中討論必要者，加以說明，詳可參〔明〕劉蕺山：《劉宗周全集》，第2冊，〈人譜〉，頁10～15。

〔註67〕〔明〕劉蕺山：《劉宗周全集》，第2冊，〈人譜〉，頁10。

〔註68〕〔明〕劉蕺山：《劉宗周全集》，第2冊，〈人譜〉，頁10。

若能在念慮未起之前，即能察覺，則可在過錯的開端處即予以改過，故列此過為第一。隱過則是承微過而來，是「七情主之」〔註69〕，是「過在心，藏而未露。」〔註70〕微過在起念之前，不易察覺。到隱過則是微過已生於念慮，出現了過當之情。七情並非是惡，但過當便非。然而此過仍藏在心中，未顯於外，故曰隱過。再者為顯過、大過，顯過即是隱過已顯現於外，「九容主之」〔註71〕即是「授於身」〔註72〕者，展現在容貌辭氣舉止言行上，並且與隱過結合，是「七情穿插其中，每容都有七種情狀伏在裏許。」〔註73〕而繼之以大過，可說是將顯過推至五倫的對象上說〔註74〕，「諸大過總在容貌辭氣上見」。〔註75〕再者為叢過，即是「百行主之」〔註76〕，將多種過錯以類相從排列。以上五過，從微過到大過，都是過「從小到大」，推到不同的層面上。但究源都歸因於未起念之時，若不能及時克治，便可能由微而顯，一過積一過，層層積累，終成大過。

最後一過是：「成過，為眾惡門，以克念終焉。」〔註77〕則是有別於前述五者，認為吾人雖有過，「良心仍是不泯，依然與聖人一樣，只為習染所引壞了事。」〔註78〕是故蕺山認為，吾人雖犯前述諸過，但人人良心本有，仍與聖人同體。然而過錯既成，則需有訟過之法反省諸過〔註79〕。故成過與前五者不同，成過便是蕺山指點前述諸過，應以何種工夫對治之。不同的過失，有不同的法門，而最後必進至聖域，「諸過成過，還以成過得改地，一一進以訟法，立登聖域。」〔註80〕是故就蕺山的〈紀過格〉來說，可分為兩方面看。首先是對過的分類，由小而大，由微而顯，見於前五過。其次是成過的部分，乃是在過已形成之後，針對過的小大類別，指點不同法門，以訟過法克治之。以上即是蕺山〈紀過格〉的用心所在。

〔註69〕〔明〕劉蕺山：《劉宗周全集》，第2冊，〈人譜〉，頁11。
〔註70〕〔明〕劉蕺山：《劉宗周全集》，第2冊，〈人譜〉，頁11。
〔註71〕〔明〕劉蕺山：《劉宗周全集》，第2冊，〈人譜〉，頁11。
〔註72〕〔明〕劉蕺山：《劉宗周全集》，第2冊，〈人譜〉，頁12。
〔註73〕〔明〕劉蕺山：《劉宗周全集》，第2冊，〈人譜〉，頁12。
〔註74〕「五倫主之。」〔明〕劉蕺山：《劉宗周全集》，第2冊，〈人譜〉，頁12。
〔註75〕〔明〕劉蕺山：《劉宗周全集》，第2冊，〈人譜〉，頁13。
〔註76〕〔明〕劉蕺山：《劉宗周全集》，第2冊，〈人譜〉，頁14。
〔註77〕〔明〕劉蕺山：《劉宗周全集》，第2冊，〈人譜〉，頁14。
〔註78〕〔明〕劉蕺山：《劉宗周全集》，第2冊，〈人譜〉，頁15。
〔註79〕蕺山的訟過法，即是靜坐法。
〔註80〕〔明〕劉蕺山：《劉宗周全集》，第2冊，〈人譜〉，頁15。

最後，借用蕺山的一段話，作為其工夫論的總結，其言曰：「然昔賢云：『道德言動，皆翕聚為主，發散是不得已事。天地萬物皆然。』則亦意有專屬，正如黃葉止兒啼，是方便法也。」〔註81〕蕺山工夫論的思考，不論是慎獨，或是紀過，其實都可以說是反省的工夫，是收斂內反的工夫型態。從純粹道德意義上說，或是實際的日常工夫，都是時時警惕自我，收斂精神，不使精神發散。因為蕺山認為：「今為學者下一頂門針，即『向外馳求』四字，便做成一生病痛。」〔註82〕故其工夫，正以收斂作為核心概念，向內收攝，能夠面對時弊。因此筆者認為其工夫論的思考重心在此。

若從整體蕺山對本體與工夫的思考來看，首先是就著心再點出意。其雖認為說意便是在說心，但明顯的將道德的主宰轉到了意上說。雖仍肯定心即理，但蕺山這樣的判斷，是否也可以說是陽明心的不信任？再檢視其工夫論，是屬於收斂的型態，認為發散是不得已的。向外馳求，正是明末學者之病痛。故筆者認為，蕺山的思考，不論是在本體或是工夫方面，有其真實面對時弊的用心與關懷。

第二節　致知轉向誠意

在理解蕺山本體與工夫思考的基礎上，以下將分兩大層面進行討論，其一，雖然蕺山對陽明學的評價有正面肯定的部分〔註83〕，但是在什麼樣的思考下，會以誠意取代致知〔註84〕？其二，蕺山依舊要面對王門流弊的問題。因

〔註81〕〔明〕劉蕺山：《劉宗周全集》，第2冊，〈學言〉，頁398～399。

　　　　蕺山提及的昔賢所云，應是指《傳習錄》中所載陽明語錄，其言曰：「精神、道德、言動，大率以收斂為主，發散是不得已。天地人物皆然。」見陳榮捷：《王陽明傳習錄詳註集評》，卷上，第54條，頁90。

〔註82〕〔明〕劉蕺山：《劉宗周全集》，第2冊，〈向外馳求說〉，頁308。

〔註83〕「又三百餘年而陽明子出，始固嘗求之二氏之說矣，久而無所得，始反而求之六經，特舉前日所讓棄於佛氏者而恢復之。且周旋於宋儒之說，相與彌縫其隙，兩收朱、陸，以求至是。良知之說，有功後學，斯文賴以一光。繇今讀其恢復之辭，如曰：『佛氏本來面目，即吾聖人所謂良知。』又曰：『工夫本體，大略相似，只佛氏有簡自私自利之心，所以不同。』又曰：『佛氏外人倫、遺物理，固不得謂之明心。』可謂良工苦心。吾意後之學聖人者，繇陽明子而朱子，及於明道、濂溪，溯之孔、孟，如是而已矣。」見〔明〕劉宗周：《劉宗周全集》，第3冊，〈答王金如〉第3書，頁345。

〔註84〕鮑世斌認為：「劉宗周的思想更進一層，從心體入手，以意為體，將放失在感性經驗中的心體收攝到意根獨體上，為道德修養培根固本，在心體最隱微處

此，對於流弊的批評，以及其歸因為何，則是蕺山需要去探究的〔註85〕。以下將以此兩大問題意識，進行討論與分析。

一、重解《大學》

陽明為學宗旨是「致良知」無疑，但陽明談良知，則有兩個脈絡可循。一是孟子的路向，從良知為不慮而知說，作為先驗的道德根據，並據此作致良知的工夫。一是從《大學》八目來說，從格致論題出發，將致知解為致良知於事事物物，格物是格其不正以歸於正。陽明學是將二大脈絡合在一起，也因為如此，被蕺山批評為：「陽明立言之病，正是以《大學》合孟子，終屬牽強。」〔註86〕然而其間義理分際為何？則有待細繹。以下將分為蕺山反對與贊同的兩方面進行說明。

（一）混亂《大學》次序

蕺山反對陽明學的部分，集中在陽明對《大學》的解釋，針對此論題，蕺山提出幾個論題進行駁斥：

確立了道德自覺的形上根基，從而建立起本體工夫合一的誠意慎獨學。這可謂是從內部對王學流弊進行救治。」見《明代王學研究》，頁292。
黃敏浩認為：「在粗視之下的良知在念起念滅之流中，其實便是混於情識的良知，所謂『情識而肆』。而宗周謂陽明『求精於心』，但此心之精實際上已離意知物乃至人倫日用，而蕩越開去，所謂『玄虛而蕩』。這便說明宗周不願把陽明的『無善無惡是心之體』理解為至善具體的理由。這是因為在四句教的脈絡中，宗周看出此第一句實帶有虛無主義性格的緣故。」但陽明的無善無惡心之體一句，是否有如蕺山所說，帶有虛無主義的性格，可以再思考。見《劉宗周及其慎獨哲學》，頁137。
〔註85〕胡元玲認為蕺山對王門後學的批評，分為以下幾點：1.對龍溪本人的批判為：「無善無惡心之體」似非源於王陽明之說、「無善無惡」之說入於禪。2.對龍溪一系的批判為：本體——蕩之以玄虛、工夫——離事用功。3.對泰州一系的批評為：本體——參之以情識、行事作風——有失中行。對陽明學的反對，則是在《大學》的解釋。最後總結在本體方面，《人譜》提出心之體至善的觀點，是針為龍溪一系「無善無惡心之體」。「獨體」兼有心體與性體、貫通未發已發是對治王學流弊。以「意為心之所存」詮釋「獨體」是針對陽明言「意為心之所發」而來。在工夫方面，以改過遷善為核心要義，是針對王門後學工夫的問題。認為蕺山慎獨之學確實是針對王學流弊而起之學。詳參氏著：《劉宗周慎獨之學闡微》，頁275～313。
〔註86〕〔明〕劉蕺山：《劉宗周全集》，第3冊，〈答韓參夫〉，頁359。
相近說法亦見：「陽明子言良知，最有功於後學，然只是傳孟子教法，於《大學》之說，終有分合。」見〔明〕劉蕺山：《劉宗周全集》，第2冊，〈良知說〉，頁317。

　　第一：與《大學》八目語脈的不同。「古本序曰：『《大學》之道，誠意而已矣。誠意之功，格物而已矣。格物之極，止至善而已矣。止至善之則，致良知而已矣。』宛轉說來，頗傷氣脈。至龍溪所傳天泉答問，則曰：『無善無惡心之體，有善有惡意之動，知善知惡是良知，為善去惡是格物。』益增割裂矣。即所云良知，亦非究竟義也。」〔註87〕蕺山此處對陽明的批評，可以分兩點來說，首先認為陽明言誠意、格物、致知的進程，是曲折委宛，相較於原本《大學》格致誠正的脈絡，不能一貫而下。其次認為四句教，是割裂心體，已非《大學》原意。

　　先說陽明言《大學》之曲折，此處蕺山引述陽明〈古本《大學》序〉〔註88〕，在此陽明言《大學》之要，誠意而已，是因著古本大學，將誠意置於傳文之首，因此誠意的地位提高。東方朔認為，陽明如此之用心，是因為：「是想以誠意工夫括格致而將朱子解《大學》一路加以扭轉，從而納入他的良知理論中。」〔註89〕這樣的說法，與我們理解致知作為陽明學核心不同，可是卻與蕺山重誠意相同。或許可以這樣說，蕺山引〈古本《大學》序〉，而非〈大學問〉，是有其刻意與用心。就陽明學來看，要如何回應蕺山的提問？筆者將引述該序文的另外段落予以說明，其言曰：「是故至善也者，心之本體也。動而後有不善，而本體之知，未嘗不知也。意者，其動也。物者，其事也。致其本體之知，而動無不善。然非即其事而格之，則意無以致其知。故致知者，誠意之本也。格物者，致知之實也。物格則知致意誠，而有以復其本體，是之謂止至善。」〔註90〕在此陽明已說明心是至善之本體，而意是心之動，有不善之可能。物是意之所在，依著本體之善，物不正則格之。故致知是誠意之本，格物則是致知的實下手處。此處陽明所說，雖非四句教，但已具四句教的雛型。順此回應蕺

─────────────────

〔註87〕〔明〕劉蕺山：《劉宗周全集》，第2冊，〈良知說〉，頁318。
　　　　相近的說法為：「陽明先生主腦良知，而以格物為第二義，似終與《大學》之旨有異，儒釋之分，實介於此。在先生固已擇焉而不精，語焉而不詳矣，又何怪後人之濫觴乎？」見〔明〕劉蕺山：《劉宗周全集》，第3冊，〈與王弘臺年友〉，頁304。
〔註88〕此序作於陽明47歲（AD1518），該年陽明重要著作，除了〈《大學》古本序〉外，還有〈朱子晚年定論〉、今本《傳習錄》上卷。陽明47歲時，實可稱為其學問成熟的一年。見〔明〕王陽明：《王陽明全集》，卷33，〈年譜一〉，頁1248～1256。
〔註89〕東方朔：《劉宗周評傳》，頁214。
〔註90〕〔明〕王陽明：《王陽明全集》，卷7，〈《大學》古本序〉，頁243。

山認為陽明割裂之說，蕺山是在「一心」的模型下，收攝意知物，故認為四句教是破裂心體。若是從陽明學來說，不論是蕺山批評的曲折《大學》次序，或是破裂心體，都能籠罩在其四句教的脈絡中。

第二：對知的解釋。「且《大學》所謂致知，亦只是致其知止之知。知止之知，即知先之知；知先之知，即知本之知。惟其知止，知先、知本也，則謂之良知亦得。知在止中，良因止見。故言知止則不必更言良知。若曰以良知之知知止，又以良知之知知先而知本，豈不架屋疊床之甚乎？」〔註91〕認為《大學》所言致知之知，與知止、知所先後之知是相等的，此知本來是良，故不必再多言良知。因此若依陽明的說法，良知之知說明知止、知先、知本，在理論上則不免重疊，是頭上安頭，故而反對之。

對此說法，牟宗三有精闢的論斷，其言曰：「蕺山卻把知止之知混同良知，以為知止之知即是良知，只是不必言耳，言之即成架屋疊床，而且不但架屋疊床，實根本不通也。把這虛位字的知止之知混同『知藏於意，意知是一』之實體字之知。」〔註92〕故可知蕺山此處的批評，實是想彌合陽明良知教與《大學》的間隙，但對於兩方的說法無法適切的調停所造成的。

第三：知為意奴。「且所謂知善知惡，蓋從有善有惡而言者也。因有善有惡，而後知善知惡，是知為意奴也。良在何處？又反無善無惡而言者也，本無善無惡，而又知善知惡，是知為心祟也。良在何處？」〔註93〕此處蕺山反對的有兩點。首先就四句教的脈絡，若知善知惡是良知，良知是道德判準，必定是在意的有善有惡出現之後，才有知善知惡的動作，因此知永遠追在意之後〔註94〕。

〔註91〕〔明〕劉蕺山：《劉宗周全集》，第 2 冊，〈良知說〉，頁 317。
另外，「《大學》言明德，即是良知，不必更言良知。明明德，還其本明而止，不必更言致也。止至善者，明明德之極則也。而工夫乃始乎知止，至於定靜慮而得所止矣，則知至矣。知致，則明德之體渾然完復，而意於是乎誠，心於是乎正，推之修齊平治，一以貫之，而明德明於天下矣。故致知只是致其知止之知，格物只是格其有善有惡之物。如曰『致良知』，則『明明德』又頓在何處？而並誠意、正心之說，不皆架屋而疊床乎？」見〔明〕劉蕺山：《劉宗周全集》，第 2 冊，〈學言〉，頁 426。
〔註92〕牟宗三：《從陸象山到劉蕺山》，頁 481。
〔註93〕〔明〕劉蕺山：《劉宗周全集》，第 2 冊，〈良知說〉，頁 317。
〔註94〕古清美說：「依蕺山之說，『知』不可在意先、也不可在意後，暗指良知終將只是『第二義』、『落後著』、『追逐生滅』、『致和不致中』，而絕不可為宗旨。」見氏著：《明代理學論文集》（臺北：大安出版社，1990 年 4 月），〈劉蕺山對陽明致良知說之繼承與發展〉，頁 247。

故蕺山認為，就陽明的思考中來看，知的道德意義一定是優位於意，但現在知卻是落在意之後，是實不可解的。其次，陽明的良知即等同於心，若心是無善無惡的，又何能知善知惡，則是在理論上造成矛盾。故蕺山認為，不論是四句教的順序，或是無善無惡如何能知善知惡，都是陽明對知、意的錯置〔註95〕。

就陽明四句教說，知當然非意之奴，而是就在意發為不善之時，良知便能當下知善知惡，為善去惡。故就陽明四句教來說，是共時的，並非落在歷時性的理解。先出現有善有惡之意，知才出現去知善知惡。這樣來看，當然是知為意奴，但不可以此理解陽明。再言陽明說無善無惡心之體，說無善無惡，是從超越面來說，心體當然是能夠知善知惡的，有道德判斷力〔註96〕，故蕺山此處對陽明的批評，不能說切當。

第四：惡的出現。「且《大學》明言『止於至善』矣，則惡又從何處來？心、意、知、物，總是至善中全副家當，而必事事以善惡兩糾之。若曰去其惡而善乃至，姑為下根人說法，如此則又不當有無善無惡之說矣。有則一齊俱有，既以惡而礙善；無則一齊俱無，且將以善而疑惡：更從何處討知善知惡之分曉？只因陽明將意字認壞，故不得不進而求良於知。仍將知字認粗，又不得不

〔註95〕陳來認為：「劉宗周之所以提出以意為心體，把意置於良知之上，把誠意置於致良知之上，一方面是由於他看到王門後學以意念為良知、任心而行的弊病，認為這是由於從已發之心（即知是知非之心）上看良知造成的。因為，如果良知與意念都是已發，兩者就可能被混淆。而且，如果按王陽明的講法，良知是指一念為善則知好之、一念為惡則知惡之，意念就成為先在於良知的，良知就不是根本的了。」（見氏著：《宋明理學》，頁295）陳來此處對陽明認為良知能夠知善知惡，則在意念有善惡之後，因此說意在心之前，是可以討論的，就陽明的四句教來說，應是一時俱到，而非在時間序列上有先後之別。故筆者認為，若是從蕺山的思考想四句教，的確會有知為意奴的疑慮，但是就陽明論良知，知是道德判斷，除了在價值上是優位於意之外，四句教的心意知物，是一時呈現，不是時間序列的先後問題，因此在陽明處，不會出現知為意奴的情形。

張學智認為：「劉宗周對于王陽明的批評集中於『四句教』。在他看來，四句教的根本失誤在於對意字的理解錯誤。」相關的討論，見氏著：《明代哲學史》，頁447～448。

〔註96〕黃敏浩對於知為意奴，提出精要的看法，其言曰：「在四句教的前三句中，陽明是要表示一工夫歷程：心體應感而動，發而為意，而意又同時被覺知而回復良知心體之本然。在此過程中，意念是屬於經驗層的，但良知與心體則屬於超越層無疑。因此，根本沒有『知為意奴』可說，良知本來就不是作用於念起念滅的意識之流中。因為良知即心體，所以也不是『知為心祟』。」見氏著：《劉宗周及其慎獨哲學》，頁228。

退而求精於心。」〔註97〕蕺山認為，《大學》只在說止於至善，因此全體說善，故不論心、意、知、物，都是《大學》至善中所言，若是事事需要以善惡分別，則是與《大學》言至善不合。在此對《大學》的理解前提下，認為陽明以為善去惡說，為下根人立法，承認有善有惡，那心體的無善無惡，則不能夠成立。因為心、意、知、物都是一體皆善，若是其中之一是有善有惡的，則其他亦應是有善有惡的。若是其一是無善無惡的，其他亦必是無善無惡的。因此，不會出現有善有惡又無善無惡的情形。以上種種，都肇因於陽明將意斷為有善有惡的，以致造成兩難的理論困境。因為意是有善惡的，必將「良」歸於知。但就蕺山看來，說知善知惡的良知，已落粗迹，是在現象上說的，故最後必定回到無善無惡的心上說。但總結以上的說法，都可說是蕺山對陽明將惡歸因於意的不滿。

然而，蕺山對陽明四句教，最大的反對，集中在有善有惡意之動。但是陽明是否有以上蕺山批評的問題？就陽明來說，意是有善有惡的，因為意是心之所發，與物相接而從心所發，故是時顯時隱，關鍵就在於中節不中節的問題，因為意非至善，就在知善知惡的道德判斷，做為善去惡的格物工夫，其思考是整全的。這其中最大的差別，可以說是陽明與蕺山對意的位階判斷不同，陽明

〔註97〕〔明〕劉蕺山：《劉宗周全集》，第 2 冊，〈良知說〉，頁 318。
另外，又見「今云『有善有惡意之動』，善惡雜揉，向何處討歸宿？抑豈《大學》知本之謂乎？如謂誠意即誠其有善有惡之意，誠其有善，固可斷然為君子；誠其有惡，豈有不斷然為小人？吾不意當良知既致之後，只落得做半箇小人。若云致知之始，有善有惡；致知之終，無善無惡，則當云『《大學》之道，正心而已矣』始得。前之既欲提宗於致知，後之又欲收功於正心，視誠意之關，直是過路斷橋，使人放步不得，主意在何處？」（見〔明〕劉蕺山：《劉宗周全集》，第 2 冊，〈學言〉，頁 445）、「僕竊謂：天地間道理，只是個有善而無惡；我輩人學問，只是箇為善而去惡。言有善便是無惡，言無惡便是有善。以此思之，則陽明先生所謂『無善無惡心之體』，未必然也。言為善便是去惡，言去惡便是為善，即陽明先生所謂『去人欲便是存天理』是也。以此思之，則陽明先生所謂『為善去惡是格物』亦未必然也。」（見第 3 冊，〈與王弘臺年友〉，頁 320）、「王門矯朱子之說，言良知復以四事立教，言無、言有、言致、言格，自謂儘無可弊。然宗旨本定於無，已是一了百當，故龍溪直說出意中事。但恐無之一字不足以起教也，故就有善有惡以窮之。仍恐一無以有對待而不相謀也，故又指知善知惡以統之。終病其為虛知虛見也，又即為善去惡以合之，可謂費盡苦心。然其如言心而心病，言意而意傷，言知而知岐，言物而物龐。四事不相為謀，動成矛盾。本欲易簡，反涉支離。蓋陽明先生偶一言之，而實未嘗筆之於書為教人定本，龍溪輒欲以己說籠罩前人，遂有天泉一段話柄。甚矣！陽明之不幸也。」（見第 2 冊，〈學言〉，頁 450）。

以心為最高判準，但蕺山則轉之為意，故而有此批評與理解誤區。

　　以上四點為蕺山對於陽明四句教的批評，其焦點集中在前兩句，認為陽明若能以「一心」的角度出發，則不會出現意、知、物各有不同的情形，也不會有善惡歸屬不同的問題。基於前述立場，蕺山更認為陽明將「意」理解為惡，更是以善疑惡，是在理論上的困結點。故就蕺山來說，其解決陽明理論困難的方法，便是將《大學》的歸《大學》，《孟子》的歸《孟子》，就不會出現其批評的問題。但可以注意的是，蕺山努力的想要解開陽明學的理論困境，但在這過程中，蕺山反而也同樣落入這樣的困境，將知本之知，與知藏於意兩系統混在一起，「蕺山好為緊吸於一起之說，所謂將分析為二者皆使一之，有是順適而極精采者，亦有不順適而混雜者，亦有無實義者。而此處之緊吸正是混雜者。」〔註98〕

（二）良知只是獨知時

　　蕺山對陽明四句教，實有種種的不滿，但也有認同陽明學的部分，「邇來深信得陽明先生『良知只是獨知時』一語親切，從此用功，保無走作。」〔註99〕認為良知只是獨知時，這是蕺山所肯認的。因此詩中所強調的，不在良知，而在獨知，其言曰：「孔門約其旨，曰『慎獨』，而陽明先生曰：『良知只是獨知時』，可謂先後一揆。慎獨一著，即是致良知，是故可與知人，可與知天，即人即天，即本體即工夫。」〔註100〕結合蕺山的誠意慎獨的思考，可以說特別重視陽明良知只是獨知時一語，是說明良知就在毋自欺時展現。陽明原詩為：「良知即是獨知時，此知之外更無知。誰人不有良知在，知得良知卻是誰？」〔註101〕是在強調良知自有，非由外而來，而陽明〈詠良知〉詩，第四首前兩句：「無聲無臭獨知時，此是乾坤萬有基。」〔註102〕是將良知推到天地萬物存有根據的高度上說。而蕺山是將良知轉為獨知，可以說，陽明所說良知的內在本體義與作為存有的意義，都為蕺山獨知所吸收。更說「『獨』只是『未發之中』，『未發之中』正是不學不慮真根底處。未發時氣象，安得有勝心習氣在！學者只為離『獨』一步說良知，所以面目不見透露，轉費尋求，凡所說『良知』

〔註98〕牟宗三：《從陸象山到劉蕺山》，頁483～484。

〔註99〕〔明〕劉蕺山：《劉宗周全集》，第3冊，〈答履思〉第6書，頁313。

〔註100〕〔明〕劉蕺山：《劉宗周全集》，第2冊，〈證人會約〉，頁498。

〔註101〕〔明〕王陽明：《王陽明全集》，〈答人問良知〉第1首，頁791。

〔註102〕〔明〕王陽明：《王陽明全集》，〈詠良知四首示諸生〉，頁790。

都不是良知也。」〔註103〕所以將良知、獨，理解為未發之中。若是離獨說良知，則所說的良知皆非真良知，故良知必是獨知。

蕺山肯定良知便是獨知，他要如何以轉化致良知的工夫為獨知的工夫？其言曰：「『致良知』三字便是孔門易簡直截之旨，今日直須分明討下落耳。若不討下落分明，則『知善知惡』四字亦無用處，終歸之不知而已。」〔註104〕或者我們可以說，其所言「致良知」的工夫，可以理解為「慎獨知」的工夫，認為工夫就在當下檢點，是否時時所為無有走作，戒慎警戒。

此處所理解的致良知，其義已有滑轉，非陽明致良知之全體工夫。陽明致良知的工夫，有兩個路向，一為致心上之知，一為致良知於事事物物。蕺山明顯不認為致良知工夫為致良知於事事物物，若是說致心上之知，勉強可以說是慎獨或毋自欺的工夫，但其工夫脈絡實不相同。

據此，陽明的良知是指心，蕺山將之轉為獨體。陽明的致良知是致良知於事事物物，是擴充的工夫，但蕺山以之為慎獨的工夫，是收斂的工夫。蕺山轉換良知與致良知的內涵，若是在其贊同陽明學的思考下，或者可以說此是他與陽明學問的接楯點。也正因為這樣的轉化，在談到陽明良知說時，都會特別講到「良知只是獨知時」。

另外，還有一個問題是，就是《大學》的章旨。就陽明來說，《大學》必定是以致知、致良知做為學問核心，雖然其有「《大學》之要，誠意而已矣」〔註105〕之語，但因為陽明學問是有思想的歷程變化的，在《傳習錄》的上卷可以看到陽明學問以誠意為主的記錄〔註106〕。但定陽明學問，應以四句教為準。蕺山卻是以早年說法，以誠意為主作為衡定。此亦可以作為思考蕺山與陽

〔註103〕〔明〕劉蕺山：《劉宗周全集》，第3冊，〈答履思〉第6書，頁313。
〔註104〕〔明〕劉蕺山：《劉宗周全集》，第3冊，〈答履思〉第6書，頁313。
　　　　另外，又說：「近日陽明先生始目之為支離，專提『致良知』三字為教法，而曰『良知只是獨知時』，又曰『惟精是惟一工夫，博文是約禮工夫，致知是誠意工夫，明善是誠身工夫』可謂心學獨窺一源。至他日答門人『慎獨是致知工夫』，而以中為本體，無可著力。此卻疑是權教。天下未有大本之不立而可從事於道生者，工夫用到無可著力處，方是真工夫，故曰：『勿忘勿助，未嘗致纖毫之力。』此非真用力於獨體者，固不足以知之也。」見〔明〕劉蕺山：《劉宗周全集》，第2冊，〈《中庸》首章說〉，頁301。
〔註105〕〔明〕王陽明：《王陽明全集》，卷7，〈《大學》古本序〉，頁242。
〔註106〕陳榮捷：《王陽明傳習錄詳註集評》如：「《大學》『明明德』之功，只是箇誠意。誠意之功，只是箇格物。」（卷上，第6條，頁37）、「《大學》工夫只是誠意。誠意之極便是至善。」（卷中，第129條，頁154）。

明學問的另一銜接點。

　　若是要總結蕺山對陽明學問的轉化，可以從對四句教的改易來說，其言曰：「有善有惡者心之動，好善惡惡者意之靜，知善知惡者是良知，為善去惡者是物則。」〔註107〕認為心為氣所擾，因而有善惡之動，意是心之靈，因此能夠有好善惡惡的能力，而良知則是在面對善惡時，能夠知善惡，最後必定說到為善去惡的工夫。因此在其心、意、知、物是一貫的看法〔註108〕，必定都是有善惡的分別，只是因各自不同的作用而相異。然而，可以說心與意是陽明與蕺山理解重點上最大的差異之處，嘗言曰：「意者，心之所發，發則有善有惡，陽明之說有自來矣。抑善惡者意乎！若果以好善惡惡者為意，則意有善而無惡也明矣。然則誠意一關，其止至善之極則乎！」〔註109〕因為蕺山將意根作為心性論的核心概念，當然反對陽明以意為心之所發，而會有善惡的不同。故意為心所存主，而非所發。從轉化方面說，意是好善惡惡，而非有善有惡，是道德判斷最終依據，則必是善的，可說此思考是蕺山轉化陽明四句教最根本的不同。

〔註107〕〔明〕劉蕺山：《劉宗周全集》，第2冊，〈學言〉，頁391。

〔註108〕因為蕺山的思考如此，亦曾言：「先生他日有言曰：『心意知物只是一事。』此是定論，既是一事，決不是一事皆無。蒙因為龍溪易一字，曰『心是有善無惡之心，則意亦是有善無惡之意，知亦是有善無惡之知，物亦是有善無惡之物』，不知先生首肯否？或曰：『如何定要說個有善無惡？』曰：『《大學》只說『致知』，如何先生定要說個『致良知』，多這『良』字？」見〔明〕劉蕺山：《劉宗周全集》，第5冊，〈陽明傳信錄〉，頁92。

黃敏浩於〈劉宗周「四句」的詮釋〉（《中國文哲研究通訊》，第31期，1998年3月）中提到，蕺山改寫陽明的四句教，其中對於如何合於《大學》原本，是重要的，其言曰：「我們首先可以注意到，心、意、知、物的先後次序與陽明的『四句教』相同，但宗周似乎更著重表示四者的次序所呈現的關係是完全符合《大學》本旨的。也就是說，他認為在《大學》裏，『正心』以『誠意』為本，『誠意』以『致知』為本，『致知』以『格物』為本，而他的『四句』中的心、意、知、物的關係也是如此。」（頁107）另外，歸結蕺山改寫四句教，有（一）心、意、知、物皆是有善無惡的，或是超越的純善的。（二）心、意、知、物只是一事。（三）心、意、知、物只是就同一事物的較內在的面向而言。（頁108）

〔註109〕〔明〕劉蕺山：《劉宗周全集》，第2冊，〈學言〉，頁442。

另外，「意為心之所存，正從《中庸》以未發為天下之大本，不聞以發為本也。《大學》之教，只是知。身既本於心，心安得不本於意？乃先儒既以意為心之所發矣。而陽明又有正心之說，曰：『知此則知未發之中。』觀此，則欲正其未發之心，在先誠其已發之意矣。通乎？不通乎？」見〔明〕劉蕺山：《劉宗周全集》，第3冊，〈答葉潤山〉第4書，頁373。

　　蕺山可以說是對陽明學重新理解，也可以說是對陽明學的再詮釋，除了反省《大學》的次序問題外，也試圖尋求二人學問的相同之處。以獨知轉化致良知的內容，也反覆強調天理對心的重要性〔註110〕，重視天理作為生命的客觀根據義的部分。筆者認為，蕺山對陽明四句教的改異，可以代表其對陽明學的理解與轉化的最佳佐證。

二、論王門流弊

　　王門出現流弊，是蕺山面對的歷史現實，也對此提出批評，而且其評論，甚至成為批評王學流弊的重要看法。其中為後來學者重視的即是：「今天下爭言良知矣。及其弊也，猖狂者參之以情識，而一是皆良；超潔者蕩之以玄虛，而夷良于賊，亦用知者之過也。夫陽明之『良知』，本以救晚近之支離，姑借《大學》以明之，未必盡《大學》之旨也。而後人專以言《大學》，使《大學》之旨晦；又借以通佛氏之玄覺，使陽明之旨復晦。……今之賊道者，非不知之患，而不致之患，不失之情識，則失之玄虛，皆坐不誠之病，而求之於意根者疏也。故學以誠意為極則，而不慮之良於此起照，後覺之任，其在斯乎？」〔註111〕以

〔註110〕「蓋先生所病於宋人者，以其求理於心之外也。故先生言理曰『天理』，一則曰『天理』，再則曰『存天理而遏人欲』，且累言之不足，實此篇真骨脈。而後之言『良知』者，或指理為障，幾欲求心於理之外矣。夫即求心於理之外，則見成活變之弊，亦將何所不至乎？夫良知本是見成，而先生自謂從萬死中得來，何也？本是變動不居，而先生云能戒慎恐懼者，是又何也？先生蓋曰『吾學以存天理而遏人欲』云爾。故又曰『良知即天理』，其於學者直下頂門處，可為深切著明。」見〔明〕劉蕺山：《劉宗周全集》，第4冊，〈重刻王陽明先生傳習錄序〉，頁31。
在〈陽明傳信錄〉中，曾多處評點陽明重視天理，如：「吾心之良知，即所謂天理。」（頁14）、「致良知只是存天理之本然。」（頁19）、「良知即天理，故曰至善。」（頁36）、「又拈出天理。」（頁57、75）、「又舉天理。」（頁59）、「又只舉天理比勘，真是曠古眼孔。」（頁65）、「天理二字是家儅，先生又每每說克己二字，正求所以保任此家儅耳。」（頁69）、「又舉天理二字。」（頁70、71）、「天理二字是儒門得分家儅，釋氏空之，雖靜時也做不得主了。」（頁76）、「又舉天理二字，如此方是真讀書，亦便是真格物處。朱先生以讀書為格物窮理之要，與先生語不無差別。」（頁77）、「又攝在天理二字內。天理即良知，是先生前後打合指訣。又曰『良知愈思愈精明』，蓋言天理愈精明也。」（頁83）。見〔明〕劉蕺山：《劉宗周全集》，第5冊，〈陽明傳信錄〉。
〔註111〕〔明〕劉蕺山：《劉宗周全集》，第2冊，〈證學雜解〉，頁278。
張學智據此點出陽明學最重要的兩個流弊，一是認為心中所發皆良知本體，而實際上情識已摻入其中，二是以良知本體為無，其中無有道德理性。雖然對此提出批評，但也認為，蕺山不是陽明學的根本反對者，而是補苴罅漏者。

上說法，可分為幾個部分來說，其一：猖狂者參之以情識，而一是皆良，說的
是泰州一路，末流以情識為良知者。超潔者，則是龍溪以四無說解良知。認為
王學流弊是由泰州與龍溪而來，並且因為對於良知的說法出現滑轉，進而造成
弊病。其二，陽明的良知說，本是要救朱學末流支離的病痛，故借用《大學》
而出之。但前文已說，蕺山其實不認同陽明以孟子的良知解《大學》的致知。
後學亦以陽明良知說解《大學》，故而造成《大學》宗旨不明。此點可說是蕺
山認為陽明學術不明的部分，但是與論流弊的部分，關係較小。其三，認為陽
明之後，出現了「顧今天下談新建之學者，未有不借路蔥嶺，即當日一種教
法，所謂天泉答問等語，近日亦不復拈起。」〔註112〕認為王門後學，尤其是
龍溪一路的學問〔註113〕，是借佛教說法，不只是陽明學隱沒，也是引釋入儒，
混淆儒釋界線。此點指出晚明原有三教合一的學風，而陽明亦有二氏為我之用
的說法〔註114〕，然而實際上所指為何？似可以再分疏。其四，認為王門出現
流弊，不在不知良知，而是沒有落實下手的工夫。所謂良知不是參之情識，以
情識為性，就是蕩越工夫，空談本體，落入玄虛的病痛，其原因都是無意根做

見《明代哲學史》，頁499～450。
　　〔日〕岡田武彥認為：「只有根據以意為根，即以意為學之頭腦的立場，才
　　能拯救良知之學失之情識、向於玄虛的弊病。」見《王陽明與明末儒學》，
　　頁411。
〔註112〕　〔明〕劉蕺山：《劉宗周全集》，第3冊，〈與石梁〉第2書，頁437。
〔註113〕　「象山不差，差於慈湖；陽明不差，差於龍谿。」（見〔明〕劉蕺山：《劉宗
　　周全集》，第2冊，〈會錄〉，頁518）、「然學陽明之學者，意不止於陽明也。
　　讀龍溪、近溪之書，時時不滿其師說，而益啟瞿曇之秘，舉而歸之師，漸躋
　　陽明而禪矣。則生於二溪之後者，又可知矣。至是而禪之與儒是一是二？永
　　不可問矣。」（見第3冊，〈答王金如〉第3書，頁345～346）、「然則陽明之
　　學，謂其失之粗且淺、不見道則有之，未可病其為禪也。陽明而禪，何以處
　　豫章、延平乎？只為後人將『無善無惡』四字播弄得天花亂墜，一頓攛入禪
　　乘，於其平日所謂『良知即天理』、『良知即至善』等處全然抹滅，安得不起
　　後世之惑乎？陽明不幸而有龍溪，猶象山不幸而有慈湖，皆斯文之阨也。」
　　（見第3冊，〈答韓參夫〉，頁359～360。
〔註114〕　「二氏之用，皆我之用：即吾盡性至命中完養此身謂之仙；即吾盡性至命中
　　不染世累謂之佛。但後世儒者不見聖學之全，故與二氏成二見耳。譬之廳堂
　　三間共為一廳，儒者不知皆吾所用，見佛氏，則割左邊一間與之；見老氏，
　　則割右邊一間與之；而己則自處中間，皆舉一而廢百也。聖人與天地民物同
　　體，儒、佛、老、莊皆吾之用，是之謂大道。二氏自私其身，是之謂小道。」
　　（見〔明〕王陽明：《王陽明全集》，卷35，〈年譜三〉，頁1289）此說法可以
　　看出陽明對二氏的基本態度。然而對於三教關涉的論題，在此受限於學力，
　　只能暫時按下不表，以待將來。

主〔註115〕，欠缺誠意慎獨的工夫。以上所說，可以認為是蕺山對王門流弊的總綱領，弊病的出現，仍是在本體與工夫上說。

（一）良知異化

蕺山認為王門流弊就是在本體方面，因為心中無意根做主，才導致情識相參，或蔥嶺借路的問題。除此之外，對於無善無惡之說，亦有批評，其言曰：「王門倡無善無惡之說，終於至善二字有礙。解者曰：『無善無惡，斯為至善。』無乃多此一重之繞乎？善一也，而有有善之善，有無善之善，古人未之及也。即陽明先生偶一言之，而後人奉以為聖書，無乃過與？」〔註116〕蕺山批評無善無惡說，可分為幾點，首先認為陽明所說的無善無惡，實與前聖先賢說善不同，雖也能夠理解無善無惡是至善的說法，但仍是有疊床架屋的嫌疑。其次，雖然無善無惡亦可以說是至善義，但不必執持陽明所說的無善說，過於強調無善無惡說，則容易造成誤解。最後認為陽明言無善無惡之說，雖只是偶一為之，卻是後學執定而造成流弊的端始。

然而，陽明點出無善無惡四字，可說是陽明四句教中不可改異的法門，其重點在強調心體的至善，不落入現實中的善惡相對，因此說無善無惡。但此說在東林學人顧憲成、高攀龍等人對王學的反省中，亦是批評的重點所在，故可知不論在後學、或是不善學者中，造成一定的影響與害道，於是後之儒者，都對此說法提出修正。而批評的力道強弱，則是在於是否能夠對陽明此說有同情的理解〔註117〕。再者，認定無善無惡之說，是陽明權教，而非定本，只是偶一提及，但卻為後學執定，是門人之過也。蕺山認為後學造成良知學的異化，

〔註115〕 「及至近時良知之弊，直說出愚意中事，何幸先得同然，不意苦心相證乃爾。然鄙意則謂良知原有依據，依據處即是意，故提起誠意用致工夫，庶幾所知不至蕩而無歸。」見〔明〕劉蕺山：《劉宗周全集》，第 2 冊，〈商疑十則，答史子復〉，第 10 則，頁 348。

〔註116〕 〔明〕劉蕺山：《劉宗周全集》，第 2 冊，〈學言〉，頁 439。

〔註117〕 唐君毅對東林學與蕺山救治王學的意義，有精闢的看法，茲引述如下，其言曰：「對此二溪之學之流弊，在東林學派的救治之道，是教學者關心世道，以免落入虛空玄漠之境；格物窮理，以善為宗，而辨君子小人，對世間更不陪奉。蕺山之進于東林者，則在確定此善在此心中之存在地位，乃在于『意』，而以此意為心之主宰，以為通貫此心之內外上下之定盤針。乃倡此一誠意之學，使人不只上欣一虛空玄漠之境，以厭世間；亦不于世間隨處見天德流行，而必求去其偽而存其真。此意之當為心之主宰所在，則又固陽明之學之所涵，而亦為蕺山以前之若干儒者，所同多少見及者也。」見《中國哲學原論》原教篇，頁 473。

就從執定無善無惡說始，才導致情肆與玄虛的問題。

　　蕺山歸咎王門出現流弊的另一個原因，是對意根認識不明，造成良知體認的偏差。然而蕺山的看法，在陽明處，便已對意的理解不準確，並不是後學諸子所造成的。但也因陽明立教宗旨有偏差，以致後學順此而有錯誤的理解。故蕺山不只是將陽明的良知與致良知說為獨體與慎獨，除了陽明有致良知的工夫外，或者可以說，良知學為陽明自體自證，不易出現病痛。但後學則是問題迭出，不可收拾，都是因為對意根的認識不明，以致於沒有好善惡惡之意作為判斷。

　　以上是蕺山針對本體的部分，對後學提出批評，看似與其批評陽明相同，但實際上卻是有別。在陽明的部分，不論是說心體的無善無惡，或是意為有善有惡，都說是陽明在理論上出現心、意錯置的問題，甚至迴護陽明，認為四句教的無善無惡心之體為陽明偶爾說之，也試圖找到自己於陽明學問的接榫點。但談到後學時，則是直接說因為理解心、意的不準確，造成弊端，故可知蕺山對後學的批駁，仍是在心、意上說。

（二）蕩越工夫

　　從工夫上說，認為「然象山、陽明之學皆直信本心以證聖，不喜談克己功夫，則更不用學、問、思、辨事矣。其所言博學等語，乃為經傳解釋，非陽明本旨。要之，象山陽明授受終是有上截無下截，其旨險痛絕人，與龍溪四無之說相似。苟即其說而一再傳，終必弊矣。觀於慈湖、龍溪可見，何況後之人乎？」〔註118〕文中認為象山與陽明，都不喜談克己的工夫，雖言學、問、思、辨，但也只是順著經典說，而非在學問系統上用功。因此之故，認為陽明、象山之學，只是有上達而無下學，而與龍溪四無之說相近，只談上達、悟本體，弊端自會顯現。

　　此處所說，是認心為理，吾心便是良知，即是天理的說法。也因為心是理，不需透過後天的修整而後得，而陽明在〈天泉證道〉中，更直接說：「利根之人，一悟本體，即是功夫。人己內外，一齊俱透了。」〔註119〕就蕺山看來，是太過強調悟的工夫，世間利根之人，百不得一。因此，工夫若只講上截，借用佛教的說法，則是一超直入如來地，境界當然是高的，但要證聖以前，也需要艱難的歷程工夫。工夫只說上達而無下學，是陷良知教於險地。蕺山對王門

〔註118〕〔明〕劉蕺山：《劉宗周全集》，第3冊，〈與陸以建〉第2書，頁301。
〔註119〕陳榮捷：《王陽明傳習錄詳註集評》，卷下，第315條，頁359。

後學的批評，就在此處說，因為下學的工夫少，才會造成情識與良知不分、只講頓悟而忽略漸修的問題，故工夫的問題就在此。

　　總之蕺山對王門的批評，可分為本體與工夫兩部分，以及陽明本人及後學兩大區塊，雖然批評的核心內容是相近的，但因對象不同，而有不同的切入點。就陽明的部分來說，多著重在理論上的討論，不論是在本體上，將致知轉向誠意，或是以慎獨的收斂工夫代換致良知的外推工夫，都可看出其對陽明的維護之意〔註120〕。但是在後學的部分，則多是直接點出在本體或工夫上，已經是錯誤的詮釋，且批判的意味較濃厚。在後學中，批判龍溪不遺餘力，認為陽明學之崩壞，是自龍溪始，而其四無之說，正是壞道的源頭，最後以一段話作為蕺山對王門流弊的批評，其言曰：「求知天而不求知人，求為聖人而不自為賢人，此新建以後學者大弊。」〔註121〕大意如此。

〔註120〕張學智認為：「他著重反對的是王門後學中的『猖狂而肆』、『玄虛而蕩』，而非陽明本人。他的批評是有見於王門後學的流弊而溯源至陽明。」（見《明代哲學史》，頁450）但筆者認為，蕺山雖對陽明多有維護之語，但仍是在理論上有所不同，持反對態度。
　　另外，張學智點出蕺山與陽明的不同有，一、陽明最重要的經典為《孟子》，蕺山則是《中庸》。二、陽明風格渾融，蕺山則是分析細緻入微，深刻而高峻。三、蕺山的意，是討論道德純粹性的問題。（見《明代哲學史》，頁450～451）以上說法，可從另一角度提供陽明與蕺山相異的思考。
　　另外，侯外廬等編著的《宋明理學史》中提到：「劉宗周的『慎獨』、『敬誠』之說，雖然是為了『心學』的『補偏救弊』而提出的，但它并沒有解救『心學』趨向禪化的危機。『良知之說，鮮有不流於禪者』。這是劉宗周臨終前留下的遺言，說明他對『心學』與禪學合流的趨勢有所認識，也表明陸王心學發展到明代後期已日趨禪化，整個理學走向衰頹沒落是勢在必然。」（見該書頁642）以上的說明，提供了蕺山對治王學的一種觀點，至於談到理學因心學的禪學化而走向衰亡，這樣的命題，除了在學理面的討論外，還有其它的層面的因素，若指向為單一原因，則是有思考不夠全面之虞。
〔註121〕〔明〕劉蕺山：《劉宗周全集》，第2冊，〈學言補遺〉，頁476。

第七章 結 論

　　陽明學的出現，代表了宋明儒學心性論的高峰，但也因陽明學顯教的性格，導致了明代末年流弊迭出。流弊的出現，是歷史的事實，也必然引發學者思考如何救治之。歷來討論王學流弊，大抵從人病說起的多，其實是比較消極的論述。先就人病來說，可以說是人各一樣，從個別差異立論，很難成為有系統的論述。其次說到法病，則歸因於王學立教在理論上有所不足，或有不周延之處，若能聚焦此處，也才有正本清源的意義，本文即嘗試朝這個方向思考。

　　至於思考王學流弊的問題，不論是在文中，援引作為參照的白沙、甘泉、整菴，或是直接面對流弊而起之學的涇陽、景逸、蕺山，眾人質疑的方向，都從法病入手。雖然在理解陽明學說時，或有偏正不等，或相應與否的問題，但其立論與批評，都在某種程度上，切中陽明學的不足之處。基於這樣的觀察，本文整理成三個脈絡作為結論。

一、對「無善無惡」的批判

　　「無善無惡」一語，來自陽明四句教，是「以與朋友講學，切不可失了我的宗旨」〔註1〕，陽明以四句教作為學問宗旨。但「無善無惡」說，卻引發了後來學者的討論，並且引發改異四句教以止流弊。因此，討論後人批判王學，「無善無惡」便成為觀察重點，而後人對四句教的改易，便是針對如何在理論原頭止弊而作。

　　陽明以「無善無惡」指點心體，說明心體的超越性、純粹性，不與惡對。

〔註1〕陳榮捷：《王陽明傳習錄詳註集評》，卷下，第315條，頁360。

然而在〈天泉證道記〉中，龍溪提出「四無」說，雖然牟宗三認為龍溪四無句為良知學的圓教，是良知學講到最高處，必然逼出的理境，是理上之必然，但不論是陽明的「無善無惡」，或是龍溪的「四無」說，都引起後人的爭論與批評。甚至有人把「無善無惡心之體」之語，看成是龍溪為立四無之說，而強加於四句教之上。但就陽明語錄中，確實可看到無善無惡的說法，如：「性之本體，原是無善無惡的。」〔註2〕可知並非龍溪強加於陽明。因此，後人針對無善無惡說法的批評，陽明是要承擔的。

對「無善無惡」的批評，可分為兩部分來說。首先，認為陽明是從告子從「無善無惡」論性的脈絡說心，這樣的說法已非儒門面貌，儒家立論在善，而不是決諸東則東流、決諸西則西流，且善惡不定的。因此說性是無善無惡，已非儒門之說法。其次，儒門立教是從正面的展開，予人有依循的方向，故認為此說是壞教的開始，無法守住善惡的藩籬，此說一開，便是絕棄善惡的標準，教於是而大壞。陽明論心，當然不是以告子說儒門學問，雖然無善無惡說，在理上是能夠穩立的，但是容易引至模糊善惡界限的可能性而授人以柄。

在這樣的批評面向，後人便轉「無善無惡」而為「至善」。先就東林學者顧憲成與高攀龍來看，顧憲成認為，性是至善的，反對「無善無惡是至善」的說法，認為無善無惡，已是撕裂性善的意義與價值。因為性是至善的，只有以氣論性，才可以說是無善無惡的，故認為陽明無善無惡說，恐不免授人以理氣不分之病，或以告子方式說道德。高攀龍與顧氏同調，同樣反對陽明言性無善惡，所不同的是，認為陽明將善歸在意，並非儒家傳統，是善的錯置，並且以有念無念說有善無善，更是將善的根據推到不穩定的狀態。因此，東林學人強調性善，立善為標準，如此則予人有依循之方，重新高舉「性善」的旗幟。

再談到蕺山，蕺山思想的核心，可以說是扭轉陽明的致知為誠意，在蕺山的思考中，「意」的位階與陽明論「心」是等同的，把意拉高到與心同體的地位，將陽明的「意」以「念」取代。「意」作為其思想最關鍵的概念，提出「好善惡惡意之靜」，意體嚴分善惡。因此，蕺山便認為陽明以有善有惡論意，便是將至善的意拉下，善便成為隨時閃爍，時有時無的，這也是蕺山所反對的，因而主張意體必是至善的。

無善無惡說，從道德理論的最高處說，應是不成問題的，但是在立教上，便容易引發歧義，再加上龍溪四無說一出，強調良知學的化境，更造成後來種

〔註 2〕陳榮捷：《王陽明傳習錄詳註集評》，卷下，第 308 條，頁 352。

種弊病。陽明四句教，是其立學宗旨，就著理論上說，是完足的。但在「立教」的立場審視，「無善無惡」之說，畢竟引發流弊的出現，不能不歸咎在理論上仍有不夠周嚴之處，也正因如此，後來的學者就積極從「性善」上去立標準，以「性善」救王學談「無善無惡」之弊。

二、從諸家論「格物」看王學客觀面向的不足

先就《大學》論《大學》，回到原典來說，牟宗三認為：「《大學》只列舉出一個實踐底綱領，只說一個當然，而未說出其所以然，在內聖之學之義理方向上，為不確定者，究往那裏走，其自身不能決定。」〔註3〕就《大學》來說，只是標舉綱領，其實際的內容與義理方向，是無法確定的，故學者便容易以其學問性格帶入對《大學》的理解，其間的紛爭與糾結，往往因此而出現，如：「大學言『致知在格物』亦不必如伊川朱子所理解，『致知』為致吾心氣之靈之知，『格物』為即物而窮其存在之理（窮究實然者之所以然之理）。至于陽明解為『致良知之天理以正物』，則只是孟子學之《大學》，非必《大學》之本義。」〔註4〕因此「格物致知」便是歷來諸多學者討論的焦點和意見分歧的所在。

陽明在詮釋《大學》時，是以孟子學作為內容，以致良知解釋《大學》的格物致知，先不論陽明扭轉格物致知為致知格物，但其言格物是正物，格其不正以歸於正，便引起許多討論。陽明的說法，是格吾人行為物的不正，是屬於內在道德修養的。甘泉解釋格物為至物，以身至物，強調生活實踐義，並且其言格物，不只是在行為上，甘泉之物，是推出去，落在實際之物上說，是以作《聖學格物通》。再加上其學問宗旨為「隨處體認天理」，因此其論格物，是強調就在實踐中，體得天理。因此，甘泉雖然也同屬心學的一支，但在格物的部分，對於客觀面的照應，確實是多於陽明。

羅欽順作為朱子學者，將朱子把格物解為至物，引申為通徹無間，從理論上解決了朱子如何豁然一旦貫通的困境，是其優勝處。至於他對陽明的格物說，則是非常不認同的，質疑陽明格物說是不合《大學》語脈，並且只在心上正物消極面的解釋，至於要如何對待川流、鳶飛、魚躍等最高境界的正面表述？則認為陽明的說法有未徹達之處。故整菴的格物，實點出了陽明論格物，無法涵容直達正面表述，在理論上顯然只示病而未示法，未達圓融。

〔註3〕牟宗三：《心體與性體》第1冊，頁18。
〔註4〕牟宗三：《心體與性體》第1冊，頁17～18。

　　高攀龍則認為格物是反求諸身，才是真能格物者，而非格孝於親之身，格忠於君之身，換句話說，格物是義內，而非義外。但高攀龍顯然錯解了陽明與朱子對格物的說法，原欲抑之，反而揚之。

　　自從「格物致知」成為宋明儒學的重要論題，在眾說紛紜中，如何有較貼切的詮釋便成為各家思考的方向，但也因《大學》沒有明確的方向，便容許各家有不同的說法。然而甘泉與整菴的格物說，對於陽明有何參照意義？不論是以身至物，或是通徹事物，其實都強調了在道德實踐的過程中，客觀事物並不只是一個客觀的存在，只有在吾人的參贊後才有其道德價值的意義。從客觀面來看，不論是日常行住坐臥，或是治國平天下，都另有客觀層面、客觀事物獨立存在的空間。就陽明的說法檢視，客觀面能夠在良知的保證之下，賦予道德意識，並且不產生價值的異化，但是仍無法在良知的保證下，展開存在面的各個面向。因為客觀事物的系統，顯然是獨立於道德實踐之外的。因此，甘泉與整菴的格物說，雖然也是成德之教，但是就其論法與展開方式，實可拖帶出知識與客觀面向的關懷。而陽明的學說，客觀事物只有主觀性良知的利用。至於正視客觀面知識的獨立性，則較少見論述。

　　總而言之，強調格物是在客觀事物上說者，必定認為陽明的端正行為，是脫略外物，自絕於外，這樣的格物型態，籠罩面較廣，並且關聯起客觀的一面，但是在道德實踐義上，較為不顯。相對的，陽明論格物，只單從道德上說，與客觀事物無涉，能夠突顯道德價值的一面，但無法觀照客觀物部分。因此，二者論格物，雖各有其偏重，但相對王學在客觀面的不足，實有參佐的意義。

三、從收斂型態的工夫檢視王學

　　良知教的工夫，就在致良知於事事物物，強調事上鍊心。自濂溪以來的主靜工夫，強調靜坐，在陽明看來，只是補小學一段工夫。而程朱而後，「敬」便成為重要的工夫，但陽明不從敬入手，認為：「若須用添箇敬字，緣何孔門倒將一箇最緊要的字落了，直待千餘年後要人來補出？」〔註5〕在工夫上是有別於前人的，或者我們可以這樣說，陽明致良知於事事物物，是翻轉宋儒的工夫方法，因此陽明致良知，被認為是向外擴充的型態。

　　王門之外，工夫型態，基本上側重在兩方面，其一，強調天理，認為工夫就在如何體證天理，或是如何體現落實於人之理。其二，承繼宋儒而來，仍重

─────────────

〔註5〕陳榮捷：《王陽明傳習錄詳註集評》，卷上，第129條，頁154。

視靜坐、敬的工夫，反對陽明向外的工夫路向，著重在如何收視返觀，退聽外物。

先論江門的工夫，白沙的工夫，強調「靜中養出端倪」，認為不論動時、靜時，工夫只在靜上做，若是動時工夫有所偏差，便是靜時工夫不夠，必是在靜坐之後，使心體澄明，才能有把柄在手。而甘泉重在隨處體認，因此格物，強調以身至物的切實實踐，是為甘泉所重視的。另外，甘泉雖同為心學，但也提出了主敬以收放心，也認為敬的工夫，是存心不忽。然而不論是白沙或是甘泉，在工夫論上，或是靜中養出端倪，或是主敬收心、以身至物，都具有宋儒工夫論的影子，雖然同屬心學，但工夫路向實有不同，而白沙的靜坐工夫，更受到聶雙江、羅念菴的推崇與承繼。白沙對陽明的影響不大，可是在陽明弟子中，特別為強調立體達用一脈所重視。

整菴在工夫上，認為敬、持的工夫，是常提掇此心勿令放失，相較於求放心，提掇勿使之放失，思考的便不是在放失之後，如何使之復歸，而是在源頭上，如何透過工夫使之不放失。另外，因為其思考型態是「理一」，天地萬物與我皆同，必定是我與物皆能貫通上說理一。因此整菴的工夫論，除了思考如何從源頭上定住的問題外，也可作為心即理說在超越的客觀天理一面的參照。

東林學人談工夫，可以概括為小心敬謹，顧憲成認為前賢論工夫，只是簡小心訣，只談小心便是簡易的入手，途之人聽之便可立刻行去，不需要太過複雜的說明。高攀龍認為心無一事便是敬，賦予「敬」新的工夫意義與內涵，只要心無妄無適，便是敬謹之至，強調如何使心回到不為外物所牽引的本然狀態。因此東林學人的工夫大抵是屬於收斂的型態。

最後談到劉蕺山，其工夫就在思考如何化念還心，而在日常生活實踐中最具代表性的就是《人譜》。他在書中仔細分別人之過惡，必透過訟過之法，也就是靜坐，使過最後能夠還聖。其強調如何化念還心，或是訟過，可以說蕺山對於過惡的出現，是十分敏感的，也因其細分過惡，可以看出在道德實踐上，對於惡的對治，確有實感與辛苦的一面。

總而言之，在道德實踐的工夫下得愈深，便會在實踐的過程中，更加體認惡，或是感受到欲望對吾人的挑戰愈強。因為是時時警覺，刻刻不容輕易放過，在實踐道德的不夠完滿處，也同時呈現出來。先不說心是否即理的問題，在工夫上不論是強調體認天理，或是認為工夫貴在時時提掇，都是在說明就道德實踐中，當心一落到現實，便不再只是顯現其屬於純粹道德的那一面，可以

說處處皆是引動，心時時都有為外物牽引的可能。因此，便會認為陽明言致良知的工夫，是發散的，也可以說，這是其他諸子認為陽明論心太過輕易。因為實踐的過程中，並非真仍如陽明所說的，當下一悟便是良知那麼簡單，要保持工夫的不退轉，或是時時都是良知的全體發用，聖人都只能到七十，才敢說從心所欲而不逾矩，何況其他人？因此從工夫上來說，強調收斂，或是重視天理，其實都在思考一件事，「如何保持心的純粹至善」？認為心即理者，想的當然是心如何不為外物所牽；非心即理者，其論心雖然不能直接給出道德法則，但心是氣之靈，是人能夠將天理潛藏於人的性，彰顯出來的重要關鍵，因此心是重要的。總而言之，因為王門流弊的出現，重視收斂內反的工夫步驟，以及反對外推的工夫型態，這也可以說是當時學者論止弊的另一思考。

若統整以上三個脈絡來看，從陽明學的開始，再到王龍溪談四無句，將良知教推向圓教的高度，或是有泰州學派，向百姓宣講，到後來的羅近溪強調赤子之心，談道德就只是落實於生活中的孝悌慈。就王學的發展來看，龍溪學其實是陽明學往高度的發展，而泰州一脈是走向百姓教化的一路，並且將儒學轉為生活的一部分，這是正面的。但也因這樣的發展，便走向渾淪，換句話說，陽明學內部義理的分別，與實踐的步驟被打亂，以致造成流弊的出現。

然而，不論是王學在理論上的不夠嚴謹，易引致流弊的出現，或是後人體貼王學失準的因素，都是王學無可迴避的問題。故不論是甘泉、整菴站在不同系統的學問脈絡上，對王學提出質疑、修正；或者東林顧、高二人與蕺山，真實的面對王學的流弊，直接能夠提出救病之方，在在都顯示出，明代儒者對時代學術的回應，以及在學思、實踐勇於承擔的魄力。

參考文獻

一、陽明及後學著作

1. 〔明〕王陽明:《王陽明全集》,上海:上海古籍,2006 年。
2. 〔明〕王陽明:《王陽明全集》新編本,浙江:浙江古籍,2011 年。
3. 〔明〕王陽明,陳榮捷著:《王陽明傳習錄詳註集評》,臺北:學生書局,1998 年。
4. 〔明〕徐愛、錢德洪、董澐著,錢明編校:《徐愛　錢德洪　董澐集》,江蘇:鳳凰出版社,2007 年。
5. 〔明〕鄒守益著,董平編校:《鄒守益集》,江蘇:鳳凰出版社,2007 年。
6. 〔明〕歐陽德著,陳永革編校:《歐陽德集》,江蘇:鳳凰出版社,2007 年。
7. 〔明〕王畿著,吳震編校:《王畿集》,江蘇:鳳凰出版社,2007 年。
8. 〔明〕聶豹著,吳可為編校:《聶豹集》,江蘇:鳳凰出版社,2007 年。
9. 〔明〕羅洪先著,徐儒宗編校:《羅洪先集》,江蘇:鳳凰,2007 年。
10. 〔明〕羅汝芳著,方祖猷、梁一群、李慶龍編校:《羅汝芳集》,江蘇:鳳凰出版社,2007 年。

二、古籍

1. 〔漢〕鄭玄注,〔唐〕孔穎達疏:《禮記正義》,收錄於〔清〕阮元校刻《十三經注疏》,北京:中華書局,2008 年。
2. 〔宋〕周濂溪:《周敦頤集》,北京:中華書局,2009 年。
3. 〔宋〕程顥、程頤:《二程集》,北京:中華書局,2006 年。

4. 〔宋〕陸九淵：《陸九淵集》，北京：中華書局，2008 年。

5. 〔宋〕胡宏：《胡宏集》，北京：中華書局，1987。

6. 〔宋〕朱熹：《四書章句集註》，臺北：鵝湖出版社，2003 年。

7. 〔宋〕朱熹：《朱子全書》，上海：上海古籍，2002 年。

8. 〔明〕陳獻章：《陳獻章集》，北京：中華書局，2008 年。

9. 〔明〕羅欽順：《困知記》，北京：中華書局，1990 年。

10. 〔明〕羅欽順：《整菴先生存稿》，收錄於《儒藏》精華編，253 冊集部，北京：北京大學，2009 年。

11. 〔明〕湛甘泉：《湛甘泉先生文集》，收錄於《儒藏》精華編，253 冊集部，北京：北京大學，2009 年。

12. 〔明〕湛甘泉：《聖學格物通》，收錄於〔清〕紀昀等纂修，《景印文淵閣四庫全書》第 716 冊，臺北：臺灣商務，1983～1986 年。

13. 〔明〕詹陵：《異端辨正》，收錄於《和刻本中國古逸書叢刊》，第 31 冊，南京：鳳凰出版社，2012 年。

14. 〔明〕陳建：《學蔀通辨》臺北：廣文書局，1971 年。

15. 〔明〕馮柯：《求是編》，收錄於《貞白五書》；《叢書集成續編》臺北：新文豐出版公司，1989 年。

16. 〔明〕方學漸：《心學宗》，收錄於《四庫全書存目叢書》，子部儒家類第 12 冊，臺南：莊嚴文化事業，1995 年。

17. 〔明〕顧憲成：《小心齋劄記》，臺北：廣文書局，1975 年。

18. 〔明〕顧憲成：《涇皋藏稿》，收錄於〔清〕紀昀等纂修，《景印文淵閣四庫全書》第 1292 冊，臺北：臺灣商務，1983～1986 年。

19. 〔明〕顧憲成：《顧端文公遺書》，收錄於《四庫全書存目叢書》子部儒家類第 14 冊，臺北：莊嚴文化事業，1995 年。

20. 〔明〕高攀龍：《高子遺書》，收錄於〔清〕紀昀等纂修，《景印文淵閣四庫全書》第 1292 冊，臺北：臺灣商務，1983～1986 年。

21. 〔明〕劉宗周：《劉宗周全集》，浙江：浙江古籍，2007 年。

22. 〔清〕黃宗羲：《宋元學案》，臺北：華世出版社，1987 年。

23. 〔清〕黃宗羲：《明儒學案》，臺北：華世出版社，1987 年。

24. 〔清〕黃宗羲：《黃宗羲全集》，浙江：浙江古籍，2005 年。

25. 〔清〕顧炎武：《日知錄集釋》，上海：上海古籍，2006 年。

26. 〔清〕張烈：《王學質疑》，上海：上海商務，收錄於《叢書集成初編》，第114 冊，1936 年。

27. 〔清〕張廷玉等：《明史》，北京：中華書局，1997 年。

28. 〔民國〕徐世昌等編：《清儒學案》，北京：中華書局，2008 年。

三、專著

1. 于化民：《明中晚期理學兩大宗派的對峙與合流》，臺北：文津出版社，1993 年。

2. 方祖猷：《王畿評傳》，南京：南京大學，2001 年。

3. 王文娟：《湛甘泉哲學思想研究》，四川：巴蜀書社，2012 年。

4. 王汎森：《晚明清初思想十論》，上海：復旦大學，2004 年。

5. 史革新、李帆、張昭軍等著：《清代理學史》，廣州：廣東教育，2007 年。

6. 左東嶺：《王學與中晚明士人心態》，北京：人民文學，2000 年。

7. 古清美：《明代理學論文集》，臺北：大安出版社，1990 年。

8. 古清美：《慧菴論學集》，臺北：大安出版社，2004 年。

9. 古清美：《顧涇陽、高景逸思想之比較研究》，臺北：大安出版社，2004 年。

10. 向世陵：《理氣性心之間：宋明理學的分系與四系》，北京：人民出版社，2008 年。

11. 牟宗三：《圓善論》，臺北：學生書局，1996 年。

12. 牟宗三：《心體與性體》，第 1 冊，臺北：正中書局，1999 年。

13. 牟宗三：《心體與性體》，第 2 冊，臺北：正中書局，2002 年。

14. 牟宗三：《心體與性體》，第 3 冊，臺北：正中書局，2001 年。

15. 牟宗三：《從陸象山到劉蕺山》，臺北：學生書局，2000 年。

16. 牟宗三：《中國哲學十九講》，臺北：學生書局，2002 年。

17. 牟宗三：《宋明儒學的問題與發展》，臺北：聯經，2003 年。

18. 牟宗三：《現象與物自身》，臺北：學生書局，2004 年。

19. 牟宗三：《智的直覺與中國哲學》，臺北：商務，2006 年。

20. 吳光主編：《陽明學綜論》，北京：中國人民大學，2009 年。

21. 吳震：《聶豹　羅洪先評傳》，南京：南京大學，2001 年。

22. 吳震：《陽明後學研究》，上海：上海人民，2003 年。

23. 吳震：《羅汝芳評傳》，南京：南京大學，2006 年。

24. 吳震：《泰州學派研究》，北京：中國人民大學，2009 年。

25. 何俊、尹曉寧：《劉宗周與蕺山學派》，北京：中國人民大學，2009 年。

26. 杜保瑞：《劉蕺山的功夫理論與形上思想》，臺北：花木蘭文化，2009 年。

27. 呂妙芬：《胡敬齋與陳獻章》，臺北：文津出版社，1996 年。

28. 呂妙芬：《陽明學士人社群——歷史、思想與實踐》，臺北：中研院近史所，2003 年。

29. 步近智、張安奇：《顧憲成　高攀龍評傳》，南京：南京大學，2011 年。

30. 李明輝：《儒家與康德》，臺北：聯經，1990 年。

31. 李明輝：《康德倫理學與孟子道德思考之重建》，臺北：中研院文哲所，1994 年。

32. 李明輝：《四端七情——關於道德情感的比較哲學探討》，臺北：臺大出版中心，2012 年。

33. 李紀祥：《明末清初儒學之發展》，臺北：文津文津出版社，1992 年。

34. 〔德〕伽達默爾著，夏鎮平、宋建平譯：《哲學解釋學》，上海：上海譯文，2005 年。

35. 〔德〕伽達默爾著，洪漢鼎譯：《真理與方法》，北京：商務，2007 年。

36. 東方朔：《劉蕺山哲學研究》，上海：上海人民出版社，1997 年。

37. 東方朔：《劉宗周評傳》，南京：南京大學，2006 年。

38. 林月惠：《良知學的轉折——聶雙江與羅念菴思想之研究》，臺北：臺大出版中心，2005 年。

39. 林月惠：《詮釋與工夫》，臺北：中研院文哲所，2008 年。

40. 林月惠：《陽明「內聖之學」研究》，新北市：花木蘭文化，2009 年。

41. 林月惠：《異曲同調——朱子學與朝鮮性理學》，臺北：臺大出版中心，2010 年。

42. 林聰舜：《明清之際儒家思想的變遷與發展》，臺北：學生書局，1990 年。

43. 林繼平：《明學探微》，臺北：商務，1984 年。

44. 林繼平：《王學探微十講》，臺北：蘭臺出版社，2001 年。

45. 周志文：《晚明學術與知識份子論叢》，臺北：大安出版社，1999 年。

46. 周熾成：《復性收攝——高攀龍思想研究》，北京：人民出版社，2007 年。

47. 〔日〕岡田武彥著，吳光、錢明、屠承先譯：《王陽明與明末儒學》，上海：

上海古籍，2000 年。

48. 姜允明：《陳白沙其人其學》，臺北：洪葉文化，2003 年。

49. 姜允明：《王陽明及陳白沙》，臺北：五南出版社，2007 年。

50. 〔日〕島田虔次著，甘萬萍譯：《中國近代思維的挫折》，江蘇：江蘇人民，2005 年。

51. 侯外廬等主編：《宋明理學史》，北京：人民出版社，1997 年。

52. 胡元玲：《劉宗周慎獨之學闡微》，臺北：學生書局，2009 年。

53. 胡發貴：《羅欽順評傳》，南京：南京大學，2001 年。

54. 唐君毅：《中國哲學原論：原性》，臺北：學生書局，1994 年。

55. 唐君毅：《中國哲學原論：原教》，臺北：學生書局，1994 年。

56. 容肇祖：《明代思想史》，臺北：台灣開明書局，1975 年。

57. 徐儒宗：《江右王門研究》，北京：中國人民大學，2009 年。

58. 〔瑞士〕耿寧：《心的現象》，北京：商務，2012。

59. 〔瑞士〕耿寧：《人生第一等事》，北京：商務，2014 年。

60. 麥仲貴：《王門諸子致良知學之發展》，香港：香港中文大學，1973 年。

61. 〔德〕康德著，牟宗三先生譯註：《純粹理性之批判》，臺北：學生書局，1997 年。

62. 〔德〕康德著，牟宗三先生譯註：《康德的道德哲學》，臺北：學生書局，2000 年。

63. 〔德〕康德著，李明輝譯：《道德底形上學基礎》，臺北：聯經，2005 年。

64. 苟小泉：《陳白沙哲學研究》，北京：中華書局，2009 年。

65. 高明士：《中國教育史》，臺北：國立臺灣大學出版中心，2004 年。

66. 張立文：《宋明理學研究》，北京：中國人民大學，1985 年。

67. 〔日〕荒木見悟著，廖肇亨譯：《明末清初的思想與佛教》，上海：上海古籍，2010 年。

68. 張伯宇：《湛甘泉心學思想研究》，臺北：花木蘭文化：2010 年。

69. 張豈之主編：《中國思想學說史》明清卷，廣西：廣西師大，2008 年。

70. 張翔浩：《王守仁評傳》，南京：南京大學，1997 年。

71. 張學智：《明代哲學史》，北京：北京大學，2003 年。

72. 章沛：《陳白沙哲學思想研究》，廣東：廣東人民，1984 年。

73. 許珮玟：《王門後學工夫論研究》，新北市：花木蘭文化，2015 年。

74. 勞思光：《新編中國哲學史》冊三（下），臺北：三民書局，2001 年。

75. 嵇文甫：《左派王學》，臺北：國文天地：1990 年。

76. 湯一介、李中華主編：《中國儒學史》全七冊，北京：北京大學，2011 年。

77. 湯一介：《魏晉南北朝時期的道教》，台北：東大圖書公司，1988 年。

78. 黃明同：《陳獻章評傳》，南京：南京大學：2006 年。

79. 黃信二：《王陽明「致良知」方法論研究》，臺北：文史哲出版社，2006 年。

80. 黃敏浩：《劉宗周及其慎獨哲學》，臺北：學生書局，2001 年。

81. 黃進興：《優入聖域：權力、信仰與正當性》，臺北：允晨文化，1994 年。

82. 喬清舉：《湛若水哲學思想研究》，臺北：文津出版社：1993 年。

83. 彭國翔：《良知學的開展————王龍溪與中晚明的陽明學》，北京：三聯書局，2005 年。

84. 彭國翔：《近世儒學的辨正與鉤沉》，臺北：允晨文化，2013 年。

85. 楊祖漢：《儒學與康德的道德哲學》，臺北：文津出版社，1987 年。

86. 楊祖漢：《儒家的心學傳統》，臺北：文津出版社，1992 年。

87. 楊國榮：《良知與心體：王陽明哲學研究》，臺北：洪葉文化，1999 年。

88. 楊國榮：《王學通論————從王陽明到熊十力》，上海：華東師範大學，2003 年。

89. 楊菁：《清初理學思想研究》，臺北：里仁書局，2008 年。

90. 劉又銘：《理在氣中：羅欽順、王廷相、顧炎武；戴震氣本論研究》，臺北：五南出版社，2000 年。

91. 劉述先：《黃宗羲心學的定位》，臺北：允晨文化，1986 年。

92. 鮑世斌：《明代王學研究》，四川：巴蜀書社，2004 年。

93. 蒙培元：《理學範疇系統》，北京：人民出版社，1989 年。

94. 陳來：《宋明理學》，上海：華東師範大學，2004 年。

95. 陳來：《中國近世思想史》，北京：商務，2004 年。

96. 陳來：《有無之境————王陽明哲學的精神》，北京：北京大學，2007 年。

97. 陳來：《仁學本體論，北京：三聯書店，2014 年。

98. 陳郁夫：《江門學記：陳白沙及湛甘泉研究》，臺北：學生書局，1984 年。

99. 陳福濱：《晚明理學思想通論》，臺北：環球出版社，1983 年。

100. 陳應燿編：《白沙先生紀念集》，香港：陳氏耕讀堂，1952 年。

101. 錢明：《陽明學的形成與發展》，江蘇：江蘇古籍，2002 年。
102. 錢明：《王陽明及其學派論考》，北京：人民出版社，2009 年。
103. 錢明：《浙中王學研究》北京：中國人民大學，2009 年。
104. 錢明、葉樹望主編：《王陽明的世界——王陽明故居開放典禮暨國際學術研討會論文集》，杭州：浙江古籍，2008 年。
105. 錢穆：《宋明理學概述》，臺北：學生書局，1977 年。
106. 錢穆：《陽明學述要》，臺北：素書樓，2001 年。
107. 蔡仁厚：《王陽明哲學》，臺北：三民出版社，2007 年。
108. 蔡仁厚：《王學流衍》，北京：人民出版社，2006 年。
109. 蔡家和：《羅整菴哲學思想研究》，新北市：花木蘭文化，2010 年。
110. 鄧克銘：《理氣與心性：明儒羅欽順研究》，臺北：里仁書局，2010 年。
111. 鄭宗義：《明清儒學轉型探析》，香港：中文大學，2000 年。
112. 黎業明：《湛若水年譜》，上海：上海古籍，2009 年。
113. 鍾彩鈞主編：《劉蕺山學術思想論集》，臺北：中央研究院文哲所籌備處，1998 年。

四、學位論文

1. 邱素雲：《陳白沙思想研究》，國立臺灣師範大學國文研究所碩士論文，1982 年。
2. 黃敏浩：《湛甘泉的生平及其思想》，國立臺灣大學中國文學研究所碩士論文，1988 年。
3. 曾光正：《東林學派的性善論與工夫論》，國立清華大學歷史研究所碩士論文，1989 年。
4. 王財貴：《王龍溪良知四無說析論》，國立臺灣師範大學國文研究所碩士論文，1990 年。
5. 胡森永：《從理本論到氣本論——明清儒學理氣觀念的轉變》，國立臺灣大學中國文學研究所博士論文，1991 年。
6. 孫中曾：《劉宗周的道德世界》，國立清華大學歷史研究所碩士論文，1991 年。
7. 莊湞芬：《王陽明與劉蕺山工夫論之比較》，國立臺灣師範大學國文研究所碩士論文，1992 年。

8. 余建中：《劉蕺山哲學研究》，國立中央大學哲學研究所碩士論文，1993年。

9. 林啟聰：《王龍溪哲學思想之研究》，文化大學哲學研究所碩士論文，1995年。

10. 曾文瑩：《劉蕺山心性學研究》，國立中央大學中國文學研究所碩士論文，1996年。

11. 陳玉嘉：《劉蕺山誠意之學研究》，國立中正大學中國文學研究所碩士論文，1997年。

12. 鄭自誠：《明代前期理學思潮研究》，國立臺灣大學中國文學研究所碩士論文，1997年。

13. 林嘉怡：《明代中期「以氣論性」說的崛起———羅欽順與王廷相人性論之研究》，國立政治大學中國文學研究所碩士論文，1998年。

14. 賴昇宏：《湛甘泉理學思想之研究》，中國文化大學中國文學研究所碩士論文，1998年。

15. 陳正宜：《羅欽順理學思想之研究》，中國文化大學中國文學研究所碩士論文，1999年。

16. 陳佳銘：《劉蕺山的誠意慎獨之學與陽明致良知教之比論》，國立中央大學哲學研究所碩士論文，1999年。

17. 陳啟文：《劉蕺山之道德主體理論分析》，國立臺灣師範大學國文研究所碩士論文，2000年。

18. 傅玲玲：《陳白沙心學之研究》，輔仁大學哲學研究所博士論文，2001年。

19. 王涵青：《劉蕺山對王學的反思與批判之研究》，輔仁大學哲學研究所碩士論文，2002年。

20. 朱湘鈺：《高攀龍心性論研究》，暨南國際大學中國文學研究所碩士論文，2002年。

21. 李宇婷：《湛甘泉哲學思想之研究》，中國文化大學哲學研究所碩士論文，2003年。

22. 張佑珍：《從出世到入世———湛若水對「學宗自然」之闡釋》，國立成功大學中國文學研究所碩士論文，2003年。

23. 廖俊裕：《道德實踐與歷史性———關於蕺山學的討論》，國立中正大學中國文學研究所博士論文，2003年。

24. 陳立驤:《劉蕺山哲學思想研究》,國立成功大學中國文學研究博士論文,2003 年。

25. 陳美吟:《高攀龍理學思想之研究》,中國文化大學中國文學研究所碩士論文,2003 年。

26. 劉姿君:《陽明入聖二變八階研究》,國立臺灣師範大學國文研究所碩士論文,2003 年。

27. 蕭敏如:《東林學派與晚明經世思潮》,國立台灣大學中國文學研究所碩士論文,2003 年。

28. 柯正誠:《劉蕺山「盈天地間一氣」思想研究》,中國文化大學中國文學研究所碩士論文 2004 年。

29. 曾明泉:《陳獻章哲學研究》,中國文化大學中國文學研究所博士論文,2004 年。

30. 陳美玲:《劉蕺山道德抉擇論研究》,輔仁大學哲學研究所博士論文,2004 年。

31. 王和群:《宋明理學中「意」的概念之研究—以朱子、王陽明、劉蕺山為研究對象》,國立中興大學中國文學研究所碩士論文,2005 年。

32. 許錦雯:《羅欽順、王廷相、吳廷翰自然氣本論研究》,國立政治大學中國文學研究所碩士論文,2005 年。

33. 喬娟:《明代中期氣論思潮研究》,蘇州大學中國哲學碩士論文,2005 年。

34. 潘玉愛:《王心齋與中晚明儒學的轉折──兼論道德自我與社會人倫的衝突與和諧》,輔仁大學哲學研究所博士論文,2005 年。

35. 陳慈惠:《高景逸實學思想研究》,國立政治大學中國文學研究所碩士論文,2005 年。

36. 朱湘鈺:《平實道中啟新局──江右三子良知學研究》,國立臺灣師範大學國文研究所博士論文,2006 年。

37. 高瑋謙:《王龍溪「見在良知」說研究》,文化大學哲學研究所博士論文,2007 年。

38. 唐伯瑜:《晚明顧憲成由王返朱的思想研究》,臺北市立教育大學中國語文學系碩士班碩士論文,2008 年。

39. 楊錦壁:《劉蕺山「主意」說到「大統會」思想之研究》,國立中興大學中國文學研究所碩士論文,2008 年。

40. 陳百興：《顧憲成之思想與講學》，國立中央大學歷史研究所在職專班碩士論文，2008 年。

41. 簡毅銘：《明末清初儒者經世致用之道》，東吳大學中國文學研究所博士論文，2009 年。

42. 李唯嘉：《劉蕺山心性學之衡定》，淡江大學中國文學研究所碩士論文，2010 年。

43. 李慧琪：《劉蕺山的氣論研究》，國立中央大學中國文學研究所博士論文，2010 年。

44. 許慧敏：《陳白沙自得之學研究》，國立中央大學中國文學研究所博士論文，2010 年。

45. 羅菀榆：《羅欽順思想研究》，國立中興大學中國文學研究所碩士論文，2010 年。

46. 吳銘輝：《明代中期程朱學者的特色》，國立臺灣大學中國文學研究所碩士論文，2011 年。

47. 侯潔之：《晚明王學宗性思想的發展與理學意義——以劉師泉、王塘南、李見羅、楊晉菴為中心的探討》，國立臺灣師範大學國文研究所博士論文，2010 年。

48. 傅咨銘：《對劉蕺山、方以智、王夫之生命實踐理論之研究——從道器關係為論》，輔仁大學哲學研究所博士論文，2011 年。

49. 游騰達：《湛甘泉哲學思想的發展與完成》，國立臺灣師範大學國文研究所博士論文，2011 年。

50. 劉清泉：《儒家內聖之學的極致——「宋明理學殿軍」的蕺山思想》，國立清華大學中國文學系博士論文，2011 年。

51. 羅傳樵：《論顧憲成之本體工夫論及其對朱王之評論》，國立臺灣大學哲學研究所碩士論文，2012 年。

五、期刊論文

1. 丁為祥：〈理氣、心性與儒佛之辨——羅欽順思想特質試析〉，《哲學與文化》，第 347 期（2003 年 4 月）。

2. 方國根：〈王畿心學思想的走向和發展——兼論王畿與王陽明後學的異同〉，《中國文化研究》，1999 年第 2 期。

3. 方國根：〈湛若水心學思想的理論特色——兼論湛若水與陳獻章、王陽明心學的異同〉，《哲學研究》，2000 年第 10 期。

4. 王汎森：〈「心即理」說的動搖與清末明初學風之轉變〉，《中央研究院史語所集刊》，第 65 本，第 2 分（1994 年 6 月）。

5. 王瑞昌：〈論劉蕺山的無善無惡思想〉，《孔子研究》，2000 年第 6 期。

6. 朱丹、張琳：〈從本體到工夫：晚明理學思想的創造性轉化——以東林學與劉蕺山為個案〉，《四川教育學院學報》，2003 年第 5 期。

7. 朱人求：〈「六經糟粕」論與明代儒學的轉向——以陳白沙為中心〉，《哲學研究》，2009 年第 6 期。

8. 朱湘鈺：〈從宋明到清初理學家「性善論」義涵的概念演變——以高攀龍為例〉，《中極學刊》，第 3 輯（2003 年 12 月）。

9. 何佳駿：〈羅欽順與王門書信往來探析——以其中所涉格物致知思想為論述焦點〉，《鵝湖》，第 350 期（2004 年 8 月）。

10. 吳震：〈陽明後學概論〉，《中國文哲研究集刊》，第 47 期（2002 年 9 月）。

11. 吳秀玉：〈羅欽順思想研究——從其批判陽明心學談起〉，《宜蘭大學學報》，第 2 期（2004 年 3 月）。

12. 吳振漢：〈明儒高攀龍的思想與殉節〉，《國立中央大學人文學報》，第 37 期（2009 年 1 月）。

13. 李明輝：〈朱子論惡之根源〉，收錄於《國際朱子學會議論文集》上冊，1993 年。

14. 李孟儒：〈從「靜坐」衡定陳白沙之心學〉，《鵝湖》，第 387 期（2007 年 9 月）。

15. 周群：〈從陽明到卓吾的中介——論羅近溪思想的定位〉，《南京大學學報》，2004 年第 4 期。

16. 周群：〈論近溪對明道「一體論」的遠挑與變異〉，《福建論壇》，2008 年第 1 期。

17. 周志文：〈鄒守益與劉宗周〉，《佛光人文社會學刊》，第 1 期（2001 年 6 月）。

18. 周熾成：〈從高攀龍如何面對王學看他在晚明儒學史上的地位〉，《孔子研究》，2008 年第 1 期。

19. 林月惠：〈良知與知覺——析論羅整菴與歐陽南野的論辯〉，《中國文哲研

究集刊》，第 34 期（2009 年 3 月）。

20. 林嘉怡：〈羅欽順的理氣觀〉，《哲學與文化》，第 345 期（2003 年 2 月）。

21. 姚才剛：〈論顧憲成對王學的修正〉，《鵝湖》，第 357 期（2005 年 3 月）。

22. 姚才剛：〈儒家道德精神的重建——論高攀龍對王學的修正〉，《河南師範大學學報》，2006 年第 6 期。

23. 施輝煌：〈從王學興起看羅欽順的成學過程及其思想屬性〉，《東方人文學誌》，第 5 卷第 4 期（2006 年 12 月）。

24. 洪波：〈論蕺山學派對王學的師承與嬗變〉，《浙江學刊》，第 93 期（1995 年 8 月）。

25. 苟小泉：〈近三十年陳獻章哲學思想研究述評〉，《哲學動態》，2006 年第 9 期。

26. 孫寶山：〈陽明學與明代前期儒學〉，《鵝湖》，第 429 期（2011 年 3 月）。

27. 高瑋謙：〈王龍溪「見在良知」說下對良知本體的特殊洞見〉，《揭諦》，第 14 期（2008 年 2 月）。

28. 崔大華：〈劉蕺山與明代理學的基本走向〉，《中州學刊》，第 3 期（1997 年 5 月）。

29. 張學智：〈論劉宗周的「意」〉，《哲學與文化》，第 238 期（1994 年 3 月）。

30. 莊勇：〈論王陽明的善惡觀〉，《江西社會科學》，2009 年 12 月。

31. 許惠敏：〈就牟宗三對陽明後學的流弊的看法提出省思〉，《當代儒學研究》，第 9 期（2010 年 12 月）。

32. 許珮玟：〈白沙的心學〉，《人文社會學報》，第 15 期（2014 年 7 月）。

33. 許珮玟：〈甘泉的心學〉，《東吳中文線上學術論文》，第 29 期，（2015 年 3 月）。

34. 陳永革：〈從良知之辨看蕺山之學的義理建構〉，《中國哲學史》，2007 年第 2 期。

35. 陳立勝：〈王陽明思想中「惡」之問題研究〉，《中山大學學報》（社會科學版），2005 年第 1 期。

36. 陳志強：〈陽明與蕺山過惡思想的理論關聯〉，《國立政治大學哲學學報》第 33 期（2015 年 1 月）。

37. 陳美玲：〈劉蕺山論《中庸》首章——蕺山哲學的慎獨論〉，《哲學與文化》，第 341 期（2002 年 10 月）。

38. 陳榮灼：〈論唐君毅與牟宗三對劉蕺山之解釋〉，《鵝湖學誌》，第 43 期（2009 年 12 月）。

39. 陳福濱：〈高攀龍的心性論及其成德要道〉，《哲學與文化》，第 363 期（2004 年 8 月）。

40. 陳劍鍠：〈高攀龍對「靜」的體認——兼及對朱熹未發、已發說的修正〉，《鵝湖學誌》，第 28 期（2002 年 6 月）。

41. 陳憲猷：〈論湛甘泉對陳白沙的繼承與揚棄〉，《華南師範大學學報》，2005 年第 4 期。

42. 景海峰：〈陳白沙與明初儒學〉，《中國哲學史》，2001 年第 2 期。

43. 曾振宇：〈「理氣一物」：羅欽順對程朱哲學的「接著講」〉，《山東大學學報》，2011 年第 2 期。

44. 童中平、粟紅英：〈「天理」與「良知」的緊張與磨合——湛若水與王陽明哲學思想比較〉，《求索》，2010 年第 4 期。

45. 黃文樹：〈泰州學派的人物特徵〉，《鵝湖學誌》，第 20 期（1998 年 6 月）。

46. 黃文樹：〈陽明後學之社會作用與歷史影響〉，《中國文化月刊》，第 238 期（2000 年 1 月）。

47. 黃文樹：〈陽明後學的成員分析〉，《中國文哲研究集刊》，第 17 期（2000 年 9 月）。

48. 黃文樹：〈陽明後學講學內容之探討〉，《人文社會學科教學通訊》，第 65 期（2001 年 2 月）。

49. 黃泊凱：〈對湛甘泉工夫的檢視〉，《華崗哲學學報》，第 3 期（2011 年 6 月）。

50. 黃敏浩：〈陳白沙自然之學的定位問題〉，《清華學報》，第 38 卷第 4 期（2008 年 12 月）。

51. 黃敏浩：〈劉宗周「四句」的詮釋〉，《中國文哲研究通訊》，第 31 期（1998 年 9 月）。

52. 黃淑基：〈湛甘泉與王陽明學說思想論辯之初步解析〉，《鵝湖》，第 369 期（2006 年 3 月）。

53. 黃慧英：〈陳白沙之工夫論〉，《鵝湖學誌》，第 33 期（2004 年 12 月）。

54. 楊菁：〈高攀龍的靜坐實踐及其體悟〉，《彰化師大國文學誌》，第 22 期（2011 年 6 月）。

55. 楊祖漢:〈心學的經典詮釋〉,《興大中文學報》,第 21 期(2007 年 6 月)。

56. 楊祖漢:〈王龍溪對王陽明良知說的繼承與發展〉,《鵝湖學誌》,第 11 期
（1993 年 12 月）。

57. 楊祖漢:〈從王學的流弊看康德道德哲學作為居間型態的意義〉,《鵝湖學
誌》,第 33 期（2004 年 12 月）。

58. 楊祖漢:〈論蕺山是否屬「以心著性」之型態〉,《鵝湖學誌》,第 39 期(2007
年 12 月)。

59. 楊祖漢:〈羅整菴、李栗谷理氣論的涵意〉,《中央大學人文學報》,第 31
期（2007 年 7 月）。

60. 楊國榮:〈從王陽明到劉宗周——志知之辯的歷史演進〉,《孔孟月刊》,
第 347 期（1991 年 7 月）。

61. 葛榮晉:〈東林學派與晚明朱學的復興〉,《書目季刊》第 22 卷第 4 期,
（1989 年 3 月）。

62. 董平:〈陽明後學研究回顧與瞻望〉,《中共寧波市委黨校學報》,2004 年
第 1 期。

63. 劉又銘:〈明清儒家自然氣本論的哲學典範〉,《政治大學哲學學報》,第
22 期（2009 年 7 月）。

64. 劉興邦:〈論江門學派〉,《五邑大學學報》,2004 年第 1 期。

65. 劉興邦:〈論湛若水的心學思想〉,《五邑大學學報》,2006 年第 4 期。

66. 潘振泰:〈劉宗周（1578～1645）對於「主靜」與「靜坐」的反省——一
個思想史的探討〉,《新史學》,第 18 卷第 1 期（2007 年 3 月）。

67. 蔡龍九:〈論陳建《學蔀通辨》之貢獻與失誤〉,《國立臺灣大學哲學評論》
第三十六期,（2008 年 10 月）。

68. 鄧克銘:〈王龍溪之虛寂說的特色〉,《文與哲》,第 5 期（2004 年 12 月）。

69. 鄧克銘:〈良知與實體——明中葉羅欽順與歐陽崇一之論爭的意義〉,《鵝
湖學誌》,第 37 期（2006 年 12 月）。

70. 鄧克銘:〈明中葉羅欽順格物說之特色及其效果〉,《鵝湖學誌》,第 26 期
（2001 年 6 月）。

71. 鄧克銘:〈高攀龍之《論語》詮解〉,《鵝湖學誌》,第 46 期（2011 年 6 月）。

72. 鄧克銘:〈羅欽順「理氣為一物」說之理論效果〉,《漢學研究》,第 39 期
（2001 年 12 月）。

73. 鄭宗義：〈明儒陳白沙學思探微——兼釋心學言覺悟與自然之義〉，《中國文哲研究集刊》，第 15 期（1999 年 9 月）。

74. 黎業明：〈湛若水對陳白沙靜坐學說的闡釋〉，《哲學動態》，2009 年第 8 期。

75. 戴景賢：〈論姚江學脈中之龍溪、心齋與其影響〉，《臺大中文學報》，第 22 期（2005 年 6 月）。

76. 鍾彩鈞：〈湛甘泉哲學思想研究〉，《中國文哲研究集刊》，第 19 期（2001 年 9 月）。

77. 鍾彩鈞：〈羅整菴的心性論與工夫論〉，《鵝湖學誌》，第 17 期（1996 年 12 月）。

78. 鍾彩鈞：〈羅整菴的理氣論〉，《中國文哲研究集刊》，第 6 期（1995 年 3 月）。